EL LIBRO ESENCIAL DE LOS

TENTEMPIÉS

EL LIBRO ESENCIAL DE LOS

TENTEMPIÉS

KÖNEMANN

Título original: *The Essential Finger Food Cookbook*

Könemann Verlagsgesellschaft mbH
Bonner Str. 126, D-50968 Colonia
Traducción del inglés: Ángeles Leiva Morales
para LocTeam, S.L., Barcelona
Redacción y maquetación: LocTeam, S.L., Barcelona
Producción: Ursula Schümer
Impresión y encuadernación: Leefung Asco Printers, Hong Kong
Impreso en China

ISBN 3-8290-4112-8

10 9 8 7 6 5 4 3

CLASIFICACIÓN POR ESTRELLAS: Las recetas han sido clasificadas según el grado de dificultad, por lo que en este libro encontrará la siguiente graduación:
★ Una estrella indica que la receta es sencilla y rápida de preparar, ideal para principiantes.
★★ Dos estrellas indican que es preciso un poco más de atención o algo más de tiempo.
★★★ Las tres estrellas acompañan a las recetas especiales que requieren más tiempo, paciencia y dedicación. En todo caso, los resultados siempre merecen la pena e incluso los más inexpertos pueden elaborar estos platos, si siguen los pasos con detenimiento.

IMPORTANTE: Aquellas personas para las que los efectos de una intoxicación por salmonela supondrían un riesgo serio (personas mayores, mujeres embarazadas, niños y pacientes con enfermedades de inmunodeficiencia) deberían consultar con su médico los riesgos derivados de ingerir huevos crudos.

TENTEMPIÉS

Los tentempiés tienen algo que los hace extremadamente atractivos. Tal vez se trate de un sentimiento de rebeldía e informalidad contra órdenes como "siéntate bien mientras comes" y "no te levantes de la mesa hasta que no termines" que recibíamos siendo niños. Los aperitivos, osados y hedonistas, invitan a los presentes a deambular por la sala, normalmente con una copa en una mano y un exquisito bocado en la otra. Se asocian con fiestas, montones de gente, amigos nuevos por conocer y la libertad de revolotear de una fabulosa conversación a otra sin el engorro de un plato. Siempre ricos, vistosos y recién hechos, apilados en una fuente a rebosar de la cual todo el mundo come, deben constituir el centro de reunión y la chispa que dé pie a una animada charla. Los tentempiés entrañan emoción y en ocasiones cierta sensación de aventura, pues hasta el más cauto se atreve a probar un nuevo sabor si es sólo un bocado. Pero no olvide que tanto si se trata de un sofisticado pato de Pekín como de un *rösti* de patata en miniatura, todos los aperitivos deben cumplir una regla de oro: resultar totalmente irresistibles.

CONTENIDO

APARTADOS ESPECIALES

PLANIFICACIÓN Y PREPARATIVOS

¿Qué se entiende por tentempié? Ésta es una pregunta sobre la cual hemos tenido que reflexionar a fondo para la creación de las recetas de este libro. A nuestro juicio, lo ideal es tomar uno o dos bocados a lo sumo, sin el engorro de sostener un plato y un cubierto mientras uno se pasea por la sala de charla en charla. Si decide no servir platos, debe evitar que los aperitivos ensucien y resulten difíciles de comer, de lo contrario sus invitados acabarán con las manos y la ropa manchadas, buscando desesperadamente la maceta más cercana donde esconder los restos de comida.

Sin embargo, hay recetas exquisitas que no quisiéramos pasar por alto, como las de antipasto o queso y hortalizas marinadas, que requieren el uso de platos y palillos o pequeños tenedores. Y, naturalmente, no podían faltar las cremas, que deben servirse con pan u otro acompañamiento. Así pues, los tentempiés engloban una amplia variedad de platos, y no sólo salados. Los dulces ocupan un lugar de honor en muchas reuniones.

¿UN REFRIGERIO O UNA FIESTA?

Un refrigerio resulta ideal en numerosas ocasiones: para invitar a un grupo reducido de amigos a tomar un bocado antes de ir de fiesta, para cenar tarde después de salir, o como aperitivo con unos canapés y algo de beber antes de una cena especial. Tal vez tenga previsto montar una fiesta por todo lo alto con más de 50 personas, un banquete de bodas al aire libre para 250 invitados o bien un simple picnic o almuerzo en el jardín de su casa. Hay mil y un acontecimientos en los que sin duda tienen cabida los tentempiés.

CLASIFICACIÓN POR CAPÍTULOS

La división del libro en capítulos responde a una clasificación por sabores, platos y estilos de cocina de todo el mundo. Esto permite confeccionar un menú entero con platos de un mismo capítulo. Así, por ejemplo, si decide servir diversas preparaciones Tex-Mex, lo más seguro es que no quiera mezclarlas con platos de otros capítulos dada la singularidad e inten-

DERECHA: Tartaletas de trucha marinada y pepino (página 80)

sidad de los sabores. Pero asimismo muchos de los capítulos pueden combinarse fácilmente con otros... Tal vez se decante por una par de grandes fuentes de antipasto, acompañadas de unas cuantas tapas o meze para deleitar a sus invitados con una velada mediterránea. Con varios platos indios podrá complementar una cuidadosa selección de tentempiés orientales, tailandeses o malayos. Ni que decir tiene que los apartados sobre las delicias de fiesta y los dulces en miniatura combinan con todo lo demás. La selección está en sus manos.

PLANIFICACIÓN DEL MENÚ

En la elección del menú intervienen muchos factores. ¿Qué tipo de reunión piensa hacer? ¿Cúanto tiempo durará? ¿A qué hora del día? ¿En qué época del año? ¿A cuántas personas invitará? ¿Qué les gusta? ¿Qué edad tienen y qué les interesa? ¿Hay entre ellos vegetarianos o gente que deteste el marisco? ¿De cuánto tiempo dispone? ¿Cuenta con una cocina bien equipada?

Tratándose de aperitivos lo mejor es dejarse de complicaciones y no proponerse metas ambiciosas. Unas cuantas fuentes con una buena selección de platos causarán mejor impresión y le darán más tiempo y libertad que tratar de preparar 20 recetas distintas en pequeñas dosis. Basta con duplicar o triplicar las cantidades de la receta en cuestión, si es preciso, para llenar las fuentes hasta arriba. Si cree que la velada se prolongará hasta tarde, tal vez le apetezca servir uno o dos platos de postre. La hora del día y la época del año determinarán la elección entre platos fríos o calientes. En verano apenas se toman platos calientes, así tendrá más tiempo al no tener que recalentar la comida cuando lleguen los invitados.

Naturalmente, el perfil de los asistentes determinará la elección del menú. En un encuentro del equipo local de fútbol los invitados no se quedarían del todo satisfechos con una fuente de miniquiches y petits fours, mientras que una venerable abuela de noventa años no saldría de su asombro ante una selección de perritos y chiles rellenos a la mexicana en su fiesta de cumpleaños. Tendrá que adaptar el menú. Con un grupo heterogéneo siempre queda bien servir un par de platos clásicos como quiches o tartaletas, algo más sustancioso y a base de pan (sobre todo si se toman bebidas alcohólicas) y tal vez uno o dos platos más atrevidos. Verá cómo la gente se aventura con nuevos sabores si sólo se trata de un par de bocados (hasta puede que a la abuela le acaben gustando los chiles).

Piense en la variedad de platos que va a ofrecer. Procure no repetir ingredientes, así que no sirva albóndigas de gambas *y* tempura de gambas (a menos que se trate de una cita gastronómica de pescadores en torno a la gamba). Atienda a los colores y las texturas para conseguir un efecto llamativo y armonioso. No olvide los sabores complementarios (amargo, salado, picante, ácido y dulce), ni la temperatura, de frío a caliente, para tratar de obtener una interesante combinación.

CUÁNTA COMIDA HAY QUE SERVIR

Uno de los grandes dilemas a la hora de servir tentempiés es la cantidad que debe prepararse. ¿Cómo saber cuántos se comerá cada uno y cuáles tendrán más éxito? Y, lo más terrible, ¿qué hacer en caso de que se acabe la comida?

Verá que en la mayoría de las recetas se dan las cantidades "para 40 unidades" en caso de aperitivos individuales como tartaletas o

ARRIBA: Tartaletas de pollo al curry (izquierda); Tartaletas de cordero korma (página 104)

montaditos, o bien "para unas 20 porciones" tratándose de frittata o pizza. Sin embargo, en recetas (como el carpaccio u otros platos de antipasto) donde resulta imposible calcular la medida en trozos se especifica, por ejemplo, "para 8 personas".

Una idea aproximada de la cantidad de aperitivos que deben servirse antes de una comida es de entre 3 y 5 unidades por persona, y para una fiesta corta de tres o cuatro horas, entre 4 y 6 unidades por hora y por persona. Para una fiesta de un día entero o una ocasión en la que los aperitivos sean el plato fuerte (como en una boda o una fiesta de cumpleaños), sirva de 8 a 12 por persona.

Las patatas fritas y los frutos secos son otros alimentos que no se ajustan a dichos cálculos.

En cuanto a la variedad, como ya dijimos antes, es mejor dejarse de complicaciones y centrarse en unos pocos platos exquisitos que elaborar un montón de platos mediocres. Se recomienda preparar una media de seis distintos para entre 10 y 20 personas, y unos ocho si aumenta el número de invitados.

Para una reunión de noche, se podría pasar de unos ligeros canapés a unos suculentos bocados (momento de servir los platos calientes) para acabar con unos dulces.

Siempre resulta prudente explicar a la gente en qué consiste el convite al ofrecerles la invitación. Si piensa organizar una fiesta de cóctel de un par de horas, convendría comunicar la hora de inicio y de (supuesto) final de la cita. Así los asistentes no esperarán una comida en toda regla, sino un simple refrigerio. Si celebra la reunión por la noche, hágales saber que servirá comida equivalente a una cena. Huelga decir que más vale que sobre que no que la gente se vaya con el estómago vacío.

ARRIBA: Empanadillas de jamón dulce y aceitunas (página 193)

¿BUFFET O CAMAREROS?

Una vez escogido qué va a servir, debe decidir cómo lo servirá. Una vez más entran en juego el número de asistentes y el espacio y material a su disposición. Si es una pequeña reunión, es probable que le agrade servir las viandas personalmente (o quizá con la ayuda de un par de amigos). Para una cita más concurrida tal vez prefiera montar un buffet, o contratar un grupo de camareros; cualquiera de estas dos opciones le permitirá sin duda disfrutar del día con mayor libertad.

Si se encarga de servir personalmente, tanto si ofrece platos como si no, asegúrese de tener siempre a mano un buen surtido de servilletas. Si no hay platos, no olvide poner un recipiente donde echar los palillos usados.

Si opta por el buffet, deberá estudiar la mejor manera de distribuirlo. Para una reunión grande, si dispone de espacio, lo mejor es juntar dos mesas para evitar aglomeraciones. Si no es posible, disponga una mesa con platos repetidos a ambos lados, además de platos, cubiertos, servilletas, etc. En caso de servir postre, póngalo aparte.

Lo importante es que no se formen atascos. Así pues, no ponga el buffet al lado de la mesa de las bebidas o todo el mundo acabará pisándose. Y, en vez de anunciar en voz alta que la comida está servida, quizá prefiera atraer a los invitados a la mesa en grupos reducidos. Una vez más, recuerde reservar un lugar donde dejar los platos sucios.

PRESENTACIÓN

No tiene mucho sentido recrearse en la preparación de una comida espléndida si después la sirve de cualquier modo en fuentes inapropiadas o en cestas donde pierde todo su atractivo. Los tentempiés deben tener siempre un aspecto irresistible; por ello la presentación es crucial. Decore la fuente antes de disponer en ella la comida. Una vistosa servilleta doblada, hojas de plátano o de parra y ramitas de hierbas frescas pueden servir de "lechos" para los aperitivos. Las servilletas de lino quedan mejor que las de papel, pues estas últimas se empapan de grasa y causan mal efecto cuando la fuente está medio vacía.

Pruebe con cestos planos, cuencos, fuentes de cristal o de acero, azulejos y tablas de madera. Todo vale, mientras sea limpio e higiénico. Piense en el tipo de tentempié al elegir el recipiente; las tapas o meze quedan imponentes en azulejos de estilo mediterráneo.

No mezcle más de dos tipos de aperitivos en cada fuente. Si las llena hasta arriba con una sola receta resultarán de lo más vistoso además de ser más fáciles de llenar conforme vayan vaciándose. Los adornos deben ser frescos y pequeños para no tapar la comida.

PREPARATIVOS

Elija platos que se puedan preparar con tiempo y congelar, o refrigerar un par de días antes y uno o dos que deban acabarse el mismo día. En la nota "con antelación" al final de muchas recetas se explica qué se puede preparar de antemano. Elija los platos que sólo se deban freír, hornear o decorar al momento. Evite cocinar a última hora. Prepare la comida con tiempo y sírvala recalentada.

Escriba un lista detallada de lo que debe comprar, de lo que puede preparar con antelación y de cuándo debería hacerlo. Puede comprar los productos no perecederos con tiempo; las hierbas frescas y las verduras se adquieren poco antes del día en cuestión.

BEBIDAS

* De una botella de vino de 750 ml se obtienen 5 copas. Para un convite de dos horas, calcule 1 botella para dos personas.
* El vino blanco se toma más que el tinto; calcule 1 botella de tinto por 2 de blanco.
* De una botella de champán de 750 ml salen 6 copas. Calcule 2 1/2 copas por persona para un cóctel de dos horas, y 1 1/2 copas por persona como aperitivo.
* No se complique. Sirva bebidas acordes con la comida pero sin variar demasiado.
* Tenga SIEMPRE un buen surtido de refrescos. Para un cóctel de dos horas, calcule 1 vaso por persona. Si no va a servir bebidas alcohólicas, calcule 3 por persona.
* Si los invitados traen bebida, calcule además 1 vaso por persona.
* Compre hielo. Enfríe antes las bebidas.
* Si prepara ponche, congele un poco en cubitos para enfriarlo sin aguarlo.
* Congele bayas o trozos de fruta en forma de cubitos para usarlos como adorno.
* Calcule el doble de vasos que de invitados.

Para congelar tentempiés pequeños como miniquiches, albóndigas y montaditos, déjelos enfriar del todo antes de depositarlos en bandejas cubiertas de papel parafinado y meterlos en el congelador. Una vez rígidos páselos de las bandejas a bolsas. Etiquételas y ciérrelas, expulsando todo el aire posible. También puede congelarlos en un recipiente hermético tapado, dispuestos entre láminas de papel encerado. Congele los alimentos marinados en bolsas de plástico, aplanándolas para expulsar el aire. Así tardarán menos en descongelarse.

A menudo se olvida uno de repasar con atención los utensilios y aparatos con los que cuenta en la cocina. Asegúrese de que el congelador y el frigorífico tengan capacidad suficiente para conservar todo lo que tiene previsto. ¿Está el horno preparado para recalentar grandes cantidades de comida? ¿Dispone de suficientes platos, fuentes, vasos y cubiertos? Si no, no todo está perdido. Puede alquilarlos o pedirlos prestados. No tiene más que revisarlo todo con tiempo y estar preparado para la ocasión.

ARRIBA: Satays de gambas con hierba de limón (página 108)

ANTIPASTO

Sería poco decir que la comida es importante para los italianos. La verdad es que les encanta comer, y esto se refleja en el gran orgullo y dedicación con que preparan las distintas comidas que marcan el ritmo de la vida familiar. ¿Y qué mejor manera de despertar el apetito que con una vistosa fuente de antipasto? El término se traduce literalmente como "antes de la comida" y sus orígenes se remontan a los prolongados banquetes del Imperio Romano. Hoy en día, antipasto no tiene por qué significar "antes de la comida", ya que puede constituir un auténtico manjar por sí solo. Así que sírvase (y sirva también a sus invitados) una copa de vino e imprima un poco de pasión italiana a su cocina. *Buon appetito.*

ACEITUNAS NEGRAS
Las aceitunas constituyen un aperitivo indispensable como acompañamiento de bebidas y dan un toque sugerente a una fuente de antipasto, además de ofrecer un sabor característico a multitud de platos mediterráneos. Hay unas variedades más grandes o más redondas que otras. El fruto sin madurar es verde, duro y amargo. Las aceitunas negras se dejan en el árbol para que oscurezcan y maduren. Se suelen conservar en aceite, aromatizadas en ocasiones con hierbas, o en salmuera. Las aceitunas griegas y las italianas se consideran las mejores.

ARRIBA, DE IZQUIERDA A DERECHA: Carpaccio; Frittata de pasta; Tomates "cherry" rellenos

CARPACCIO

Tiempo de preparación: 15 minutos + congelación
Tiempo total de cocción: ninguno
Para 8 personas

☆

400 g de solomillo de vacuno
1 cucharada de aceite de oliva virgen extra
hojas de oruga troceadas
60 g de parmesano cortado en virutas
aceitunas negras cortadas en rodajas

1 Retire toda la grasa y los nervios visibles del solomillo y congélelo durante 1 ó 2 horas, hasta que adquiera consistencia sin quedar rígido, para que pueda cortarse en filetes.
2 Corte el solomillo en filetes muy finos con un cuchillo grande y afilado; disponga la carne en una fuente y déjela a temperatura ambiente.
3 Antes de servirla, rocíela con aceite y decórela con la oruga, el parmesano y las aceitunas.
CON ANTELACIÓN: Puede cortar la carne unas horas antes y refrigerarla tapada. Aderécela con aceite y decórela con los demás ingredientes justo antes de servirla.

FRITTATA DE PASTA

Tiempo de preparación: 15 minutos
Tiempo total de cocción: 25 minutos
Para 8 porciones

☆

300 g de espaguetis
4 huevos
50 g de parmesano rallado
2 cucharadas de perejil fresco picado
60 g de mantequilla

1 Cueza los espaguetis en una olla grande con agua hirviendo durante 10 minutos, hasta que queden "al dente". Escúrralos.
2 En un cuenco, bata los huevos y añada el parmesano, el perejil, sal y pimienta negra molida. Mézclelo todo con los espaguetis.
3 Derrita la mitad de la mantequilla en una sartén de 23 cm y fría en ella la mezcla tapada a fuego lento hasta que la base quede crujiente y dorada. Pásela a una fuente, derrita la mantequilla restante y vuelque la frittata para hacerla por el otro lado (sin tapar). Sírvala caliente en porciones.

TOMATES "CHERRY" RELLENOS

Tiempo de preparación: 15 minutos
Tiempo total de cocción: ninguno
Para 16 unidades

☆

16 tomates "cherry"
50 g de queso de cabra
50 g de ricotta
2 lonchas de jamón picadas finas

1 Corte la parte superior de los tomates, vacíelos y deseche las semillas. Vuélquelos sobre papel de cocina y déjelos escurrir unos minutos.
2 Mezcle los quesos hasta obtener una pasta fina. Agregue el jamón y aderécelo todo. Rellene los tomates y refrigérelos hasta su consumo.

MELÓN CON JAMÓN

Tiempo de preparación: 20 minutos
Tiempo total de cocción: ninguno
Para 16 unidades

☆

1 melón dulce
16 lonchas de jamón
aceite de oliva virgen extra

1 Despepite el melón, córtelo en tajadas finas y envuelva cada una con una loncha de jamón. Aderécelas con aceite y pimienta negra molida y refrigérelas hasta su consumo.

BERENJENA MARINADA

Tiempo de preparación: 15 minutos + salado + maceración
Tiempo total de cocción: 15 minutos
Para 6–8 personas

☆

750 g de berenjena
1/4 taza (60 ml) de aceite de oliva
2 cucharadas de vinagre balsámico
2 dientes de ajo majados
1 filete de anchoa picado fino
2 cucharadas de perejil fresco picado

1 Corte la berenjena en rodajas gruesas en diagonal. Póngalas en un colador y espolvoréelas con sal. Al cabo de 30 minutos, aclárelas y séquelas.
2 Mezcle bien el aceite, el vinagre, el ajo y la anchoa y sazónelo todo al gusto.
3 Caliente aceite en una sartén y fría la berenjena por tandas. Pásela a un cuenco, incorpore la marinada y el perejil y déjela macerar 4 horas. Sírvala a temperatura ambiente.

TOMATES "CHERRY"
Existen numerosos tipos de tomate "cherry" de distintos tamaños, pero todos ellos son igualmente dulces. La mayoría tienen un tamaño idóneo para servirse rellenos, si bien algunos son tan diminutos como granos de uva y se venden en racimos. Aunque esta última variedad no puede rellenarse, se emplea para dar color o adornar una preparación culinaria.

IZQUIERDA: Melón con jamón (izquierda); Berenjena marinada

JAMÓN
El jamón, *prosciutto* en italiano, se cura con sal y se seca al aire. No necesita cocción y se suele vender y servir en lonchas del grosor de una oblea. Su sabor lo convierte en un excelente antipasto que combina a la perfección con frutas como el melón cortado en tajadas o los higos frescos.

PÁGINA SIGUIENTE: Rollitos de jamón y orégano (superior); Queso de cabra con hierbas

ROLLITOS DE JAMÓN Y ORÉGANO

Tiempo de preparación: 30 minutos + refrigeración
Tiempo total de cocción: 10 minutos
Para unas 40 unidades

✯✯

- 1 pimiento rojo
- 1 pimiento verde
- 1 pimiento amarillo
- 125 g de queso de untar reblandecido
- 25 g de parmesano rallado
- 2 cebolletas picadas finas
- 1/4 taza (7 g) de orégano fresco picado
- 1 cucharada de alcaparras escurridas y picadas
- 1 cucharada de piñones picados
- 12 lonchas finas de jamón

1 Cuartee los pimientos y elimine las semillas y la membrana. Áselos con la piel hacia arriba al grill hasta que ésta se ennegrezca y se desprenda. Introdúzcalos en una bolsa de plástico hasta que se enfríen y pélelos.
2 Mezcle el queso, el parmesano, las cebolletas, el orégano, las alcaparras y los piñones.
3 Disponga los pimientos sobre las lonchas de jamón y corte éstas con el mismo tamaño. Retire los pimientos y extienda la mezcla de queso sobre el jamón. Coloque encima el pimiento y una capa más de la mezcla de queso. Enróllelo todo por el extremo más estrecho presionando con firmeza. Tape el rollo y refrigérelo durante 1 hora, o hasta que adquiera consistencia. Córtelo en rodajas de 1 cm y sírvalas pinchadas con un palillo.

TOMATES "CHERRY" AL PESTO

Tiempo de preparación: 35 minutos
Tiempo total de cocción: ninguno
Para unas 50 unidades

✯

- 60 g de perejil fresco picado
- 2 dientes de ajo picados gruesos
- 2 cucharadas de piñones tostados
- 1/4 taza (60 ml) de aceite de oliva
- 60 g de parmesano rallado
- 15 g de hojas de albahaca fresca
- 15 g de mantequilla a temperatura ambiente
- 500 g de tomates "cherry"

1 Pique fino el perejil, el ajo, los piñones y el aceite en un robot de cocina o una batidora.
2 Añada el parmesano, las hojas de albahaca, la mantequilla y la pimienta recién molida; tritúrelo todo hasta que quede bien mezclado.
3 Corte la parte superior de los tomates (vacíelos un poco para aprovechar la pulpa como parte del relleno). Rellene cada tomate con un montoncito de la mezcla de pesto.
NOTA: Puede preparar el pesto con varios días de antelación. Páselo a un recipiente y cubra la superficie con una capa fina de aceite de oliva para aislarlo del aire y evitar así que pierda color. También puede optar por congelarlo. En ese caso guárdelo en un recipiente llano y tápelo con film transparente.
CON ANTELACIÓN: Puede cortar y vaciar los tomates hasta 2 horas antes; refrigérelos.

QUESO DE CABRA CON HIERBAS

Tiempo de preparación: 20 minutos
Tiempo total de cocción: 6 minutos
Para 6–8 personas

✯

- 200 g de hojas de parra en salmuera
- 3 cucharaditas de granos de pimienta verde o rosa en conserva, escurridos y picados
- 1 cucharada de mejorana fresca picada
- 300 g de queso de cabra suave
- pan de centeno para servir

1 Coloque las hojas de parra en un cuenco refractario y cúbralas con agua caliente para eliminar la salmuera. Escúrralas y séquelas.
2 Mezcle los granos de pimienta y la mejorana en un cuenco llano o una fuente. Añada el queso de cabra. Disponga algunas hojas de parra, con la parte satinada hacia abajo, sobre una superficie de trabajo. Envuelva en ellas el queso, para evitar que se cueza en exceso y se deforme.
3 Cuézalo sobre una parrilla caliente durante 3 minutos por cada lado o hasta que las hojas se tuesten. Póngalo en un plato y déjelo reposar a temperatura ambiente. (El queso caliente queda demasiado blando, pero se endurece al enfriarse.) Corte las hojas con tijeras y sirva el queso con rebanadas de pan.
CON ANTELACIÓN: Puede envolver el queso con las hojas de parra unas horas antes.

ALBAHACA
La albahaca dulce es la más utilizada de las numerosas variedades de esta hierba aromática y sabrosa. Aunque se conoce en especial por combinar a la perfección con el tomate, constituye además la base del pesto y se utiliza como condimento en multitud de platos y ensaladas. Las hojas de la albahaca se estropean con facilidad, por lo que conviene trocearlas en tiras en lugar de picarlas. La albahaca fresca se conserva en el frigorífico hasta tres días con los tallos introducidos en una botella de agua.

ARRIBA: Cuadrados de pizzetta

CUADRADOS DE PIZZETTA

Tiempo de preparación: 20 minutos
Tiempo total de cocción: 40 minutos
Para unas 50 unidades

★

2 cucharadas de aceite
4 cebollas cortadas en aros finos
2 láminas de masa de hojaldre descongelada
1/3 taza (90 g) de pesto de tomates secados al sol
10 anchoas picadas finas
15 g de hojas de albahaca fresca en tiras finas

1 Precaliente el horno a 200°C. Caliente el aceite en una sartén grande y saltee la cebolla a fuego medio 20 minutos o hasta que quede blanda y dorada. Déjela enfriar.
2 Disponga cada lámina de masa sobre una bandeja engrasada, extienda bien el pesto sobre la masa y esparza por encima la cebolla.
3 Reparta las anchoas y la albahaca sobre la cebolla y hornee la masa 20 minutos, o hasta que suba y se dore. Una vez fría, sírvala cortada en cuadrados, caliente o a temperatura ambiente.

CON ANTELACIÓN: Rehogue la cebolla 2 días antes y refrigérela. Hornee la masa con un máximo de 2 horas de antelación.

FRITTATA DE PIZZA

Tiempo de preparación: 30 minutos
Tiempo total de cocción: 30 minutos
Para 20 porciones

★

20 g de mantequilla
60 g de champiñones pequeños picados finos
1 tomate pequeño pelado, despepitado y picado fino
1 pimiento rojo pequeño despepitado y picado fino
1 cebolla pequeña picada fina
1 cabanossi picado fino
1 cucharadita de hojas de albahaca seca
4 huevos
2/3 taza (170 ml) de nata
100 g de parmesano rallado

1 Precaliente el horno a 180°C. En una sartén, caliente la mantequilla y rehogue los champiñones, el tomate, el pimiento, la cebolla, el cabanossi y la albahaca.
2 Mezcle los huevos, la nata y el parmesano. Agregue el sofrito y páselo a una fuente para tartas de 20 cm. Hornéela durante 30 minutos. Déjela enfriar a temperatura ambiente y sírvala cortada en porciones.
NOTA: Puede sustituir el cabanossi por salami o jamón dulce picado.

ROLLOS DE JAMÓN Y ESPÁRRAGOS

Tiempo de preparación: 20 minutos
Tiempo total de cocción: 8 minutos
Para 24 unidades

☆

12 lonchas de jamón
24 puntas de espárragos
100 g de mantequilla fundida
60 g de parmesano rallado
nuez moscada rallada
1 limón

1 Precaliente el horno a 180°C. Corte por la mitad las lonchas de jamón. Recorte la base de cada espárrago para que la punta mida 9 cm de largo. Lleve a ebullición una olla con agua ligeramente salada, vierta los espárragos y hiérvalos hasta que estén tiernos.
2 Escúrralos y séquelos bien. Úntelos con la mantequilla fundida y rebócelos con el parmesano rallado. Envuelva cada espárrago en media loncha de jamón.
3 Unte con mantequilla fundida un plato refractario lo bastante grande como para que quepan los espárragos en una sola capa. Disponga los rollos de espárragos en el plato. Espolvoréelos con el queso parmesano restante, la nuez moscada y la pimienta negra machacada, al gusto. Hornéelos durante 7 minutos. Rocíelos con un poco de zumo de limón recién exprimido y sírvalos.
NOTA: Puede sustituir el jamón por beicon cortado en lonchas finas.
CON ANTELACIÓN: Puede preparar los rollos hasta con 6 horas de antelación. Tápelos y guárdelos en el frigorífico. Hornéelos justo antes de servirlos.

NUEZ MOSCADA
La nuez moscada se comercializa entera o molida. No obstante, la semilla recién rallada tiene un sabor mucho más fresco y aromático que el producto ya molido, por lo que conviene comprarla entera. Esta especia se utiliza en preparaciones tanto dulces como saladas.

IZQUIERDA: Rollos de jamón y espárragos

LA DESPENSA MEDITERRÁNEA

Anchoas: boquerones en filetes curados en salazón y enlatados o envasados en aceite. El intenso aroma y la concentración de sal se reducen poniendo las anchoas brevemente en remojo en leche o en agua.

Arroz arborio: arroz de grano corto cultivado en Italia y utilizado para preparar risotto por su elevado contenido en almidón.

Corazones de alcachofas: los brotes comestibles de una planta de gran tamaño de la familia del cardo. Se venden envasados en salmuera o en aceite.

Piñones: frutos secos de alto contenido graso procedentes del pino piñonero. Se trata de uno de los frutos secos más caros, por el trabajo que implica separar las semillas de las piñas. Al tostarlos desprenden todo su aroma.

Parmesano: queso de consistencia dura, textura granular y aroma característico. Se elabora con leche de vaca desnatada o semidesnatada y se madura entre dos y tres años en grandes "ruedas".

Mozzarella: queso fresco, blanco y suave. Originalmente se elaboraba con leche de búfala, pero en la actualidad se emplea leche de vaca o una mezcla. Se vende envasado al vacío, o en suero o agua. Los bocconcini son bolas individuales de mozzarella.

Queso de cabra: su textura varía de suave y cremosa a blanda y granular, según el grado de maduración del queso. Se comercializa solo o recubierto por una serie de capas de componentes varios, desde hierbas hasta ceniza. Tiene un sabor penetrante.

Ricotta: producto lácteo de color blanco y masa blanda y húmeda, obtenido del suero de la mozzarella. De textura ligeramente granulada, resulta más suave que el requesón.

Vinagre balsámico: su sabor dulce y almibarado y su color oscuro se debe a su envejecimiento en barricas de madera. Úselo con moderación como aromatizante.

Aceites de oliva: el aceite de oliva virgen se obtiene del primer prensado de las aceitunas y se emplea en platos crudos o en aliños. Para cocinar use aceite de oliva normal.

Aceitunas: hay variedades negras y verdes, de distintos tamaños. Algunas se rellenan de anchoas, almendras o pimientos, otras se salan y se marinan en aceite.

Alcaparras: botones florales de un arbusto del Mediterráneo y de algunas zonas de Asia. Una vez secadas al sol, se conservan en vinagre o en salmuera. También se venden saladas en tarros. Las hay de distintos tamaños.

Tomates y pimientos secados al sol: de textura gomosa, color oscuro y aroma intenso. Se comercializan en aceite o secos, en cuyo caso deben ponerse en remojo en aceite u otro líquido antes de su consumo.

Oruga: hortaliza de hoja que se cultiva por sus hojas aromáticas de sabor amargo con un ligero toque picante a mostaza. Se comercializa en manojos, en ocasiones con raíces incluidas.

Feta: queso blanco de consistencia dura, textura granular y sabor suave y salado. Originalmente se elaboraba con leche de cabra y oveja, pero hoy se usa leche de vaca. Se prensa en ruedas y se conserva en salmuera.

Haloumi: queso salado de consistencia dura aunque cremosa. Se elabora con leche de oveja y se madura en una mezcla de suero y sal. Al derretirse queda suave y cremoso.

Hojas de parra: se venden en tarros o en envases de plástico en salmuera. Lávelas para eliminar la sal y, si son frescas, hiérvalas para que se reblandezcan.

Pastrami: carne de vacuno cocida, curada, ahumada y muy condimentada, que al secarse se cubre con una mezcla de sal, pimienta, comino, pimentón y ajo.

Jamón: pierna de cerdo secada por la acción del aire. La sal elimina parte de la humedad. En su lugar se puede utilizar panceta.

Tomates Roma: tomates de forma ovoide y paredes gruesas con mulcha pulpa y pocas semillas, por lo que resultan indicados para cocinar.

ALCACHOFAS
Si el tiempo apremia, como suele ocurrir cuando se tienen invitados, se pueden emplear alcachofas en corserva o de lata en lugar de alcachofas frescas, cuya preparación requiere tiempo y esfuerzo.

ARRIBA: Ensalada de judías (superior izquierda); Frittata de alcachofa

ENSALADA DE JUDÍAS

Tiempo de preparación: 20 minutos
Tiempo total de cocción: ninguno
Para 6–8 personas

✯

425 g de judías blancas en conserva
1 tomate
3 filetes de anchoa
1 cucharada de cebolla roja picada fina
2 cucharaditas de albahaca fresca picada fina
2 cucharaditas de aceite de oliva virgen extra
1 cucharadita de vinagre balsámico
pan para servir

1 Aclare y escurra las judías. Pique el tomate y trocee las anchoas.
2 Mezcle las judías, el tomate y las anchoas con la cebolla roja, la albahaca, el aceite de oliva y el vinagre balsámico. Tueste varias rebanadas de pan de barra rociadas con aceite y frótelas seguidamente con ajo. Reparta el preparado a cucharadas.
CON ANTELACIÓN: Puede preparar la ensalada con un día de antelación y guardarla tapada en el frigorífico.

FRITTATA DE ALCACHOFA

Tiempo de preparación: 20 minutos
Tiempo total de cocción: 25 minutos
Para 8 porciones

✯

30 g de mantequilla
2 puerros pequeños cortados en rodajas
1 diente de ajo laminado
6 huevos
100 g de alcachofas de lata troceadas
1 cucharadita de estragón fresco picado
zumo de limón para aderezar

1 En una sartén antiadherente de 20 cm sofría en mantequilla el puerro y el ajo hasta que queden tiernos. Extiéndalos por toda la base.
2 Bata los huevos y salpiméntelos. Viértalos en la sartén y disponga encima los trozos de alcachofa. Espolvoree con estragón y cueza la frittata a fuego lento hasta que se cuaje (unos 10 minutos), agitando la sartén de vez en cuando para repartir el huevo.
3 Dore la tortilla al grill, córtela en porciones y rocíela con zumo de limón.

BUÑUELOS DE VIEIRAS

Tiempo de preparación: 20 minutos
Tiempo total de cocción: 4 ó 5 minutos por tanda
Para 40 unidades

☆

250 g de vieiras
6 huevos
25 g de parmesano rallado
3 dientes de ajo majados
1 taza (125 g) de harina
2 cucharadas de tomillo fresco picado
2 cucharadas de orégano fresco picado
aceite para freír
mayonesa para servir (opcional)

1 Limpie las vieiras y córtelas en trozos grandes. Bata ligeramente los huevos y mézclelos con el parmesano, el ajo, la harina y las hierbas. Incorpore por último las vieiras.
2 Caliente 3 cm de aceite en una sartén honda a 180°C. El aceite estará caliente cuando un dado de pan se dore en 15 segundos. Fría los buñuelos por tandas, vertiendo cucharadas de la masa en el aceite. Déjelos escurrir sobre papel de cocina y espolvoréelos con un poco de sal. Puede acompañarlos con mayonesa.

SARDINAS EN HOJAS DE PARRA

Tiempo de preparación: 30 minutos + remojo
Tiempo total de cocción: 30 minutos
Para 12 unidades

☆

12 hojas de parra frescas o envasadas
3 cucharadas de aceite de oliva
1 diente de ajo majado
1 cebolleta picada fina
2 cucharadas de piñones
3 cucharadas de perejil fresco picado
2 cucharaditas de ralladura de limón
3 cucharadas de pan blanco recién rallado
12 sardinas abiertas

1 Si emplea hojas de parra en salmuera póngalas en remojo en agua fría durante 30 minutos, escúrralas y séquelas. Si son frescas, déjelas en un cuenco refractario grande cubiertas con agua hirviendo durante 2 ó 3 minutos, aclárelas con agua fría, escúrralas y séquelas. Precaliente el horno a 180°C.
2 Caliente 1 cucharada de aceite en una sartén y saltee el ajo, la cebolleta y los piñones a fuego medio hasta que los piñones empiecen a dorarse. Mézclelos en un cuenco con el perejil, la ralladura y el pan rallado. Sazone con sal y pimienta negra recién molida.
3 Rellene las sardinas con el preparado y envuélvalas con las hojas de parra. Dispóngalas en una capa en una fuente de horno engrasada. Rocíelas con el aceite restante y hornéelas 30 minutos. Sírvalas a temperatura ambiente.
CON ANTELACIÓN: Puede preparar y envolver las sardinas un día antes y refrigerarlas tapadas. Extráigalas del frigorífico, rocíelas con el aceite y hornéelas unas horas antes de servirlas.

ARRIBA: Buñuelos de vieiras (superior); Sardinas en hojas de parra

ABAJO: *Suppli*

SUPPLI

Tiempo de preparación: 40 minutos + refrigeración
Tiempo total de cocción: 1 hora
Para unas 30 unidades

☆☆

3 tazas (750 ml) de caldo de pollo
60 g de mantequilla
1 cebolla pequeña picada fina
1 2/3 tazas (360 g) de arroz arborio
1/2 taza (125 ml) de vino blanco
una pizca de azafrán en polvo
50 g de parmesano rallado
2 huevos poco batidos
100 g de queso mozzarella
1 taza (100 g) de pan rallado
aceite para freír

1 Ponga a hervir el caldo en una olla, reduzca el fuego y mantenga el punto de ebullición. Caliente la mantequilla en una olla de fondo pesado y rehogue la cebolla 2 ó 3 minutos, hasta que esté blanda pero no dorada. Añada el arroz y remuévalo 2 ó 3 minutos para mezclarlo con la mantequilla y la cebolla.
2 Agregue el vino y el azafrán mezclados y remueva hasta que el vino se evapore. Añada 1/2 taza (125 ml) de caldo al arroz y revuelva hasta que se haya evaporado; siga añadiendo el caldo poco a poco sin dejar de remover hasta que quede 1/2 taza de caldo (unos 15 minutos). Incorpore el caldo restante, remueva y tape la olla. Reduzca el fuego al mínimo y prosiga la cocción de 10 a 15 minutos más, hasta que el arroz esté hecho. Déjelo enfriar.
3 Agregue el parmesano, los huevos y sal y pimienta al gusto. Corte la mozzarella en 30 dados. Con las manos humedecidas amase el arroz para formar 30 bolas del tamaño de una nuez. Introduzca un dado de mozzarella en cada una de ellas y moldee el arroz alrededor.
4 Reboce los buñuelos en pan rallado. Refrigérelos 1 hora como mínimo para que tomen cuerpo. Caliente aceite a 180°C en una sartén honda de fondo pesado (hasta llenar un tercio de su capacidad). El aceite estará caliente cuando un dado de pan se dore en 15 segundos. Fría los buñuelos en tandas 4 ó 5 minutos, o hasta que se doren. Déjelos escurrir sobre papel de cocina. Sírvalos calientes.
NOTA: El nombre completo de esta receta es Suppli al teléfono. Sirva los buñuelos calientes de modo que al morderlos el relleno de queso se estire asemejándose a un hilo telefónico.
CON ANTELACIÓN: Refrigérelos tapados hasta 3 días. Recaliéntelos al horno 15 minutos.

BUÑUELOS DE QUESO

Tiempo de preparación: 15 minutos + refrigeración
Tiempo total de cocción: 10 minutos
Para unas 35–40 unidades

☆☆

175 g de queso feta en una pieza
125 g de queso mozzarella
1/3 taza (40 g) de harina
1 huevo poco batido
1/2 taza (50 g) de pan rallado
aceite para freír

1 Corte el feta y la mozzarella en dados de 2 cm. Mezcle la harina y 1/4 cucharadita de pimienta negra sobre una lámina de papel encerado y enharine ligeramente el queso.

2 Reboce después los trozos de queso con huevo y el pan rallado y sacúdalos bien. Dispóngalos en una bandeja forrada de papel de aluminio y refrigérelos tapados 25 minutos.
3 Caliente 3 cm de aceite en una sartén honda a 180°C. El aceite estará caliente cuando un dado de pan se dore en 15 segundos. Fría los buñuelos de queso por tandas 2 ó 3 minutos, hasta que estén dorados y crujientes. Déjelos escurrir sobre papel de cocina y sírvalos.
NOTA: Sírvalos con pimentón, salsa de ciruelas o de arándanos o gelatina de menta caliente.

SARDINAS RELLENAS

Tiempo de preparación: 40 minutos
Tiempo total de cocción: 20 minutos
Para 16 unidades

☆☆

16 sardinas grandes
2/3 taza (65 g) de pan rallado
2 dientes de ajo majados
2 cucharadas de alcaparras escurridas y picadas
35 g de parmesano rallado
2 yemas de huevo poco batidas
el zumo de 2 limones para servir

1 Precaliente el horno a 200°C. Engrase una bandeja de horno.
2 Descabece las sardinas, practique un corte a lo largo del vientre y ábralas. Retire las vísceras y separe con cuidado la carne de la raspa; recorte los extremos, dejando las colas intactas. Extraiga la raspa y deséchela. Lave bien las sardinas y escúrralas sobre papel de cocina.
3 Mezcle el pan rallado, el ajo, las alcaparras, el parmesano, la pimienta negra recién molida y suficiente yema de huevo para ligar el preparado. Rellene las sardinas abiertas, póngalas en la bandeja y hornéelas durante 20 minutos, o hasta que estén doradas. Sírvalas calientes o frías, regadas con zumo de limón.
NOTA: En algunas pescaderías venden las sardinas limpias, lo que facilita su preparación.
CON ANTELACIÓN: Puede preparar las sardinas y el relleno con un día de antelación y refrigerarlo todo por separado. Rellene las sardinas unas horas antes de servirlas.

SARDINAS RELLENAS

Descabece las sardinas y córtelas después a lo largo del vientre para abrirlas.

Separe con cuidado la carne de las espinas, recorte los extremos y extraiga la raspa.

Disponga una cucharada del relleno en el centro de cada sardina y coloque el pescado con cuidado en una bandeja de horno.

ARRIBA: Sardinas rellenas

ALBÓNDIGAS ITALIANAS

Tiempo de preparación: 25 minutos
Tiempo total de cocción: 20 minutos
Para unas 25 unidades

☆

250 g de carne magra picada de vaca
1 cebolla pequeña rallada
1 diente de ajo majado
1/2 taza (40 g) de pan blanco recién rallado
40 g de aceitunas negras deshuesadas picadas
1 cucharadita de orégano seco
1 cucharada de perejil fresco picado fino
aceite para cocinar

1 Mezcle con las manos la carne picada, la cebolla, el ajo, el pan rallado, las aceitunas, el orégano y el perejil, y salpimiente al gusto.
2 Moldee cucharaditas de la mezcla en forma de bolas. Para trabajar la masa con mayor facilidad, humedézcase las manos. Caliente aceite en una sartén y fría las albóndigas en tandas hasta que estén hechas y doradas.
CON ANTELACIÓN: Puede preparar las albóndigas y guardarlas tapadas en el frigorífico hasta el momento de freírlas, o bien hacerlas con antelación y recalentarlas, cubiertas con un poco de papel de aluminio, en el horno a 160°C. También se pueden freír, congelar y recalentar justo antes de servirlas.

FRITTATA DE BACALAO AHUMADO

Tiempo de preparación: 20 minutos
Tiempo total de cocción: 20 minutos
Para 12 porciones

☆

500 g de bacalao ahumado
1 taza (250 ml) de leche
8 huevos
60 g de parmesano rallado
60 g de cheddar rallado
2 cucharadas de tomillo fresco picado
30 g de hojas de albahaca fresca troceadas
2 cucharadas de aceite de oliva

1 Coloque el bacalao ahumado en una cazuela con la leche mezclada con agua suficiente para cubrirlo. Póngalo a hervir, reduzca después el fuego y déjelo cocer durante 3 ó 4 minutos. Extráigalo con una espumadera y desmenúcelo.
2 Bata los huevos en un cuenco y añada el parmesano y el cheddar, el tomillo, las hojas de albahaca y el pescado. Mézclelo todo bien.
3 Caliente el aceite en una sartén de fondo pesado de 23 a 25 cm de diámetro. Vierta el preparado y cuézalo a fuego medio durante 10 minutos, o hasta que la frittata esté casi hecha. Gratínela en el horno 2 ó 3 minutos hasta que empiece a dorarse. Sírvala cortada en porciones.

MEJILLONES CON JAMÓN GRATINADOS

Tiempo de preparación: 20 minutos
Tiempo total de cocción: 15–20 minutos
Para unas 20 unidades

☆

1 cucharada de aceite
1 cebolla picada fina
6 lonchas finas de jamón picadas
4 dientes de ajo majados
1,5 kg de mejillones
60 g de parmesano rallado
60 g de cheddar rallado

1 Caliente el aceite en una sartén pequeña y sofría la cebolla, el jamón y el ajo a fuego medio de 5 a 8 minutos, hasta que el jamón quede crujiente y la cebolla esté dorada. Reserve el sofrito.
2 Frote los mejillones con un cepillo duro y arranque las barbas. Deseche los mejillones rotos o los abiertos que no se cierren al darles un golpecito. Viértalos en una olla grande con agua hirviendo y cuézalos durante 5 minutos. Remuévalos de vez en cuando y deseche los moluscos que no se abran. Extraiga los mejillones de las valvas y reserve una de cada mejillón. Rellene cada valva con 2 mejillones y cúbralos con un poco del sofrito de jamón.
3 Mezcle el parmesano y el cheddar y espolvoréelos sobre el jamón. Gratine los mejillones hasta que estén calientes y el queso se haya derretido.
CON ANTELACIÓN: Los mejillones pueden limpiarse con varias horas de antelación.

PÁGINA ANTERIOR, DE ARRIBA ABAJO: Albóndigas italianas; Frittata de bacalao ahumado; Mejillones con jamón gratinados

BRUSCHETTA

Crujientes rebanadas, ya sea de pan italiano, francés o de masa fermentada, ligeramente tostadas y cubiertas con vistosos ingredientes frescos complacerán a los invitados más insaciables.

SALMÓN AHUMADO Y ALCAPARRAS

Corte 2 barritas de pan en rebanadas de 1 cm y tuéstelas por ambos lados. Mezcle 250 g de queso de untar con 2 cucharadas de zumo de limón y 15 g de cebollino picado. Unte las tostadas con la mezcla y cúbralas con lonchas finas de salmón ahumado y alcaparras. Decórelas con ramitas de eneldo fresco antes de servir. Para unas 24 unidades.

PIMIENTOS ASADOS

Parta 2 pimientos amarillos, 2 verdes y 2 rojos a lo largo. Elimine las semillas y la membrana y áselos con la piel hacia arriba al grill hasta que ésta se ennegrezca. Déjelos enfriar en una bolsa de plástico y pélelos. Trocéelos en tiras finas, páselas a un cuenco y añada 1 cebolla roja pequeña troceada, 1 1/2 cucharadas de aceite de oliva, 1 1/2 cucharadas de vinagre balsámico y 2 dientes de ajo majados. Corte 2 barras de pan de masa fermentada en rebanadas de 1 cm. Tuéstelas un poco por ambos lados y cúbralas con los pimientos. Para unas 24 unidades.

ORUGA Y FETA

Corte una barra grande de pan francés o de pan italiano en rebanadas de 1 cm, rocíelas con aceite de oliva y tuéstelas hasta que se doren por ambos lados.

Cúbralas con hojas de oruga, usando en total unos 90 g. Mezcle 200 g de feta desmenuzado con 2 cucharaditas de ralladura de naranja y 2 cucharadas de aceite de oliva. Extienda 2 cucharaditas de la mezcla sobre cada bruschetta cubierta de oruga. Gratine 6 lonchas de jamón hasta que queden crujientes y repártalas después sobre las tostadas. Para unas 30 unidades.

CAPRESSE

Mezcle 150 g de bocconcini en dados con 3 cucharadas de albahaca fresca en tiras y 3 cucharadas de aceite de oliva virgen extra tibio; salpimiente al gusto. Guárdelo tapado en un lugar cálido 1 hora para que tome sabor. Corte una barra grande de pan en rebanadas de 1 cm, rocíelas con aceite de oliva y tuéstelas por ambos lados. Cúbralas con el bocconcini. Para unas 30 unidades.

CHAMPIÑONES Y PEREJIL

Corte una barra grande de pan francés en rebanadas de 1 cm, rocíelas con aceite de oliva y tuéstelas por ambos lados. Caliente 1 cucharada de aceite de oliva en una sartén y fría 200 g de champiñones pequeños cortados en cuartos. Añada 1 cucharada de zumo de limón, 50 g de queso de cabra desmenuzado, 1 cucharada de perejil fresco y sazónelo todo al gusto. Para unas 30 unidades.

TOMATE Y ALBAHACA

Corte una barra grande de pan en rebanadas de 1 cm, rocíelas con aceite de oliva y tuéstelas por ambos lados. Pique 4 tomates maduros y mézclelos con 1/2 taza (30 g) de albahaca fresca en tiras y 2 cucharadas de aceite de oliva virgen extra. Reparta la mezcla sobre las tostadas. Para unas 30 unidades.

PASTRAMI Y HIERBAS

Corte una barra grande de pan francés en rebanadas de 1 cm, rocíelas con aceite de oliva y tuéstelas por ambos lados. Mezcle 200 ml de crème fraîche con 1 cucharadita de perejil fresco, de cebollino y de albahaca. Unte cada tostada con una 1 cucharadita de la mezcla. Corte 30 lonchas de pastrami, dóblelas por la mitad y coloque 2 trozos sobre la crème fraîche. Mezcle 2 tomates picados con 1/2 cebolla picada y 2 cucharaditas de vinagre balsámico y de aceite de oliva. Reparta la mezcla sobre las tostadas y decórelas con hojas pequeñas de albahaca fresca. Para unas 30 unidades.

DE IZQUIERDA A DERECHA: Salmón ahumado y alcaparras; Pimientos asados; Oruga y feta; Capresse; Champiñones y perejil; Tomate y albahaca; Pastrami y hierbas

ALCAPARRAS
Las alcaparras son los botones florales sin abrir de una pequeña planta originaria del Mediterráneo. Se comercializan envasadas en vinagre y deben guardarse en el frigorífico una vez abiertas. Debido a su intenso aroma se emplean en pequeñas cantidades. Las de menor tamaño ofrecen un aroma más suave y una textura más crujiente. Las alcaparras se venden asimismo bañadas y envasadas en salazón. Deben enjuagarse antes de su consumo.

ARRIBA: Fritto misto di mare

FRITTO MISTO DI MARE

Tiempo de preparación: 30 minutos
Tiempo total de cocción: 12 minutos
Para unas 50 unidades

☆☆

Salsa tártara

1 1/2 tazas (375 ml) de mayonesa
1 pepinillo en vinagre picado
1 cucharadita de alcaparras escurridas y picadas
1 cucharada de cebollino fresco picado
1 cucharada de perejil fresco picado
1/4 cucharadita de mostaza de Dijon
1/4 cebolla pequeña rallada fina

Masa

1 taza (125 g) de harina de fuerza
1/4 taza (30 g) de fécula de maíz
1 cucharada de aceite

500 g de filetes de pescado sin espinas
12 sardinas frescas
8 langostinos medianos crudos pelados
8 vieiras limpias y sin hilo intestinal
1 calamar cortado en anillas
harina para rebozar
aceite para freír
trozos de limón para servir

1 Para preparar la salsa tártara, mezcle bien todos los ingredientes en un cuenco pequeño.
2 Para elaborar la masa, tamice la harina y la fécula de maíz con un poco de sal y pimienta en un cuenco grande. Forme un hueco en el centro. Mezcle el aceite y 1 taza (250 ml) de agua y vierta gradualmente la mezcla en la harina, batiendo hasta obtener una masa fina.
3 Corte los filetes de pescado en tiras de 5 cm. Para preparar las sardinas, elimine las cabezas, ábralas por el vientre y límpielas en agua con sal. Separe la raspa con los dedos y córtela por la cola con unas tijeras afiladas.
4 Deje secar el marisco sobre papel absorbente, rebócelo y sacuda el exceso de harina.
5 Caliente el aceite en una sartén honda y grande a 180°C. El aceite estará caliente cuando un dado de pan se dore en 15 segundos. Bañe el marisco en la masa por tandas y sumérjalo en el aceite caliente con unas pinzas o una espumadera. Fríalo durante 2 ó 3 minutos, o hasta que quede

crujiente y dorado. Déjelo escurrir sobre papel de cocina. Manténgalo caliente mientras fríe el resto del marisco. Sírvalo con un cuenco de salsa tártara y trozos de limón.
CON ANTELACIÓN: Puede preparar el marisco con varias horas de antelación y guardarlo tapado en el frigorífico.

CEBOLLITAS BALSÁMICAS

Tiempo de preparación: 15 minutos + toda la noche de refrigeración
Tiempo total de cocción: 1 hora 30 minutos
Para unas 30 unidades

☆

1 kg de cebollitas en vinagre sin pelar (vea nota)
3/4 taza (185 ml) de vinagre balsámico
2 cucharadas de azúcar moreno
3/4 taza (185 ml) de aceite de oliva

1 Precaliente el horno a 160°C. Hornee las cebollitas en una fuente durante 1 1/2 horas. Déjelas enfriar hasta que estén templadas. Corte los extremos y pélelas (la parte externa de la raíz debería retirarse procurando que las cebollitas permanezcan intactas). Enjuague un tarro de cuello ancho de 1 litro con agua hirviendo y séquelo en el horno caliente (no lo seque con un paño). Ponga las cebollitas en el tarro.
2 Mezcle el vinagre y el azúcar en otro tarro pequeño con cierre de rosca, removiendo para disolver el azúcar. Añada el aceite, cierre el frasco y agítelo con energía hasta que quede todo bien ligado; la mezcla se volverá más pálida y quizá se desligue al dejarse en reposo.
3 Vierta el aderezo sobre las cebollitas, cierre el tarro y vuélquelo para bañarlas en el aliño. Déjelas macerar toda la noche en el frigorífico, moviéndolas de vez en cuando. Déjelas reposar de nuevo a temperatura ambiente y agite el tarro para que el aderezo se mezcle por completo antes de servir.
NOTA: Las cebollitas en vinagre, muy pequeñas, se envasan en bolsas de 1 kg. Su tamaño ideal ronda los 35 g. Envasadas pesan de 20 a 45 g. El tiempo de cocción es el indicado para este peso y no debe prolongarse para las más grandes. El tiempo de maceración señalado es el mínimo, ya que las cebollitas se pueden dejar marinando hasta 3 días en el frigorífico. Remueva el aderezo de vez en cuando, ya que al cabo de unas horas puede desligarse.

ARRIBA: Cebollitas balsámicas

ESPIRALES DE JAMÓN DULCE Y PIÑA

Mezcle la mantequilla picada con la harina trabajándola con los dedos hasta obtener una mezcla grumosa.

Forme un rectángulo con la masa y, con un cuchillo, unte el concentrado de tomate.

Utilice el papel parafinado como guía y enrolle la masa tirando del lado más largo.

ARRIBA: Espirales de jamón dulce y piña

ESPIRALES DE JAMÓN DULCE Y PIÑA

Tiempo de preparación: 25 minutos
Tiempo total de cocción: 20 minutos
Para 16 unidades

☆☆

- 2 tazas (250 g) de harina de fuerza
- 40 g de mantequilla picada
- 1/2 taza (125 ml) de leche
- 4 cucharadas de concentrado de tomate (o tomate triturado)
- 2 cebollas pequeñas picadas finas
- 4 rodajas de piña picadas finas
- 200 g de jamón dulce en tiras
- 80 g de cheddar rallado
- 2 cucharadas de perejil fresco picado fino

1 Precaliente el horno a 180°C. Engrase 2 bandejas de horno con aceite. Tamice la harina en un cuenco y mézclela con la mantequilla hasta que adquiera el aspecto de las migas de pan. Forme un hueco en el centro y vierta casi toda la leche. Con un cuchillo mezcle la masa como si la cortara hasta que adquiera una textura grumosa. Amásela en forma de bola y pásela a una superficie enharinada. Divida la masa por la mitad y extienda cada parte sobre un trozo de papel parafinado formando un rectángulo de 20 x 30 cm y 5 mm de grosor. Úntelo con el tomate dejando un borde de 1 cm.

2 Mezcle la cebolla, la piña, el jamón dulce, el cheddar y el perejil. Reparta la mezcla sobre el tomate dejando un borde de 2 cm. Enrolle la masa por el lado más largo utilizando el papel como guía.

3 Corte el rollo en ocho rodajas iguales, deposítelas en la bandeja y hornéelas 20 minutos hasta que se doren. Sírvalas calientes.

CON ANTELACIÓN: Puede preparar las espirales con antelación y recalentarlas después.

PATATAS CON CAVIAR

Cueza unas cuantas patatas minis sin pelar (según los comensales) en una olla grande de agua hirviendo hasta que estén tiernas. Déjelas enfriar ligeramente. Mientras conservan aún el calor, corte la parte superior y vacíelas un poco. Rellene el hueco con nata agria y cubra ésta con caviar. Puede mezclar hierbas picadas o cebolletas con la nata agria si lo desea. Decórelas con unas ramitas de eneldo. Sírvalas calientes.

TOSTADAS CON TOMATE Y PESTO

Tiempo de preparación: 15 minutos
Tiempo total de cocción: 5 minutos
Para unas 30 unidades

★

Pesto
1 taza (50 g) de hojas de albahaca fresca
1/2 taza (50 g) de pacanas
1/4 taza (60 ml) de aceite de oliva
3 dientes de ajo

1 barra de pan francés, en rebanadas finas
10 tomates grandes secados al sol, en tiras finas
150 g de parmesano cortado en virutas finas

1 Para preparar el pesto, pique las hojas de albahaca, las pacanas, el aceite y el ajo en un robot de cocina hasta obtener una mezcla fina.
2 Tueste las rebanadas de pan hasta que queden doradas por ambos lados.
3 Reparta el pesto uniformemente sobre las tostadas. Cubra la salsa con tiras de tomate y parmesano.
CON ANTELACIÓN: Puede preparar el pesto con varios días de antelación y guardarlo en un tarro. Cúbralo con una fina capa de aceite de oliva. También puede congelarlo en bandejas de cubitos y descongelarlo cuando sea necesario.

MINISALTIMBOCCA DE TERNERA

Tiempo de preparación: 20 minutos + remojo
Tiempo total de cocción: 15 minutos
Para unas 40 unidades

★★

40 brochetas de madera pequeñas
(de unos 10 cm de largo)
500 g de solomillo de ternera
8–10 lonchas de jamón
60 g de hojas de salvia fresca
30 g de mantequilla
2 cucharaditas de aceite
2 cucharadas de jerez seco

1 Ponga en remojo las brochetas en agua caliente durante 20 minutos para evitar que se quemen al freír la carne. Corte el solomillo de ternera en 40 trozos pequeños de unos 3 x 6 cm. Corte las lonchas de jamón un poco más pequeñas que la ternera. Cubra cada trozo de carne con una loncha de jamón y una hoja de salvia. Ensarte todas las capas en las brochetas.
2 Caliente la mitad de la mantequilla y el aceite en una sartén grande y fría la mitad de las brochetas a fuego fuerte hasta que la ternera quede dorada; deles la vuelta para freírlas por el otro lado.
3 Rocíe la mitad del jerez seco sobre la carne ya hecha y agite con cuidado la sartén. Retire las brochetas de la sartén y vierta sobre ellas los jugos de la cocción. Manténgalas calientes mientras fríe el resto de las brochetas. Sírvalas calientes, rociadas con los jugos de la cocción.
CON ANTELACIÓN: Puede preparar las brochetas un día antes y refrigerarlas tapadas.

ARRIBA: Tostadas con tomate y pesto

ARRIBA: Feta marinado

FETA MARINADO

Tiempo de preparación: 10 minutos + 1 semana de refrigeración
Tiempo total de cocción: ninguno
Para 6–8 personas

☆

350 g de feta
1 cucharada de orégano seco
1 cucharadita de semillas de cilantro
125 g de tomates secados al sol en aceite
4 guindillas rojas pequeñas frescas
3 ó 4 ramitas de romero fresco
aceite de oliva

1 Seque el queso feta con papel de cocina y córtelo en dados de 2 cm. Páselo a un cuenco y espolvoréelo con el orégano, el cilantro y 1 cucharada de pimienta negra machacada.
2 Deje escurrir los tomates sobre un recipiente para retener el aceite. Coloque el feta, las guindillas, el romero y los tomates en un tarro de cuello ancho esterilizado de 750 ml de capacidad. Cúbralo todo con el aceite reservado de los tomates (debería tener unas 3 cucharadas) y una capa final de aceite de oliva. Cierre el tarro y refrigérelo durante 1 semana antes de consumir el queso. Sírvalo a temperatura ambiente.
NOTAS: Para esterilizar el tarro, enjuáguelo con agua hirviendo y déjelo secar por completo en un horno al mínimo.

El aceite embotellado se solidificará en parte al refrigerarlo, pero recuperará su estado líquido al dejarlo a temperatura ambiente.
CON ANTELACIÓN: El feta marinado se conserva en el frigorífico de 1 a 2 meses. Utilice el aceite para aderezar ensaladas y pastas.

TAPENADE DE ACEITUNAS NEGRAS Y PIMIENTOS

Tiempo de preparación: 15 minutos
Tiempo total de cocción: ninguno
Para 1 taza (250 ml)

☆

75 g de aceitunas negras deshuesadas, en rodajas
75 g de pimientos secados al sol en aceite escurridos
1 cucharada de alcaparras
1 diente de ajo grande
30 g de perejil
1 cucharada de zumo de limón
90 ml de aceite de oliva virgen extra

1 Mezcle las aceitunas, los pimientos, las alcaparras, el ajo y el perejil en un robot de cocina o una batidora hasta obtener una pasta fina. Con el motor encendido, añada poco a poco el zumo de limón y el aceite de oliva y mézclelo todo hasta que quede bien ligado.
2 Pase la mezcla a un tarro esterilizado, ciérrelo y refrigérelo hasta 2 semanas. Déjelo reposar a temperatura ambiente antes de servirlo.
3 Sírvalo untado en pan o galletas saladas, o sobre un montoncito de queso ricotta, o bien con brochetas de cerdo o de cordero.

ALCACHOFAS MARINADAS CON AJO Y HIERBAS

Tiempo de preparación: 20 minutos + toda la noche de refrigeración
Tiempo total de cocción: ninguno
Para 8 personas

☆

2 dientes de ajo picados
1/2 taza (125 ml) de aceite de oliva
2 cucharadas de eneldo fresco picado fino
15 g de perejil fresco picado fino
2 cucharadas de albahaca fresca picada fina
2 cucharadas de zumo de limón
2 latas de 400 g de alcachofas
3 cucharadas de pimiento rojo cortado en dados

1 Para preparar la marinada, mezcle el ajo, el aceite, las hierbas y el zumo de limón en un cuenco y bátalo todo bien hasta obtener una mezcla homogénea. Sazónela con sal y pimienta negra machacada.
2 Escurra las alcachofas y añádalas junto con el pimiento rojo. Remuévalas para que se mezclen bien con la marinada. Cúbralas y refrigérelas toda la noche. Sírvalas como parte de una fuente de antipasto o en ensaladas. Deje reposar a temperatura ambiente antes de servir.

CON ANTELACIÓN: Las alcachofas se conservan en un recipiente hermético en el frigorífico hasta una semana.

HOJALDRES DE TRUCHA

Corte una lámina de masa de hojaldre en 36 cuadrados pequeños. Pinte la superficie con huevo batido y esparza por encima semillas de sésamo. Disponga los hojaldres sobre varias bandejas de horno engrasadas y hornéelos a 220°C unos 8 minutos, hasta que aumenten de volumen y se doren. Déjelos enfriar y pártalos por la mitad. Reblandezca 250 g de queso de untar y mézclelo con alcaparras, cebolleta picada y eneldo fresco. Unte las bases de masa con esta mezcla y cúbralas con un rollito de trucha ahumada y las tapas de masa inclinadas. Para 36 unidades.

ARRIBA: Alcachofas marinadas con ajo y hierbas

PEREJIL DE HOJA PLANA
El perejil de hoja plana resulta más aromático que la variedad de hoja rizada, y se comercializa durante todo el año. En la cocina francesa se emplean tanto los tallos como las hojas, mientras que en Italia y en España sólo se usan las hojas. Compre el perejil de tallos rígidos y hojas brillantes, no amarillentas. Para conservarlo, introduzca los tallos en un tarro con agua en el frigorífico o envuélvalo en papel de cocina y guárdelo en el cajón de las verduras.

ARRIBA: Buñuelos de chanquete

BUÑUELOS DE CHANQUETE

Tiempo de preparación: 20 minutos + reposo
Tiempo total de cocción: 15 minutos
Para 12–15 unidades

☆☆

1/4 taza (30 g) de harina de fuerza
1/4 taza (30 g) de harina común
1/2 cucharadita de bicarbonato sódico
1 huevo poco batido
3 cucharadas de vino blanco seco
2 cucharaditas de perejil picado
1 diente de ajo majado
1/2 cebolla pequeña rallada
200 g de chanquetes
aceite de oliva para freír
trozos de limón para servir

1 Tamice las harinas, el bicarbonato sódico, y sal y pimienta en un cuenco. Agregue el huevo y el vino, bátalo todo hasta obtener una mezcla homogénea y añada luego el perejil, el ajo, la cebolla y los chanquetes. Tape el preparado y refrigérelo 20 minutos.

2 Caliente 2 cm de aceite en una sartén honda a 180°C. El aceite estará caliente cuando un dado de pan se dore en 15 segundos. Vierta la masa de los buñuelos a cucharadas; cuando se hinchen y se formen burbujas en la superficie, deles la vuelta para freírlos por el otro lado.

3 Déjelos escurrir sobre papel de cocina y sírvalos de inmediato con trozos de limón.

NOTA: El chanquete, un pescado diminuto y delicado, se vende fresco o congelado. Dado su reducido tamaño no hace falta limpiarlo.

GAMBAS ENVUELTAS CON SALSA DE MANGO

Blanquee un puñado de tirabeques y envuélvalos alrededor de las gambas cocidas y peladas. Pínchelas con un palillo. Prepare una salsa con 1/2 taza (125 ml) de mayonesa, 2 cucharadas de chutney de mango, 1 cucharadita de concentrado de curry y 1 cucharada de zumo de lima. Adapte las cantidades de tirabeques y gambas a su gusto y doble la salsa si es preciso.

PULPITOS A LA PARRILLA

Tiempo de preparación: 15 minutos + maceración
Tiempo total de cocción: 10 minutos
Para 6 personas

☆☆

2/3 taza (170 ml) de aceite de oliva
1/3 taza (10 g) de orégano fresco picado
1/3 taza (10 g) de perejil fresco picado
1 cucharada de zumo de limón
3 guindillas rojas pequeñas, despepitadas y picadas
3 dientes de ajo majados
1 kg de pulpitos

1 Mezcle el aceite, las hierbas, el zumo de limón, las guindillas y el ajo en un cuenco.
2 Con un cuchillo afilado corte las cabezas de los pulpitos. Sujete el cuerpo y empuje hacia afuera el pico del centro con el dedo índice; extraígalo y deséchelo. Corte las cabezas y retire las tripas. Si los pulpitos son demasiado grandes, córtelos en porciones más pequeñas.
3 Mezcle los pulpitos con la marinada. Refrigérelos tapados de 3 a 4 horas o toda la noche. Escúrralos, reservando la marinada. Áselos a la parrilla o en una sartén muy caliente de 3 a 5 minutos o hasta que la carne se vuelva blanca. Deles la vuelta a menudo y riéguelos con la marinada durante la cocción.

MARISCO MARINADO

Tiempo de preparación: 40 minutos + refrigeración
Tiempo total de cocción: 10 minutos
Para 8 personas

☆

500 g de mejillones limpios y sin barbas
1/2 taza (125 ml) de vinagre de vino blanco
3 hojas de laurel
500 g de calamares cortados en anillas
500 g de vieiras
500 g de gambas peladas y sin hilo intestinal
2 dientes de ajo majados
1/2 taza (125 ml) de aceite de oliva virgen extra
3 cucharadas de zumo de limón
1 cucharada de vinagre de vino blanco
1 cucharadita de mostaza de Dijon
1 cucharada de perejil fresco picado

1 Deseche los mejillones abiertos. Ponga a hervir una olla con el vinagre, las hojas de laurel, 3 tazas (750 ml) de agua y 1/2 cucharadita de sal. Añada los calamares y las vieiras, reduzca el fuego al mínimo y hiérvalo todo 2 ó 3 minutos, o hasta que el marisco se haya vuelto blanco. Extráigalo con una espumadera y deposítelo en un cuenco.
2 Repita la operación con las gambas, hirviéndolas hasta que queden rosadas, y retírelas con una espumadera. Ponga a hervir de nuevo el líquido y vierta en él los mejillones. Tápelos, reduzca el fuego y déjelos hervir unos 3 minutos o hasta que se abran las valvas. Remueva de vez en cuando y deseche los moluscos cerrados. Déjelos enfriar, extraiga los mejillones e incorpórelos al cuenco.
3 Mezcle el ajo, el aceite, el zumo de limón, el vinagre, la mostaza y el perejil. Aliñe el marisco y refrigérelo 1 ó 2 horas antes de servirlo.
NOTA: El marisco no debe cocerse nunca en exceso pues en tal caso se endurecería.

ARRIBA: Pulpitos a la parrilla (superior); Marisco marinado

MINIPIZZAS

¿Hay alguien a quien no le guste la pizza? Prepare las sencillas bases de pizzas según las indicaciones y cúbralas con una o varias de las sugerencias ofrecidas. Verá cómo desaparecen del plato.

BASE DE PIZZA

Mezcle 7 g de levadura, 1/2 cucharadita de azúcar y 3/4 taza (185 ml) de agua tibia, tape la mezcla y déjela reposar 10 minutos o hasta que quede esponjosa. Tamice 2 tazas (250 g) de harina y 1/2 cucharadita de sal en un cuenco y forme un hueco. Vierta la mezcla y añada 1 cucharadita de aceite de oliva. Con un cuchillo mézclelo todo como si lo cortara hasta obtener una masa. Trabájela en una superficie enharinada 10 minutos o hasta que quede ligada. Pásela a un cuenco engrasado, tápela con plástico y déjela reposar 45 minutos o hasta que doble su volumen. Dé un golpe a la masa (con el puño para eliminar el aire) y amásela durante 8 minutos. Extiéndala hasta que tenga un grosor de 1 cm. Con un cortapastas córtela en discos de 7 cm. Colóquelos en una bandeja, cúbralos con el relleno deseado y hornéelos a 200°C 15 minutos. Para 25 unidades.

CARNE DE VACA Y PIMIENTO ASADO

Introduzca 1 1/2 cucharadas de pimienta negra machacada en una pieza de vacuno del cuarto trasero de 250 g. Caliente una sartén, fría la carne 5 minutos por cada lado y córtela en tiras finas. Corte un pimiento rojo en dos a lo largo y elimine la membrana y las semillas. Áselo al grill con la piel hacia arriba hasta que ésta se ennegrezca y se desprenda. Déjelo enfriar en una

bolsa de plástico, pélelo y trocéelo en tiras. Mezcle 1/3 taza (90 g) de concentrado de tomate con 2 cucharaditas de hierbas variadas secas y unte las mezcla sobre las bases de pizza, dejando un pequeño borde. Espolvoréelas con 1/2 taza (75 g) de mozzarella rallada, cúbralas con tiras de carne y pimiento y hornéelas durante 15 minutos, o hasta que las bases queden crujientes y doradas. Mezcle 1/3 taza (90 g) de nata agria con 2 1/2 cucharadas de mostaza en grano, unte las pizzas y adórnelas con brotes de tirabeques sin rabitos.

ESPINACAS Y BOCCONCINI

Extienda 1 cucharadita de salsa de tomate sobre cada base (necesitará 1/2 taza [125 ml] de salsa). Reparta 60 g de espinacas, 25 rodajas de tomate Roma y 180 g de rodajas de bocconcini entre las bases de pizza y hornéelas 15 minutos o hasta que estén crujientes.

GAMBAS Y MANGO

Extienda 1 cucharadita de chutney de mango sobre cada base (necesitará 1/2 taza [140 g] de chutney). Espolvoree las pizzas con hojas de cilantro y cúbralas con gambas cocidas y peladas. Hornéelas durante 15 minutos, cúbralas con rodajas finas de queso brie a la pimienta y deje que se derrita.

BRIE Y PERA

Mezcle 50 g de brie, 1 cucharada de cilantro fresco picado, de albahaca y de perejil y 1 cucharada de nata, de agua y de aceite de oliva en un robot de cocina. Sazone la mezcla al gusto con un poco de sal. Descorazone 2 peras pequeñas y corte cada una en 14 rodajas finas. Unte las bases de pizza con la mezcla de brie, cúbralas con una rodaja de pera y la mezcla de queso. Hornéelas 15 minutos hasta que queden doradas y crujientes. Sírvalas de inmediato.

PESTO DE TOMATES SECADOS AL SOL Y POLLO

Fría dos filetes de pechuga de pollo de 5 a 8 minutos por cada lado, o hasta que se doren. Déjelos enfriar y córtelos en tiras finas. Unte cada base con 1 cucharadita de pesto de tomates secados al sol (necesitará 100 g de pesto), dejando un pequeño borde. Mezcle 35 g de mozzarella rallada con 25 g de parmesano rallado, espolvoree el queso sobre las pizzas y cúbralas con tiras de pollo. Hornéelas durante 15 minutos o hasta que las bases queden doradas y crujientes. Adórnelas con hojas de albahaca frescas.

DE IZQUIERDA A DERECHA: Carne de vaca y pimiento asado; Espinacas y bocconcini; Gambas y mango; Brie y pera; Pesto de tomates secados al sol y pollo

BOCCONCINI

Estas pequeñas bolas de queso mozzarella, de venta en algunos supermercados y establecimientos especializados, se sirven a menudo como antipasto. Su sabor suave y cremoso combina a la perfección con el tomate y la albahaca. Los bocconcini de menor tamaño reciben el nombre de ovolini, o en ocasiones bocconcini "cherry". Se conservan en el frigorífico, cubiertos por completo con el suero en el que se venden, hasta tres semanas. Deséchelos en cuanto se vuelvan amarillentos.

BROCHETAS DE TOMATE Y BOCCONCINI

Tiempo de preparación: 20 minutos + refrigeración
Tiempo total de cocción: ninguno
Para 20 unidades

☆

20 ovolini o bocconcini "cherry", o 5 bocconcini normales cortados en cuartos
2 cucharadas de aceite de oliva
2 cucharadas de perejil fresco picado
1 cucharada de cebollino fresco picado
20 tomates "cherry" pequeños
40 hojas pequeñas de albahaca fresca

1 Sazone el queso en un cuenco con el aceite, el perejil, el cebollino, 1/4 cucharadita de sal y 1/2 cucharadita de pimienta negra molida. Refrigérelo tapado 1 hora como mínimo.
2 Parta los tomates y ensarte una mitad en una brocheta, seguida de una hoja de albahaca, el bocconcini, otra hoja de albahaca y la otra mitad de tomate. Repita la operación con más brochetas y sírvalas.
CON ANTELACIÓN: Puede servir las brochetas enseguida o refrigerarlas tapadas hasta 8 horas.

BUÑUELOS DE RISOTTO DE CHAMPIÑONES

Tiempo de preparación: 20 minutos + refrigeración
Tiempo total de cocción: 35 minutos
Para 28 unidades

☆☆

3 1/4 tazas (810 ml) de caldo de verduras
1 cucharada de aceite de oliva
20 g de mantequilla
1 cebolla pequeña picada fina
1 taza (220 g) de arroz arborio o de grano corto
150 g de champiñones pequeños laminados
35 g de parmesano rallado

1 Ponga a hervir el caldo en una olla, reduzca el fuego y mantenga el punto de ebullición.
2 Caliente el aceite y la mantequilla en una sartén de fondo pesado y sofría la cebolla a fuego medio durante 3 minutos o hasta que quede transparente. Añada el arroz y remueva durante 2 minutos. Agregue los champiñones y cuézalos 3 minutos o hasta que estén hechos.
3 Añada al arroz 1/2 taza (125 ml) de caldo y remueva hasta que se evapore. Siga vertiendo

DERECHA: Brochetas de tomate y bocconcini

caldo, sin dejar de remover, hasta que se evapore y el arroz quede tierno y cremoso (de 15 a 20 minutos). Agregue el parmesano y apague el fuego. Pase el arroz a un cuenco, déjelo enfriar y refrigérelo al menos 1 hora.
4 Con las manos húmedas forme discos planos con la mezcla y refrigérelos 15 minutos.
5 Caliente 2 cm de aceite en una sartén honda a 180°C o hasta que un dado de pan se dore en 15 segundos. Fría los buñuelos en tandas 3 minutos por cada lado o hasta que se doren. Déjelos escurrir sobre papel de cocina. Puede servirlos con salsa.

RICOTTA AL HORNO

Tiempo de preparación: 25 minutos + toda la noche en maceración
Tiempo total de cocción: 30 minutos
Para 4 personas

☆

1 kg de ricotta en una pieza (vea nota)
2 cucharadas de hojas de tomillo fresco
2 cucharadas de romero fresco picado
2 cucharadas de orégano fresco picado
3 cucharadas de perejil fresco picado
3 cucharadas de cebollino fresco picado
2 dientes de ajo majados
1/2 taza (125 ml) de aceite de oliva
2 cucharaditas de pimienta machacada

1 Seque el trozo de ricotta con papel de cocina y depósitelo en una fuente de horno.
2 Mezcle las hierbas, el ajo, el aceite y la pimienta machacada en un cuenco. Vierta el preparado a cucharadas sobre la ricotta y presiónelo con el dorso de una cuchara. Tápelo y refrigérelo toda la noche.
3 Precaliente el horno a 220°C. Hornee el queso durante 30 minutos o hasta que cuaje. Resulta delicioso servido con pan crujiente.
NOTA: Si sólo puede comprar ricotta en porciones, déjelo escurrir toda la noche en un colador sobre un cuenco, en el frigorífico. Unte un molde alargado de 1,25 l con la mezcla de hierbas. Rellénelo con la ricotta y unte el resto de la mezcla antes de hornearlo.

ARRIBA: Ricotta al horno

ARRIBA: Tomates semisecos

TOMATES SEMISECOS

Tiempo de preparación: 10 minutos + toda la noche de refrigeración
Tiempo total de cocción: 2 horas 30 minutos
Para 64 unidades

☆

16 tomates Roma
3 cucharadas de tomillo fresco picado
2 cucharadas de aceite de oliva

1 Precaliente el horno a 160°C. Cuartee los tomates a lo largo y póngalos con la piel hacia abajo sobre una rejilla en una bandeja.
2 Sazónelos con 1 cucharadita de sal y de pimienta negra machacada y el tomillo; hornéelos 2 1/2 horas. Vigílelos para que no se quemen. Riéguelos con el aceite y déjelos enfriar antes de guardarlos en tarros esterilizados con cierre hermético. Refrigérelos 24 horas antes de su consumo. Sírvalos a temperatura ambiente. Ideales como fuente de antipasto.
NOTA: Para esterilizar los tarros, aclárelos con agua hirviendo y escúrralos boca abajo; séquelos en el horno al mínimo, no con un paño.
CON ANTELACIÓN: En un recipiente hermético se conservan refrigerados hasta 7 días.

PANZAROTTI DE ALCACHOFA

Tiempo de preparación: 35 minutos + reposo + refrigeración
Tiempo total de cocción: 20 minutos
Para 24 unidades

☆☆

Masa de aceite y vino

2 tazas (250 g) de harina
1/2 cucharadita de levadura en polvo
1/2 cucharada de azúcar extrafino
1 huevo poco batido
1/3 taza (80 ml) de aceite de oliva
1/4 taza (60 ml) de vino blanco seco
huevo batido para pintar

2 cucharadas de aceite de oliva
20 g de mantequilla
100 g de tocino magro cortado en dados
1 cebolla roja pequeña cortada en aros
2 dientes de ajo majados
3 corazones de alcachofa picados finos
2 cucharadas de perejil fresco picado fino
150 g de mozzarella ahumada cortada en dados
aceite para freír

1 Mezcle la harina, la levadura, el azúcar y 1/2 cucharadita de sal en un cuenco. Forme un hueco en el centro de los ingredientes secos, vierta el huevo batido, el aceite y el vino y mézclelo todo con un cuchillo para obtener una masa. Trabájela sobre una superficie enharinada hasta formar una bola.
2 Amásela 3 ó 4 minutos, hasta que quede homogénea y elástica. Tápela y déjela reposar a temperatura ambiente al menos 30 minutos.
3 Extienda la masa en una superficie enharinada hasta que tenga un grosor de 3 mm. Déjela reposar 10 minutos y córtela en 24 discos de 8 cm. Pinte los bordes con huevo batido.
4 Mientras reposa la masa, caliente el aceite y la mantequilla en una sartén y rehogue el tocino, la cebolla, el ajo y la alcachofa 10 minutos; añada el perejil en los últimos 1 ó 2 minutos. Apague el fuego y escurra el sofrito.
5 Ponga 1 cucharadita del preparado en el centro de cada disco de masa. Añada un poco de queso, sal y pimienta al gusto. Pliegue la masa sobre el relleno y selle los bordes, presionándolos con un tenedor. Coloque los panzarotti en una fuente o bandeja de horno grande y refrigérelos durante 30 minutos.
6 Caliente 2 cm de aceite en una sartén a 180°C. El aceite estará caliente cuando un dado de pan se dore en 15 segundos. Fría dos o tres panzarotti por tanda hasta que se hinchen y se doren. Extráigalos y déjelos escurrir sobre papel de cocina antes de servirlos.

CHAMPIÑONES MARINADOS

Tiempo de preparación: 20 minutos + maceración
Tiempo total de cocción: ninguno
Para 20–25 unidades

☆

750 g de champiñones pequeños
2 tazas (500 ml) de aceite de oliva
2 cucharadas de zumo de limón
1 diente de ajo picado fino
1/4 cucharadita de azúcar extrafino
1 guindilla roja picada fina
1 guindilla verde picada fina
1 cucharada de cilantro fresco picado
1 cucharada de perejil fresco picado

1 Limpie los champiñones con un paño húmedo y colóquelos en un cuenco.
2 Mezcle el aceite, el zumo de limón, el ajo, el azúcar y la guindilla. Riegue los champiñones con el aderezo y remueva bien para que queden bien aliñados. Tápelos con film transparente y déjelos macerar al menos 30 minutos. Antes de servir, añada las hierbas y remueva bien.
NOTA: Para un sabor más intenso, añada las hierbas antes de macerar los champiñones.
CON ANTELACIÓN: Puede poner a macerar los champiñones hasta con 1 semana de antelación y guardarlos en el frigorífico.

CHAMPIÑONES

Los champiñones se suelen utilizar para preparaciones de fiesta por su tamaño uniforme y su suave sabor. Al comprarlos, hay que asegurarse de que estén secos y firmes. Refrigérelos en una bolsa de papel, no de plástico, para que no transpiren. No es preciso pelarlos, basta con frotarlos con un paño húmedo para eliminar la posible suciedad.

***IZQUIERDA:** Champiñones marinados*

CANAPÉS

Los canapés eran en sus orígenes pequeñas rebanadas de pan tostado o sin tostar untadas con una pasta salada y servidas como aperitivo. El término *canapé* procede del francés y tiene un significado cuando menos curioso: "sofá", dando la idea de que los alimentos se asientan sobre las rebanadas de pan como si de sillones se tratara. Los canapés han evolucionado mucho desde entonces, al igual que el pan, y hoy se sirven blinis, montaditos, porciones de polenta, pastas y tartaletas con una infinita variedad de coberturas saladas. El canapé perfecto debe ser un exquisito bocado, o dos a lo sumo, que no requiere plato ni tenedor, permitiendo así a sus invitados entremezclarse al tiempo que elogian sus dotes culinarias.

ARRIBA: Rollitos de pimiento

ROLLITOS DE PIMIENTO

Tiempo de preparación: 30 minutos + refrigeración
Tiempo total de cocción: 12 minutos
Para 20 unidades ·

☆

1 pimiento rojo grande
60 g de cheddar rallado
30 g de parmesano rallado
2 cucharadas de mayonesa de huevo entero
2 cucharadas de perejil fresco picado fino
1 cucharadita de tomillo fresco picado
1 cucharadita de orégano fresco picado
2 gotas de salsa Tabasco
10 rebanadas de pan fresco
45 g de mantequilla fundida
pimentón

1 Corte el pimiento rojo por la mitad y elimine las semillas y la membrana. Áselo al grill con la piel hacia arriba hasta que ésta se ennegrezca y se desprenda. Déjelo enfriar en una bolsa de plástico y pélelo. Pique fina la pulpa y mézclela en un cuenco con el cheddar, el parmesano, la mayonesa, las hierbas, el Tabasco y sal y pimienta al gusto. Retire la corteza del pan, alise las rebanadas con un rodillo y úntelas por ambos lados de mantequilla fundida.
2 Extienda un poco de mezcla de pimiento en cada rebanada, dejando 1 cm en el borde. Enrolle el pan y sujételo con palillos. Tape los rollitos y refrigérelos al menos 2 horas.
3 Precaliente el horno a 180°C. Parta en dos los rollos y pínchelos con un palillo. Hornéelos en una bandeja de 10 a 12 minutos, o hasta que queden crujientes y empiecen a dorarse. Espolvoréelos de pimentón. Sírvalos calientes.
NOTA: Los rollitos pueden servirse como minipizzas con rellenos varios. Unte las rebanadas de aceite y concentrado de tomate. Espolvoréelas con aceitunas cortadas en rodajas, tomates secados al sol, parmesano rallado y anchoas picadas, champiñones o el relleno que desee.
CON ANTELACIÓN: Puede preparar los rollitos un día antes y hornearlos antes de servirlos.

TORTITAS DE HIERBAS CON MANTEQUILLA DE AGUACATE

Tiempo de preparación: 30 minutos
Tiempo total de cocción: 30 minutos
Para unas 50 unidades

☆

1/2 taza (60 g) de harina común
1/2 taza (60 g) de harina de fuerza
1 huevo poco batido
1/2 taza (125 ml) de leche
20 g de hierbas variadas frescas picadas
1 cucharadita de pimienta negra machacada

Mantequilla de aguacate
1/2 aguacate maduro
60 g de mantequilla
1 cucharada de zumo de lima o de limón
1/2 cucharadita de pimienta negra machacada

1 Tamice las harinas en un cuenco y forme un hueco en el centro. Añada poco a poco el huevo, las hierbas y la pimienta, batiendo hasta obtener una mezcla fina y sin grumos.
2 Caliente mantequilla fundida en una sartén, vierta cucharadas de la masa y fríalas hasta que aparezcan burbujas en la superficie. Deles la vuelta y dórelas por el otro lado. Mantenga las tortitas calientes.
3 Sírvalas untadas con la mezcla de aguacate, mantequilla, zumo y pimienta.

BOCADOS DE SALMÓN AHUMADO

Tiempo de preparación: 15 minutos + reposo
Tiempo total de cocción: 10–15 minutos
Para unas 50 unidades

☆

Base

1 taza (125 g) de harina de fuerza
2 huevos poco batidos
1/2 taza (125 ml) de leche
1 cucharada de nata agria

Cobertura

1/2 taza (125 g) de nata agria
2 cucharadas de mayonesa
2 cucharaditas de zumo de limón
1 cucharada de cebollino fresco picado fino
1 cucharada de menta fresca picada fina
125 g de lonchas de salmón ahumado

1 Tamice la harina en un cuenco y forme un hueco en el centro. Vierta en él una mezcla preparada con el huevo batido, la leche y la nata agria y remuévala con la harina hasta obtener una masa homogénea y sin grumos. Déjela reposar durante 10 minutos.
2 Caliente aceite o mantequilla fundida en una sartén y vierta unas cucharadas de la mezcla. Cuando aparezcan burbujas en la superficie, gire las tortitas y fríalas por el otro lado. Retírelas del fuego y resérvelas. Repita la operación hasta utilizar toda la masa.
3 Para la cobertura, mezcle la nata agria, la mayonesa, el zumo de limón, el cebollino y la menta y repártala entre las tortitas. Cúbralas con un trozo de salmón ahumado y adórnelas con tiras de corteza de limón.
CON ANTELACIÓN: Puede preparar las bases con un día de antelación o congelarlas por capas individuales hasta un mes. La mezcla de nata agria para la cobertura puede prepararse un día antes. Puede cubrir las tortitas hasta una hora antes de servirlas.

CEBOLLINO
Aunque pertenece a la familia de la cebolla, el cebollino fresco se utiliza más como hierba. Aporta un suave sabor a cebolla a salsas, verduras y quesos. Se puede plantar en un tiesto para disponer de un poco cuando sea necesario. Los tallos herbáceos se cortan fácilmente con unas tijeras.

IZQUIERDA: Bocados de salmón ahumado

BEICON
El beicon salteado es un ingrediente básico de la quiche Lorraine tradicional. Cubriéndolo con una mezcla cremosa y horneándolo, se potencia su sabor. El beicon es el tejido graso y magro del lomo y la parte lateral del cerdo. Para conservarlo se cura en sal o, en la mayoría de los casos, se ahúma.

ARRIBA: Miniquiches Lorraine

MINIQUICHES LORRAINE

Tiempo de preparación: 20 minutos
Tiempo total de cocción: 25 minutos
Para 24 unidades

☆

3 láminas de pasta quebrada descongeladas
60 g de queso gruyer rallado
30 g de mantequilla
2 lonchas de beicon picado fino
1 cebolla picada fina
2 huevos
3/4 taza (185 ml) de nata
1/2 cucharadita de nuez moscada molida
cebollino fresco cortado en tiras cortas para decorar

1 Engrase dos moldes para 12 tartaletas. Precaliente el horno a 190°C. Corte círculos con un cortapastas liso de 8 cm y dispóngalos en los moldes. Reparta el queso de manera uniforme entre las bases de masa. Tápelas y refrigérelas mientras prepara el relleno.
2 Caliente la mantequilla en una sartén pequeña y sofría el beicon y la cebolla durante 2 ó 3 minutos o hasta que estén tiernos. Escurra la mezcla sobre papel de cocina y, una vez fría, repártala entre las bases. Bata los huevos en un cuenco con la nata, la nuez moscada y la pimienta negra recién molida. Vierta el preparado sobre la mezcla de beicon.
3 Adorne cada quiche con 2 ó 3 tiras de cebollino. Hornéelas 20 minutos o hasta que se doren y cuajen. Sírvalas calientes o templadas.
CON ANTELACIÓN: Puede hornear las quiches con 2 días de antelación y guardarlas en un recipiente hermético en el frigorífico. Congeladas en capas individuales se conservan hasta 2 meses. Recaliéntelas en el horno a 180°C.

BOCADITOS DE SALMÓN Y PEPINO

Tiempo de preparación: 20 minutos
Tiempo total de cocción: ninguno
Para unas 40 unidades

☆

250 g de queso de untar o neufchâtel
210 g de salmón rojo o rosado de lata escurrido
1 cucharada de nata agria
1 cucharada de mayonesa
1 ó 2 cucharaditas de zumo de limón
1 cucharada de cilantro fresco picado fino
1 cucharada de cebollino fresco picado fino
2 cucharaditas de tomillo limonero fresco picado
4 pepinos cortados en rodajas gruesas
ramitas de eneldo fresco o guindilla
roja en juliana para decorar

1 Bata el queso de untar en un cuenco con una batidora hasta que quede suave y cremoso. Añada el salmón, la nata agria, la mayonesa, el zumo, el cilantro, el cebollino, el tomillo limonero y sal y pimienta. Mezcle bien 1 minuto.
2 Reparta a cucharaditas la mezcla de queso entre las rodajas de pepino y decórelas.
CON ANTELACIÓN: Puede preparar la mezcla de salmón un día antes y refrigerarla en un recipiente hermético. Corte los pepinos en rodajas y adórnelos justo antes de servirlos.

ARRIBA: Bocaditos de salmón y pepino

TOSTADAS CON PATÉ DE OPORTO A LA PIMIENTA

Tiempo de preparación: 40 minutos + refrigeración
Tiempo total de cocción: 10 minutos
Para unas 30 unidades

☆

450 g de hígado de pollo picado
100 g de mantequilla
1 cebolla picada
2 dientes de ajo majados
1/3 taza (80 ml) de oporto
1/3 taza (80 ml) de nata
1 cucharada de cebollino fresco picado
60 g de granos de pimienta envasada, escurrida y ligeramente machacada
10 rebanadas de pan
sazonador de pimienta al limón

1 Deseche las partes verdes o descoloridas de los hígados. Caliente mantequilla en una sartén de fondo pesado y saltee el hígado, la cebolla, el ajo y el oporto a fuego medio hasta que el hígado esté casi hecho y la cebolla transparente. Llévelo a ebullición y déjelo hervir 5 minutos.
2 Retírelo del fuego y déjelo enfriar un poco. Píquelo todo en un robot de cocina hasta obtener una mezcla homogénea. Cuélela con un tamiz fino en un cuenco y añada la nata, el cebollino y los granos de pimienta. Pásela a una fuente grande, tápela y refrigérela toda la noche o hasta que adquiera consistencia.
3 Precaliente el horno a 180°C. Forre una bandeja de horno con papel de aluminio. Para preparar las tostadas, corte porciones de pan con un cortapastas en forma de luna. Póngalas en una bandeja, espolvoréelas con pimienta y hornéelas 5 minutos o hasta que se doren y estén crujientes. Déjelas enfriar en una rejilla.
CON ANTELACIÓN: Puede preparar el paté 2 días antes y refrigerarlo tapado. Las tostadas se conservan una semana guardadas al vacío.

TARTALETAS DE TRUCHA AHUMADA

Tiempo de preparación: 40 minutos
Tiempo total de cocción: 20 minutos
Para 34 unidades

☆

1 barra de pan blanco sin corteza, en rebanadas
60 g de mantequilla fundida
1 trucha ahumada (unos 300 g), sin piel ni espinas
1 cucharada de cebollino fresco
1/4 taza (60 g) de mayonesa
2 cebolletas picadas finas
1 cucharadita de salsa de rábano
1 cucharadita de mostaza en grano
aceitunas negras deshuesadas y en tiras

1 Precaliente el horno a 120°C. Alise las rebanadas con un rodillo, córtelas en discos con un cortapastas de 8 cm y úntelas por ambos lados de mantequilla. Dispóngalas en dos moldes para 12 tartaletas. Hornéelas 10 minutos o hasta que queden crujientes. Déjelas enfriar y repita la operación con el resto del pan.
2 Ponga la trucha en un cuenco y desmenuce la carne. Añada el cebollino, la mayonesa, las cebolletas, la salsa de rábano y la mostaza. Salpimiéntelo todo y mézclelo bien.
3 Reparta el relleno entre las tartaletas, adórnelas con las aceitunas y sírvalas de inmediato.
CON ANTELACIÓN: Las tartaletas se conservan hasta 2 días en un recipiente hermético.

ROLLITOS DE SALMÓN AHUMADO

Tiempo de preparación: 30 minutos + refrigeración
Tiempo total de cocción: 5 minutos
Para 36 unidades

☆

6 huevos
3 cucharaditas de fécula de maíz
125 g de queso de untar
2 cucharadas de jengibre en conserva picado
2 cucharadas de cebollino fresco picado
200 g de lonchas de salmón ahumado picadas

1 Bata 1 huevo con 1 cucharadita de agua y 1/2 cucharadita de fécula de maíz. Sazónelo.
2 Caliente un poco de aceite en una sartén y fría la mezcla de huevo a fuego medio, empujando hacia el centro los bordes con una espátula hasta que se cuaje. Déjelo enfriar en la sartén 2 minutos y páselo a una superficie lisa y limpia con el lado sin freír hacia arriba. Déjelo enfriar. Repita la operación con los huevos restantes, batidos con agua y la fécula, hasta preparar cinco tortillas más.
3 Ponga cada una sobre una lámina de papel parafinado en una superficie lisa. Reparta entre ellas el queso de untar, extendiéndolo. Cúbralas con el jengibre, el cebollino y el salmón y sazónelas con pimienta negra. Enróllelas con cuidado pero con firmeza tirando del papel hacia usted. Refrigérelas envueltas en film transparente al menos durante 3 horas.
4 Corte los rollos en rodajas de 2 cm con un cuchillo afilado, desechando los extremos desiguales. Adórnelos con ramitas de perejil.
CON ANTELACIÓN: Puede refrigerarlos tapados un día entero. Sírvalos a temperatura ambiente.

MANZANAS CARAMELIZADAS EN PAN NEGRO

Tiempo de preparación: 30 minutos
Tiempo total de cocción: 15 minutos
Para unas 24 unidades

☆

2 manzanas Golden o Pink Lady
2 cucharadas de zumo de limón
1/2 taza (60 g) de azúcar glas
30 g de mantequilla
175 g de queso azul desmenuzado
30 g de nueces picadas finas
1 tallo de apio picado fino
250 g de rebanadas de pan negro

1 Pele y descorazone las manzanas y córtelas en 12 rodajas. Úntelas con zumo de limón y espolvoréelas con abundante azúcar glas. Caliente la mantequilla en una sartén y, cuando humee, fría unas rodajas hasta que se doren y empiecen a caramelizarse. Déjelas enfriar sobre papel parafinado. Fría las demás rodajas, añadiendo mantequilla cuando sea preciso.
2 Cubra el pan con una mezcla de queso, nueces y apio y con una rodaja de manzana.
NOTA: Las Granny Smith no son apropiadas.
CON ANTELACIÓN: Prepárelas unas horas antes y refrigérelas envueltas en film transparente.

ROLLITOS DE SALMÓN AHUMADO

Fría el huevo a fuego medio hasta que empiece a cuajarse. Con una espátula empuje los bordes hacia el centro durante la cocción.

Espolvoree el jengibre, el cebollino y el salmón sobre el queso de untar.

Enrolle cada tortilla con cuidado pero con firmeza tirando del papel hacia usted.

PÁGINA ANTERIOR: Rollitos de salmón ahumado (superior); Manzanas caramelizadas en pan negro

TARTALETAS DE QUESO CON HIERBAS

Tiempo de preparación: 30 minutos + refrigeración
Tiempo total de cocción: 8–10 minutos
Para 48 unidades

☆

Masa

4 tazas (500 g) de harina
1 cucharadita de pimentón
250 g de mantequilla picada
1/3 taza (80 ml) de zumo de limón
8–10 cucharadas de agua fría

Relleno

500 g de requesón
2 cucharadas de perifollo fresco picado, y un poco más para decorar
2 cucharadas de estragón fresco picado
2 cucharaditas de cebollino fresco picado
1/2 taza (125 ml) de nata doble
24 aceitunas negras deshuesadas y cortadas en rodajas

1 Tamice la harina y el pimentón con una pizca de sal en un cuenco grande. Añada la mantequilla y trabájelo todo con los dedos hasta que adquiera la textura de las migas de pan. Forme un hueco en el centro y vierta el zumo de lima y de 8 a 10 cucharadas de agua fría. Mézclelo todo con un cuchillo hasta que se formen grumos. Amase la mezcla uniformemente y pásela a una superficie enharinada. Dele forma de disco, envuélvala con film transparente y refrigérela 15 minutos.
2 Precaliente el horno a 200°C. Engrase dos moldes para 12 tartaletas. Extienda la masa sobre una superficie enharinada hasta que tenga 3 mm de grosor y córtela en 48 discos de 8 cm con un cortapastas. Dispóngalos en los moldes y hornéelos de 8 a 10 minutos, hasta que se doren. Repita la operación con el resto de la masa y de los ingredientes.
3 Para preparar el relleno, bata el requesón, las hierbas y la nata hasta obtener una mezcla homogénea. Agregue las aceitunas junto con sal y pimienta negra. Reparta el relleno entre las tartaletas y decórelas con una ramita de perifollo. Muela pimienta negra encima de las tartaletas y sírvalas de inmediato.

QUICHES DE LIMA Y CANGREJO

Tiempo de preparación: 15 minutos
Tiempo total de cocción: 20 minutos
Para 18 unidades

☆

2 láminas de masa de hojaldre descongeladas
2 huevos
3/4 taza (185 ml) de crema de coco
la ralladura de 1 lima pequeña
2 cucharaditas de zumo de lima
200 g de carne de cangrejo de lata escurrida
1 cucharada de cebollino fresco picado

1 Precaliente el horno a 210°C. Engrase ligeramente 18 de los huecos de dos moldes para 12 tartaletas. Corte 18 discos con un cortapastas de 8 cm.
2 Bata los huevos en un cuenco pequeño con el resto de los ingredientes. Sazónelo todo con sal y pimienta negra y reparta el relleno a cucharadas entre los moldes para tartaletas.
3 Hornéelos 20 minutos o hasta que se doren. Las quiches subirán durante la cocción y luego perderán volumen. Sírvalas calientes.

ARRIBA: Quiches de lima y cangrejo

CROSTINI CON ROLLO DE PIMIENTOS

Tiempo de preparación: 30 minutos + refrigeración
Tiempo total de cocción: 10 minutos
Para unas 20 unidades

☆☆

2 pimientos rojos
2 pimientos amarillos
8 hojas de espinacas
1 cucharada de perejil fresco picado
1 barra pequeña de pan francés
2 cucharadas de aceite de oliva
virutas de parmesano para decorar

1 Corte los pimientos por la mitad y retire las semillas y la membrana. Áselos al grill con la piel hacia arriba hasta que se ennegrezca y se desprenda. Déjelos enfriar en una bolsa de plástico y pélelos.
2 Corte los tallos de las espinacas y ponga las hojas en un cuenco. Cúbralas con agua hirviendo y déjelas en remojo un par de minutos hasta que estén blandas. Escúrralas, extiéndalas y séquelas con papel de cocina.
3 Coloque dos láminas superpuestas de film transparente sobre una superficie plana. Alise el pimiento rojo para formar un rectángulo, sobreponiendo las puntas. Extienda hojas de espinacas para formar una segunda capa. Disponga encima el pimiento amarillo aplanado para formar una tercera capa; también rectangular. Espolvoréelo con perejil. Ayudándose con el plástico, enrolle el pimiento a lo largo, plegando las puntas. Envuélvalo bien con papel de aluminio, retuerza las puntas y refrigérelo 3 horas.
4 Precaliente el horno a 200°C. Corte la barra de pan en rebanadas de 1 cm. Dispóngalas en una bandeja de horno, úntelas con aceite, espolvoréelas con sal y hornéelas de 5 a 10 minutos, hasta que estén doradas.
5 Retire el plástico y corte el rollo en rodajas de 1,5 cm; deposítelas sobre los crostini, rocíelos con aceite y decórelos con parmesano.
CON ANTELACIÓN: Puede preparar la cobertura y el pan por separado hasta 6 horas antes. Sin embargo, no debe cubrir el pan hasta media hora antes de servir, pues se reblandecería.

CROSTINI CON ROLLO DE PIMIENTOS

Después de asar al grill los pimientos y dejarlos enfriar, pélelos.

Disponga los pimientos y las hojas de espinaca sobre el film transparente.

Retire el film transparente y corte el rollo en rodajas de 1,5 cm de grosor con un cuchillo afilado.

IZQUIERDA: Crostini con rollo de pimientos

CREPES DE CEBOLLINO CON TRUCHA

Cubra la base de la sartén con masa y espolvoree por encima el cebollino picado.

Ponga la trucha ahumada sobre una superficie de trabajo y retire la piel.

Separe la carne de la espina, procurando mantener intacta la trucha. Retire las raspas más pequeñas.

ARRIBA: Cornetes de crepes de cebollino con trucha ahumada

CORNETES DE CREPES DE CEBOLLINO CON TRUCHA AHUMADA

Tiempo de preparación: 45 minutos + reposo
Tiempo total de cocción: 15–20 minutos
Para 20 unidades

☆☆

3/4 taza (90 g) de harina
1 huevo, más 1 yema de huevo, poco batidos
1 taza (250 ml) de leche
20 g de mantequilla fundida
2 cucharadas de cebollino fresco picado

Relleno
250 g de trucha ahumada
125 g de queso de untar a temperatura ambiente
1/4 taza (60 g) de nata agria
1/4 taza (60 ml) de nata
salsa Tabasco
2 cucharaditas de zumo de limón
1 cucharada de cebollino fresco picado
1 cucharada de alcaparras escurridas picadas
2 pepinillos en vinagre picados finos
1 zanahoria cortada en juliana
1 tallo de apio cortado en juliana
ramitas de cebollino fresco

1 Tamice la harina en un cuenco, forme un hueco y vierta poco a poco el huevo batido, la yema, la leche y la mantequilla, mezclando hasta obtener una masa fina, sin grumos. Pásela a una jarra, tápela y déjela reposar 30 minutos.
2 Caliente una sartén de 20 cm de diámetro y úntela con mantequilla fundida. Vierta en ella suficiente masa para cubrir la base con una capa fina, y devuelva el exceso de masa a la jarra. (Añada más leche si la masa se espesa demasiado.) Espolvoree cebollino picado encima de la crepe y fríala durante 30 segundos. Dele la vuelta y cuézala por el otro lado hasta que se dore. Pásela a una fuente mientras fríe el resto de la masa y el cebollino.
3 Retire la piel y las espinas de la trucha, procurando dejar intacta la carne y extrayendo las espinas más pequeñas. Divídala en veinte trozos iguales. Mezcle el queso, la nata agria, la nata, unas gotas de Tabasco, el zumo, el cebollino, las alcaparras y los pepinillos.
4 Blanquee la zanahoria y el apio en agua hirviendo durante 1 minuto y sumérjalos en agua fría. Escúrralos sobre papel de cocina.

5 Coloque una crepe sobre la superficie de trabajo, con el cebollino hacia abajo. Úntela con el relleno y córtela en dos. Pliegue cada mitad, de modo que el cebollino quede a la vista. Repita la operación con las demás crepes.
6 Disponga un trozo de trucha, unos cuantos bastones de zanahoria y de apio y 2 ó 3 ramitas de cebollino en cada crepe plegada, y enróllela después en forma de cornete. Las verduras en juliana pueden sobresalir por el borde de la crepe para darle un toque decorativo. Doble el extremo superior de los cornetes (séllelos con un poco del relleno sobrante). Tápelos y refrigérelos hasta el momento de servir.
CON ANTELACIÓN: Puede preparar las crepes y el relleno por separado un día antes y refrigerarlos, o bien congelar las crepes en capas separadas con papel encerado.

TARTALETAS DE CÓCTEL

Tiempo de preparación: 30 minutos + refrigeración
Tiempo total de cocción: 10 minutos
Para unas 30 unidades

✯

1 1/2 tazas (185 g) de harina
100 g de mantequilla fría picada
30 g de parmesano rallado
1 huevo poco batido

Rellenos
pesto, tomate secado al sol y aceitunas negras
tapenade de aceitunas, huevos de codorniz duros y perejil fresco
queso de untar, salmón ahumado desmenuzado, pepino en rodajas finas y cebollino fresco picado

1 Tamice la harina y 1/4 cucharadita de sal en un cuenco grande; agregue la mantequilla y trabájelo todo con los dedos hasta que adquiera la textura de las migas de pan. Añada el parmesano y forme un hueco en el centro. Vierta el huevo y un poco de agua y mezcle la masa con un cuchillo como si la cortara hasta que forme grumos. Ligue la masa y pásela a una superficie enharinada. Amásela para formar una bola. Envúelvala en film transparente y refrigérela 30 minutos.
2 Precaliente el horno a 210°C. Engrase dos moldes para 12 tartaletas. Extienda la masa hasta que tenga un grosor muy fino y córtela en 30 discos con un cortapastas de 8 cm. Dispóngalos en los moldes y pinche la superficie. Hornéelos 8 ó 9 minutos, hasta que se doren. Desmoldéelos cuando estén fríos. Repita la operación con el resto de la masa.
3 Rellene las tartaletas con ingredientes varios.
CON ANTELACIÓN: Puede preparar las bases de las tartaletas unos días antes y refrigerarlas en un recipiente hermético. Si es preciso, hornéelas a 180°C antes de rellenarlas.

DE IZQUIERDA A DERECHA: Tartaletas. Tapenade de aceitunas, huevos de codorniz y perejil; Pesto, tomate secado al sol y aceitunas; Queso de untar, salmón, pepino y cebollino

ARRIBA: Bocaditos de crema de beicon y champiñones

BOCADITOS DE CREMA DE BEICON Y CHAMPIÑONES

Tiempo de preparación: 15 minutos
Tiempo total de cocción: 45 minutos
Para 18 unidades

☆

1 yema de huevo poco batida
2 láminas de pasta quebrada
2 cucharadas de aceite
375 g de champiñones picados finos
4 lonchas de beicon picadas finas
4 cebolletas picadas finas
15 g de perejil fresco picado fino
250 g de queso de untar reblandecido
4 huevos

1 Precaliente el horno a 210°C. Unte un molde cuadrado llano de 23 cm con mantequilla fundida o aceite.
2 Pinte una lámina de masa con la yema de huevo. Coloque la otra lámina encima y presione con cuidado para unirlas. Recorte los extremos para que se ajuste al molde. Pinche la superficie de la masa con un tenedor y hornéela 15 minutos o hasta que se dore. Reduzca la temperatura del horno a 180°C.
3 Caliente el aceite en una sartén de fondo pesado y saltee los champiñones a fuego medio 5 minutos, o hasta que estén dorados. Retírelos del fuego y añada el beicon, las cebolletas y el perejil. Salpimiente al gusto y deje enfriar.
4 Bata el queso de untar y los huevos con una batidora en un cuenco pequeño 5 minutos. Añada los champiñones fríos y mézclelo todo. Vierta la mezcla sobre la base de masa cocida. Hornéela 25 minutos o hasta que adquiera consistencia y se dore. Déjela enfriar en el molde. Una vez fría, córtela en triángulos.
NOTA: Es preferible consumir estos bocaditos el mismo día que se preparan.

GALLETAS DE QUESO Y ROMERO

Tiempo de preparación: 10 minutos + refrigeración
Tiempo total de cocción: 20 minutos
Para unas 50 unidades

☆

1 taza (125 g) de harina
100 g de mantequilla picada
1 cucharada de nata agria
60 g de cheddar rallado
65 g de parmesano rallado
3 cucharaditas de romero fresco picado
3 cucharaditas de cebollino fresco picado

1 Precaliente el horno a 180°C. Engrase dos bandejas de horno con mantequilla fundida o aceite. Tamice la harina y una pizca de sal y pimienta negra machacada en un cuenco y agregue la mantequilla picada. Mézclelo todo con los dedos hasta que parezca migas de pan.
2 Añada la nata agria, los quesos y las hierbas y mézclelo todo con un cuchillo. Presione la mezcla con los dedos hasta obtener una masa blanda. Forme con ella una bola, envuélvala en plástico y refrigérela 15 minutos.
3 Forme bolas con cucharaditas rasas de masa y colóquelas en las bandejas, dejando espacio suficiente entre las galletas para que puedan aumentar de volumen. Aplánelas un poco con un tenedor enharinado.
4 Hornéelas de 15 a 20 minutos, o hasta que estén doradas. Páselas a una rejilla y déjelas enfriar.

TARTALETAS DE MEJILLONES CON HIERBAS

Tiempo de preparación: 30 minutos
Tiempo total de cocción: 15 minutos
Para 24 unidades

☆

Relleno

2 kg de mejillones
90 g de mantequilla reblandecida
2 dientes de ajo majados
2 cucharadas de cebollino fresco picado
2 cucharadas de perejil fresco picado

24 rebanadas de pan blanco
60 g de mantequilla fundida

1 Frote los mejillones con un cepillo duro y arranque las barbas. Deseche los moluscos rotos o los que estén abiertos y no se cierren al golpearlos ligeramente. Enjuáguelos bien. Ponga a hervir una olla grande con 2 tazas (500 ml) de agua; añada después la mitad de los mejillones, tápelos y cuézalos de 3 a 5 minutos, hasta que se abran. Deseche los que sigan cerrados. Repita la operación con el resto de los moluscos. Cúbralos de inmediato con agua fría y extraiga la carne de las valvas (si los mejillones son demasiado grandes, pártalos por la mitad) y séquelos con papel de cocina. Bata la mantequilla hasta que quede fina. Agregue el ajo, el cebollino y el perejil y sazónelo todo al gusto.
2 Precaliente el horno a 180°C. Aplane las rebanadas de pan con un rodillo y obtenga un disco de 8 cm de cada una de ellas con un cortapastas para galletas. Unte los discos de mantequilla por ambos lados y dispóngalos después en dos moldes para 12 tartaletas. Hornéelos durante 8 minutos, o hasta que queden crujientes y dorados.
3 Reparta los mejillones entre las bases de las tartaletas calientes y unte con cuidado la mantequilla de hierbas por encima. Hornee las tartaletas otros 5 minutos o hasta que los mejillones se calienten por completo. Sírvalas al instante.
CON ANTELACIÓN: Puede hornear las tartaletas con 6 horas de antelación y guardarlas en un recipiente hermético. Puede cocer los mejillones hasta 2 horas antes y refrigerarlos tapados. Rellene las tartaletas y recaliéntelas.

MEJILLONES
Los mejillones son moluscos bivalvos que crecen en las rocas o en los espigones o bien artificialmente con fines comerciales. Al comprarlos, hay que asegurarse de que estén bien cerrados. Deseche los mejillones rotos o los que estén abiertos y no se cierren al golpearlos ligeramente. Para prepararlos, frótelos con un cepillo duro para eliminar la suciedad y arranque las barbas. Enjuáguelos bien. Si tienen mucha arena, déjelos en remojo en agua con sal durante 1 ó 2 horas para que la expulsen del todo. Aclárelos y cuézalos según las indicaciones de esta receta. Una vez abiertos, ya están cocidos. Llegado este punto, deseche los que no se hayan abierto y los que presenten una carne seca.

IZQUIERDA: Tartaletas de mejillones con hierbas

ESPIRALES

Las espirales, fáciles de elaborar con masa de hojaldre, pueden prepararse tres días antes y guardarse en un recipiente hermético. Hornéelas si se reblandecen. Las cantidades pueden doblarse o triplicarse.

ESPIRALES DE TOMILLO

Disponga 1 lámina de masa de hojaldre en una superficie de trabajo y, una vez descongelada, píntela con huevo batido. Recorte las puntas de un manojo de tomillo fresco y esparza las hojas sobre la masa. Presiónelas y cúbralas con una segunda lámina de masa. Corte la masa en tiras de 2 cm y, sujetándolas por ambos extremos, retuérzalas en sentido opuesto dos veces. Hornéelas en una bandeja de horno engrasada a 210°C de 10 a 15 minutos, o hasta que suban y se doren. Para 12 unidades.

ESPIRALES DE QUESO

Disponga 1 lámina de masa de hojaldre en una superficie de trabajo y, una vez descongelada, píntela con huevo batido y córtela en tiras de 1,5 cm. Sujételas por ambos lados y retuérzalas en sentido opuesto dos veces. Colóquelas en una bandeja de horno engrasada y espolvoréelas por la parte lisa con queso parmesano rallado. Hornéelas a 210°C durante 10 minutos, o hasta que suban y se doren. Para 16 unidades.

ESPIRALES DE SEMILLAS DE SÉSAMO Y DE AMAPOLA

Disponga 1 lámina de masa de hojaldre en una superficie de trabajo. Una vez descongelada, píntela con huevo batido y espolvoréela con 1 cucharada de semillas de sésamo y de amapola. Presione un poco la masa y córtela en tiras de 1,5 cm. Sujételas por ambos extremos y retuérzalas en sentido opuesto dos veces. Hornéelas en una bandeja de horno a 210°C durante 10 minutos, o hasta que suban y se doren. Para 16 unidades.

ESPIRALES DE JAMÓN

Disponga 1 lámina de masa de hojaldre en una superficie de trabajo y, una vez descongelada, píntela con huevo batido y córtela en tiras de 1,5 cm. Sujételas por ambos lados y retuérzalas en sentido opuesto dos veces. Hornéelas en una bandeja de horno engrasada a 210°C durante 10 minutos, o hasta que suban y se doren. Corte 8 lonchas de jamón por la mitad a lo largo y envuelva cada espirál con una tira. Para 16 unidades.

PUNTAS DE ESPÁRRAGOS

Disponga 1 lámina de masa de hojaldre en una superficie de trabajo y, una vez descongelada, píntela con huevo batido y córtela en tiras de 1,5 cm. Unálas al extremo de la punta de un espárrago blanqueado (necesitará 16) y envuélvalas alrededor de éste. Pinte el extremo de la masa con huevo y únalo al otro extremo del espárrago. Hornee las espirales en una bandeja engrasada a 210°C de 10 a 15 minutos, o hasta que suban y se doren. Para 16 unidades.

TRENZAS DE TOMATE SECADO AL SOL

Disponga 1 lámina de masa de hojaldre en una superficie de trabajo y, una vez descongelada, píntela con huevo batido y córtela en tiras de 1 cm. Una 3 tiras por una punta y tréncelas intercalándolas con trozos de tomate secado al sol (necesitará 40 g de tomate). Hornee las trenzas en una bandeja engrasada a 210°C de 10 a 15 minutos, o hasta que suban y se doren. Para 8 unidades.

***DE IZQUIERDA A DERECHA:** Espirales de tomillo; Espirales de queso; Espirales de semillas de sésamo y de amapola; Espirales de jamón; Puntas de espárragos; Trenzas de tomate*

ARRIBA: Montaditos de pavo y arándanos

MONTADITOS DE PAVO Y ARÁNDANOS

Tiempo de preparación: 25 minutos + reposo
Tiempo total de cocción: 15 minutos
Para unas 30 unidades

☆

1 taza (125 g) de harina
1 huevo y 1 yema
1 1/4 tazas (315 ml) de leche
25 g de mantequilla fundida
3 cucharadas de mayonesa
150 g de pavo cocido desmenuzado
3 cucharadas de salsa de arándanos
60 g de brotes de alfalfa
3 huevos duros cortados en rodajas

1 Tamice la harina y una pizca de sal en un cuenco y forme un hueco en el centro. Bata ligeramente el huevo, la yema de huevo, la leche y la mantequilla fundida en una jarra y añada poco a poco la harina, batiéndolo todo hasta obtener una mezcla homogénea y sin grumos. Déjela reposar tapada 30 minutos.
2 Unte una sartén caliente con mantequilla fundida o aceite y vierta cucharadas de la masa, dejando espacio entre ellas para que aumenten de volumen. Fría a fuego medio hasta que aparezcan pequeñas burbujas en la superficie y la base se dore. Dé la vuelta a las tortitas por el otro lado. Páselas a una fuente, tápelas con un paño y déjelas enfriar mientras fríe el resto de la masa.
3 Unte las tortitas de mayonesa y cúbralas con pavo, salsa de arándanos, brotes de alfalfa y una rodaja de huevo.
CON ANTELACIÓN: Puede preparar los montaditos con un día de antelación y guardarlos tapados en el frigorífico. Si lo prefiere puede congelarlos por capas individuales hasta un tiempo máximo de 2 meses.

CHAMPIÑONES EN CROÛTE

Tiempo de preparación: 40 minutos
Tiempo total de cocción: 20 minutos
Para 48 unidades

☆

8 rebanadas de pan blanco sin la corteza
80 g de mantequilla fundida
1 cucharada de aceite de oliva
1 diente de ajo majado
1/2 cebolla pequeña picada fina
375 g de champiñones pequeños laminados
1 cucharada de jerez seco
1/3 taza (80 g) de nata agria
2 cucharaditas de fécula de maíz
1 cucharada de perejil fresco picado fino
1 cucharadita de tomillo fresco picado fino
30 g de parmesano rallado

1 Precaliente el horno a 180°C. Unte el pan con mantequilla por ambos lados. Corte cada rebanada en dos verticalmente y cada mitad en tres horizontalmente. Hornee el pan en una bandeja de horno entre 5 y 10 minutos, o hasta que quede dorado y crujiente.
2 Caliente el aceite en una sartén y rehogue el ajo y la cebolla removiendo hasta que la cebolla quede tierna. Añada los champiñones y sofríalos a fuego medio 5 minutos, o hasta que queden tiernos. Salpiméntelo todo.
3 Incorpore a los champiñones el jerez junto con la nata agria y la fécula de maíz mezcladas; remueva bien hasta que el preparado hierva y se espese. Retírelo del fuego y agregue las hierbas. Déjelo enfriar.
4 Unte el pan con la mezcla de champiñones y espolvoréelas con parmesano. Hornéelas en una bandeja de horno 5 minutos, o hasta que estén calientes. Sírvalas adornadas con ramitas de hierbas frescas, si lo desea.
NOTA: Para servirlo como paté, reduzca a puré el rehogado, repártalo en platitos y refrigérelo.
CON ANTELACIÓN: Puede hornear el pan hasta 4 días antes y guardarlo tapado. Prepare la cobertura y unte el pan justo antes de servirlo.

ARRIBA: Champiñones en croûte

ARRIBA: Volovanes de gambas y vieiras

VOLOVANES DE GAMBAS Y VIEIRAS

Tiempo de preparación: 25 minutos
Tiempo total de cocción: 20 minutos
Para 36 unidades

✯

1 taza (250 ml) de caldo de pescado
1 taza (250 ml) de vino blanco
250 g de vieiras
250 g de gambas crudas peladas
60 g de mantequilla
4 cebolletas picadas finas
1 loncha de beicon picada fina
1/4 taza (30 g) de harina
1/2 taza (125 ml) de nata
1 cucharadita de zumo de limón
1/2 taza (30 g) de perejil fresco picado fino
36 bases de volovanes

1 Caliente el caldo y el vino en una olla hasta que hiervan. Agregue las vieiras y las gambas y cuézalas a fuego lento 2 ó 3 minutos. Extráigalas con una espumadera, déjelas enfriar y píquelas. Reserve 1 taza (250 ml) del líquido de la cocción. Refrigere el marisco mientras prepara la salsa. Precaliente el horno a 160°C.
2 Sofría la cebolla y el beicon en mantequilla 3 minutos, hasta que queden tiernos pero no dorados. Agregue la harina y rehóguelo todo 2 minutos. Retírelo del fuego y añada poco a poco el líquido reservado. Devuélvalo al fuego y dele vueltas hasta que la salsa hierva y se espese. Añada la nata, el zumo y un poco de perejil (reserve el resto). Sazone la salsa.
3 Hornee los volovanes durante 5 minutos. Caliente la salsa junto con el marisco. Rellene los volovanes y sírvalos adornados con perejil.

TARTALETAS DE QUESO DE CABRA

Tiempo de preparación: 40 minutos + refrigeración
Tiempo total de cocción: 25 minutos
Para 30 unidades

✯

2 tazas (250 g) de harina
150 g de mantequilla fría picada
2–4 cucharadas de leche

Relleno
12 tomates secados al sol cortados en rodajas
200 g de queso de cabra picado
2 cucharadas de albahaca fresca picada
20–30 aceitunas negras deshuesadas, en rodajas
2 cucharadas de tallos de cebolletas picados
4 huevos poco batidos
1 taza (250 ml) de nata

1 Tamice la harina y una pizca de sal en un cuenco, añada la mantequilla y amase hasta que la mezcla se asemeje a las migas de pan. Forme un hueco y vierta la leche para obtener una masa blanda. Trabájela en una superficie enharinada hasta formar una bola. Refrigérela envuelta en film transparente 30 minutos.
2 Precaliente el horno a 180°C. Extienda la masa hasta que tenga 2 mm de grosor y córtela en 30 discos de 8 cm con un cortapastas. Forre dos moldes engrasados para 12 tartaletas, pinche la masa y hornéela 7 minutos, o hasta que se cueza sin dorarse. Hornee los discos.
3 Cubra los discos con el tomate, el queso, la albahaca, las aceitunas y la cebolleta. Bata los huevos y la nata, salpimiente la mezcla y repártala sobre el relleno. Hornee las tartaletas 15 minutos, o hasta que se cuaje el relleno. Repita la operación con todas las tartaletas. Sírvalas calientes o a temperatura ambiente.

BRUSCHETTA DE ROLLO DE QUESO Y ESPINACAS

Tiempo de preparación: 30 minutos
Tiempo total de cocción: 10 minutos
Para unas 24 unidades

☆☆

1 barra de pan
2 cucharadas de aceite
500 g de espinacas
90 g de queso de untar
90 g de queso de cabra
3 cucharadas de pimientos en conserva escurridos y picados finos

1 Precaliente el horno a 200°C. Corte el pan en 24 rebanadas y rocíelas con aceite por ambos lados. Hornéelas en una bandeja de horno dispuestas en una sola capa durante 10 minutos, hasta que se doren; deles la vuelta. Extráigalas del horno y déjelas enfriar.

2 Corte los tallos de las espinacas y deje en remojo las hojas en un cuenco con agua hirviendo durante un par de minutos, hasta que queden blandas. Escúrralas y déjelas enfriar. Retuérzalas para eliminar el exceso de líquido y déjelas secar sobre papel de cocina.

3 Disponga las hojas de espinacas lisas sobre una lámina de film transparente, superponiéndolas para formar un rectángulo de 25 x 20 cm. Mezcle los quesos hasta obtener una pasta fina. Extiéndala con cuidado sobre las espinacas. Cubra el queso con pimiento. Ayudándose con el plástico, enrolle las espinacas sobre el queso. Retire el plástico y corte el rollo en rodajas finas con un cuchillo afilado. Dispóngalas sobre las tostadas.

NOTA: Asegúrese de escurrir al máximo las espinacas y el pimiento para evitar que el rollo quede aguado.

CON ANTELACIÓN: Puede hornear el pan varios días antes y guardarlo en un recipiente hermético. El rollo puede prepararse un día antes y refrigerarse envuelto en film transparente. Cubra el pan justo antes de servirlo.

BRUSCHETTA DE ROLLO DE QUESO Y ESPINACAS

Dé la vuelta a las rebanadas de pan a los 10 minutos y prosiga el horneado hasta que se doren.

Retuerza bien las espinacas para eliminar el exceso de líquido y déjelas secar sobre papel de cocina.

Cubra el queso con el pimiento sin dejar huecos y enróllelo ayudándose con el film transparente.

ARRIBA: Bruschetta de rollo de queso y espinacas

CORNETES DE PARMESANO

Aplique el cortapastas sobre los discos y espolvoréelos con una mezcla de parmesano y pimentón hasta los bordes.

Despegue los discos de la bandeja con una espátula y envuélvalos alrededor de una manga pastelera para darles forma de cucurucho.

PÁGINA SIGUIENTE: *Tartaletas de atún con muselina de manzana (izquierda); Cornetes de parmesano*

TARTALETAS DE ATÚN CON MUSELINA DE MANZANA

Tiempo de preparación: 1 hora + curación + congelación
Tiempo total de cocción: 10–15 minutos
Para unas 48 unidades

✯✯

375 g de atún en una pieza sin piel
24 huevos duros de codorniz partidos por la mitad longitudinalmente para decorar
45 g de hojas de cilantro fresco para decorar

Salazón
500 g de sal piedra
1 1/2 tazas (375 g) de azúcar
1/2 cucharadita de granos de pimienta molidos
1 cucharadita de jengibre molido

Tartaletas de pasta filo
250 g de pasta filo
250 g de mantequilla fundida

Muselina de manzana
2 cucharadas de puré de manzana
1 taza (250 ml) de mayonesa de huevo entero
2 cucharadas de nata montada

1 Elija un plato llano y grande de vidrio. Corte el atún a lo largo en tiras de 3 cm y adapte las tiras a la medida del plato.
2 Mezcle los ingredientes de la salazón y cubra la base del plato con una capa de la mezcla, seguida de una capa de atún. Intercale las capas, finalizando con una de salazón. Ponga un peso encima y refrigérelo 4 horas.
3 Retire el atún de la salazón. Aclárelo con agua y séquelo bien. Si no lo va a preparar enseguida, envuélvalo en un paño empapado de aceite para que no se seque. Refrigérelo.
4 Precaliente el horno a 190°C. Para las tartaletas, superponga 6 láminas de pasta filo, untándolas con mantequilla. Conserve la pasta restante bajo un paño húmedo.
5 Corte la pasta en discos de 8 cm con un cortapastas. Use unas tijeras si es preciso. Introduzca los discos en dos moldes para 12 tartaletas con la mantequilla hacia abajo; pinche la masa con un tenedor. Disponga los moldes en bandejas de horno y congélelos 10 minutos como mínimo. (Puede congelarlos un día antes.) Mientras tanto, prepare el resto de los discos y tápelos para evitar que se sequen.
6 Hornee las bases de las tartaletas 4 ó 5 minutos. Desmoldéelas y déjelas enfriar sobre una rejilla. Hornee el resto de los discos.
7 Para preparar la muselina, vierta el puré de manzana en la mayonesa y agregue después la nata. Pruébela y salpimiéntela si es preciso.
8 Rellene las tartaletas justo antes de servirlas. Trocee el atún a lo largo de las vetas en láminas finas con un cuchillo afilado. Cubra las tartaletas con una cucharadita de muselina, una lámina de atún, medio huevo de codorniz y una hoja de cilantro. Sírvalas de inmediato.
NOTA: Hierva los huevos durante 5 minutos y déjelos enfriar en agua fría.

CORNETES DE PARMESANO

Tiempo de preparación: 40 minutos
Tiempo total de cocción: 30 minutos
Para 36 unidades

✯✯

150 g de parmesano rallado fino
una pizca de pimentón
150 g de queso ricotta
2 cucharaditas de zumo de limón
1 1/2 cucharadas de leche
2 cucharaditas de cebollino picado fino y un poco más cortado en trozos para decorar
3 lonchas de jamón
2 higos frescos cortados en trozos pequeños

1 Precaliente el horno a 220°C. Forre dos bandejas con papel parafinado en el que previamente haya marcado discos de 7 cm. Espolvoree cada disco con 3 cucharaditas de parmesano y un poco de pimentón. Procure extender el queso uniformemente y cubrir bien los bordes.
2 Hornee 3 ó 4 a la vez 3 minutos, o hasta que el queso se funda y se gratine. Despegue los discos de la bandeja con una espátula y envuélvalos alrededor de una manga pastelera para darles forma de cucurucho. Déjelos enfriar. Si se endurecen con rapidez, hornéelos 10 segundos para que se ablanden de nuevo.
3 Bata la ricotta, el zumo y la leche hasta obtener una pasta fina. Añada el cebollino picado y sal y pimienta negra machacada al gusto.
4 Gratine el jamón hasta que quede crujiente. Una vez frío, córtelo en tiras de 2 cm. Rellene los cornetes con 2 cucharaditas de la mezcla de ricotta, y finalice con un trozo de higo, jamón y cebollino para decorar.

TOMATES SECADOS AL SOL

Los tomates secados al sol se parten por la mitad, se salan y se dejan secar al sol. En ocasiones se secan en el horno. La sal permite su conservación, pero hace que sean demasiado salados para su consumo, por lo que hay que dejarlos en agua durante algunas horas para que se hinchen y pierdan el sabor a sal. A veces se ponen en vinagre y agua, se escurren, se secan y, por último, se guardan en una mezcla de aceite de oliva y aromatizantes como hierbas y ajo. Se encuentran con facilidad y proporcionan sabor a numerosos platos.

DERECHA: Bocaditos de sésamo

BOCADITOS DE SÉSAMO

Tiempo de preparación: 35 minutos + reposo
Tiempo total de cocción: 15–20 minutos
Para unas 30 unidades

☆

1 1/2 tazas (185 g) de harina de fuerza
4 cucharadas de semillas de sésamo tostadas
2 cucharaditas de ralladura de naranja
2 huevos
2 cucharaditas de aceite de sésamo
1 taza (250 ml) de leche
4 cucharadas de zumo de naranja
125 g de tomates secados al sol picados finos

Relleno
200 g de queso de untar
2 cucharadas de cilantro fresco picado

1 Tamice la harina y una pizca de sal en un cuenco, añada las semillas de sésamo y la ralladura y forme un hueco en el centro. Incorpore poco a poco el huevo batido, el aceite de sésamo, la leche y el zumo, batiendo con un tenedor hasta obtener una mezcla fina y sin grumos. Déjela reposar 15 minutos.
2 Unte una sartén caliente con mantequilla fundida o aceite y vierta 1/3 taza (80 ml) de la masa; cuézala a fuego medio 3 ó 4 minutos, hasta que aparezcan burbujas en la superficie. Dele la vuelta y hágala por el otro lado. Pase la tortita a un plato y cúbrala con un paño de cocina mientras prepara el resto de la masa.
3 Corte las tortitas con distintas formas empleando varios cortapastas para galletas (necesitará 3 piezas por montadito; procure obtener por tanto el número exacto de cada forma).
4 Para preparar el relleno, mezcle el queso de untar y el cilantro para unir los montaditos. Adórnelos con tomate secado al sol.
CON ANTELACIÓN: Prepare los montaditos un día antes y refrigérelos tapados.

MONTADITOS DE PIMIENTO ROJO CON JAMÓN

Tiempo de preparación: 30 minutos + reposo
Tiempo total de cocción: 25 minutos
Para unas 20 unidades

☆

1 pimiento rojo pequeño
1 taza (125 g) de harina
1/2 cucharadita de bicarbonato sódico
1 1/4 tazas (315 ml) de suero de leche
1 huevo
50 g de mantequilla fundida
130 g de maíz en grano de lata escurrido
1 cucharada de cebollino fresco picado fino y un poco más para decorar
1 taza (250 ml) de crème fraîche o nata agria
5 lonchas de jamón cortadas en tiras

1 Corte el pimiento rojo en trozos grandes y lisos, y elimine las semillas y la membrana. Áselo al grill con la piel hacia arriba hasta que ésta se ennegrezca y se desprenda. Déjelo enfriar en una bolsa de plástico y pélelo. Pique la pulpa en trozos pequeños.
2 Tamice la harina, el bicarbonato sódico y una pizca de sal en un cuenco y forme un hueco en el centro. Incorpore poco a poco el suero de leche y el huevo batidos y la mantequilla fundida, y mézclelo todo hasta obtener una masa fina y sin grumos. Añada el pimiento, el maíz y el cebollino; no mezcle en exceso.
3 Unte una sartén caliente con mantequilla fundida o aceite y vierta 2 cucharaditas de la masa por cada montadito, dejando espacio para que aumente de volumen. Fría la masa hasta que aparezcan burbujas en la superficie. Dele la vuelta y cuézala por el otro lado. Pase la tortita a un plato y tápela con un paño mientras fríe el resto de la masa.
4 Cubra cada montadito con una cucharadita de crème fraîche y una tira de jamón. Decórelos con cebollino fresco.

ARRIBA: Montaditos de pimiento rojo con jamón

MINIQUICHES

Elabore las bases de las tartaletas según lo indicado y rellénelas con una de las mezclas sugeridas. Preparar dos bandejas de quiches no supone más tiempo, pues se hornean juntas.

BASE DE LAS TARTALETAS

Precaliente el horno a 200°C y engrase dos moldes planos para 12 tartaletas. Disponga 2 láminas de pasta quebrada sobre una superficie enharinada y corte cada una en 12 discos de 8 cm con un cortapastas. Forre los moldes con los círculos de pasta, rellene las tartaletas y hornéelas según la receta elegida. Desmoldéelas aún calientes y déjelas enfriar en una rejilla. Para 24 tartaletas.

CEBOLLA CARAMELIZADA Y BEICON

Caliente 2 cucharaditas de aceite en una sartén grande y fría 1 cebolla picada tapada a fuego medio-lento 30 minutos o hasta que se dore (la cebolla caramelizada requiere una cocción lenta para explotar su dulzor). Déjela enfriar en un cuenco. Añada 125 g de beicon picado y sofríalo hasta que quede crujiente. Mézclelo con la cebolla, agregue 3 cucharaditas de mostaza de grano entero y sazone con pimienta. Rellene las tartaletas. Bata 2 huevos con 1/2 taza (125 ml) de leche y cubra el relleno. Hornee las tartaletas de 15 a 20 minutos, o hasta que suban y se doren.

QUESO DE CABRA Y TOMATES SEMISECADOS

Mezcle 60 g de queso de cabra desmenuzado y 60 g de tomates semisecados

y ponga un montoncito de la mezcla en la base de cada tartaleta. Bata 2 huevos con $^{1}/_{2}$ taza (125 ml) de leche y 3 cucharadas de albahaca fresca picada, sazone la mezcla y cubra con ella las tartaletas. Hornéelas de 15 a 20 minutos, o hasta que suban y se doren.

MANZANA Y CEBOLLA AL CURRY

Sofría en una sartén con aceite una cebolla pequeña picada fina; añada luego una manzana pequeña pelada y rallada. Agregue $^{1}/_{4}$ cucharadita de curry en polvo y remueva 1 minuto. Deje enfriar un poco el preparado y rellene con él las tartaletas a cucharaditas. Bata $^{1}/_{2}$ taza (125 ml) de leche, 2 huevos poco batidos y 2 cucharadas de nata, y cubra la cebolla. Espolvoree las tartaletas con cheddar rallado (necesitará 20 g en total). Hornéelas de 15 a 20 minutos, o hasta que suban y se doren.

CREMA DE HIERBAS

Mezcle 2 huevos batidos, 2 cucharadas de leche, $^{1}/_{2}$ taza (125 ml) de nata, 2 cucharaditas de cebollino fresco picado y 1 cucharadita de eneldo, de tomillo y de perejil fresco picado. Vierta el relleno en las tartaletas y espolvoree parmesano por encima (sólo 2 cucharadas en total). Hornéelas de 15 a 20 minutos, o hasta que suban y se doren.

SALMÓN AHUMADO

En una robot de cocina bata 100 g de queso de untar, $^{1}/_{4}$ taza (60 ml) de nata y 2 huevos hasta que quede todo bien mezclado; añada después la pimienta negra machacada al gusto. Disponga un poco de salmón ahumado picado fino en cada tartaleta (necesitará 100 g en total). Cúbralas con la mezcla de queso y hornéelas de 15 a 20 minutos, o hasta que suban y se doren.

MAÍZ Y PIMIENTO ROJO

Escurra 130 g de maíz en grano de lata y mézclelo con $^{1}/_{3}$ taza (40 g) de cheddar rallado y la mitad de un pimiento rojo picado fino. Bata 2 huevos, $^{2}/_{3}$ taza (170 ml) de nata, 2 cucharaditas de mostaza de Dijon y un chorro de Tabasco en una jarra; salpimiéntelo todo al gusto. Reparta la mezcla de maíz entre las tartaletas y cúbralas con la mezcla de huevo hasta llenarlas casi por completo. Hornéelas de 15 a 20 minutos, o hasta que suban y se doren.

MINIQUICHES, DE IZQUIERDA A DERECHA: Cebolla caramelizada y beicon; Queso de cabra y tomates semisecados; Manzana y cebolla al curry; Crema de hierbas; Salmón ahumado; Maíz y pimiento rojo

CEBOLLAS ROJAS
Esta variedad de cebolla destaca por su dulzor y suavidad en comparación con otras clases. Se suele preparar picada fina o cortada en aros y se emplea cruda en salsas y ensaladas. Se recomienda conservarla en el cajón de las verduras del frigorífico.

ARRIBA: Bocaditos de cangrejo con crema de aguacate

BOCADITOS DE CANGREJO CON CREMA DE AGUACATE

Tiempo de preparación: 25 minutos + refrigeración
Tiempo total de cocción: unos 15 minutos
Para 20 unidades

☆

2 huevos
340 g de carne de cangrejo de lata escurrida
2 cebolletas picadas finas
1 cucharada de mayonesa
2 cucharaditas de salsa de guindilla dulce
1 1/4 tazas (100 g) de pan blanco recién rallado
aceite para freír

Crema de aguacate

2 tomates Roma maduros picados
1 cebolla roja pequeña picada fina
1 aguacate grande cortado en dados pequeños
3 cucharadas de zumo de lima
2 cucharadas de hojas de perifollo fresco
1 cucharadita de azúcar extrafino

1 En un cuenco bata los huevos y añada la carne de cangrejo, la cebolleta, la mayonesa, la salsa de guindilla roja y el pan rallado. Remuévalo todo bien. Sazone la mezcla y refrigérela tapada durante 30 minutos.
2 Para preparar la crema de aguacate, mezcle todos los ingredientes en un cuenco, salpiméntelo todo y remueva para mezclarlo.
3 Con las manos humedecidas moldee la mezcla de cangrejo en 20 tortitas. Caliente 3 cm de aceite en una sartén grande de fondo pesado y fría las tortitas a fuego medio durante 3 minutos por cada lado, o hasta que queden doradas. Escúrralas bien sobre papel de cocina y sírvalas de inmediato, cubiertas con la crema de aguacate.
CON ANTELACIÓN: Puede preparar la mezcla de cangrejo con un día de antelación y refrigerarla tapada. Prepare la crema poco tiempo antes de servir los bocaditos de cangrejo.

PIÑONES

Los piñones tienen un sabor dulce y constituyen un ingrediente importante en la preparación del pesto. También se emplean en ensaladas, pilafs de arroz, platos de pasta y rellenos para verduras y aves. Dado su alto contenido graso, pueden ponerse rancios con bastante rapidez, por lo que conviene guardarlos en un recipiente hermético dentro del congelador o en el frigorífico.

TOSTADAS CON CHAMPIÑONES AL PESTO DE ALBAHACA

Tiempo de preparación: 20 minutos
Tiempo total de cocción: 20–25 minutos
Para 24 unidades

☆

Pesto de albahaca

25 g de hojas de albahaca fresca
30 g de parmesano rallado
2 cucharadas de piñones tostados
2 cucharadas de aceite de oliva

1 diente de ajo pequeño majado
2 $^{1}/_{2}$ cucharadas de aceite de oliva
1 barra de pan de masa fermentada, cortadas en 24 rebanadas de 1 cm de grosor
500 g de champiñones pequeños laminados
3 cucharaditas de vinagre balsámico
80 g de jamón cortado en trozos pequeños

1 Para preparar el pesto de albahaca, pique finas las hojas de albahaca, el parmesano y los piñones en un robot de cocina. Añada poco a poco el aceite de oliva en un chorro fino, con el robot en marcha, y píquelo todo hasta obtener una mezcla homogénea. Sazónela con sal y pimienta al gusto.
2 En un cuenco pequeño, mezcle el ajo con 2 cucharadas del aceite de oliva y unte con la mezcla las rebanadas de pan por ambos lados. Dispóngalas sobre bandejas de horno y hornéelas a temperatura media hasta que se doren.
3 Caliente la $^{1}/_{2}$ cucharada restante de aceite de oliva en una sartén grande y saltee los champiñones a fuego medio 3 ó 4 minutos, o hasta que estén calientes. Escurra el exceso de líquido. Agregue el pesto y el vinagre, remuévalo todo bien y rehóguelo 1 ó 2 minutos más, o hasta que esté todo caliente.
4 Precaliente el horno a 200°C. Cubra las tostadas con los champiñones y los trozos de jamón. Hornéelas en bandejas de horno durante 6 minutos, o hasta que el jamón esté crujiente. Sírvalas de inmediato.
CON ANTELACIÓN: Puede preparar el pesto con un máximo de tres días de antelación. Tápelo y refrigérelo. También puede elaborarlo mucho tiempo antes y congelarlo en bandejas de cubitos o en un recipiente pequeño. Puede sustituir el pan de masa fermentada por cualquier otro tipo de pan de barra.

ARRIBA: Tostadas con champiñones al pesto de albahaca

CEBOLLETAS
La cebolleta o cebolla tierna es el nombre que recibe la cebolla común que se recoge joven, antes de que se forme el bulbo. Se vende en manojos. Hay que cortar las raíces y las puntas y lavarla bien antes de su consumo. Apenas necesita cocción para que quede tierna. En ocasiones se añade a un plato justo antes de servirlo y se pone cruda en ensaladas para proporcionar un suave sabor a cebolla.

PÁGINA SIGUIENTE: Bollitos a la florentina con mortadela y alcachofa (superior izquierda); Cordero en polenta

BOLLITOS A LA FLORENTINA CON MORTADELA Y ALCACHOFA

Tiempo de preparación: 30 minutos
Tiempo total de cocción: 15 minutos
Para 60 unidades

✯✯

100 g de espinacas
20 g de mantequilla
3 cebolletas picadas finas
1 1/4 tazas (155 g) de harina de fuerza
50 g de parmesano rallado
1/3 taza (80 ml) de leche, aproximadamente
2 cucharaditas de leche, adicional
200 g de alcachofas en aceite de oliva escurridas
1/4 taza (60 ml) de nata doble
100 g de mortadela cortada en rodajas finas
1 1/2 cucharadas de pistachos picados finos

1 Precaliente el horno a 220°C. Lave las espinacas y cuézalas en una olla a fuego medio 2 minutos, o hasta que queden blandas. Escúrralas y déjelas enfriar. Elimine la mayor cantidad posible de líquido y píquelas finas.
2 Caliente la mantequilla en una sartén pequeña y sofría la cebolla a fuego medio durante 2 minutos, o hasta que quede tierna.
3 Tamice la harina en un cuenco y agregue las espinacas, la cebolla y el parmesano. Forme un hueco y vierta suficiente leche para obtener una pasta blanda y pegajosa, mezclándola con un cuchillo. Trabájela en una superficie enharinada hasta que quede fina. Extiéndala hasta que adquiera un grosor de 1,5 cm y córtela en 30 discos de 4 cm con un cortapastas. Engrase una bandeja de horno y disponga los discos sobre ella de forma que casi se toquen. Pinte los discos con leche y hornéelos en la bandeja del medio de 10 a 12 minutos, o hasta que estén hechos y dorados.
4 Mientras tanto, pique las alcachofas en un robot de cocina hasta obtener una pasta fina. Añada la nata y píquelo todo hasta que quede bien mezclado. No pique la mezcla en exceso ya que podría cuajarse. Salpimiéntela.
5 Parta en dos horizontalmente los bollitos, cubra cada mitad con la crema de alcachofa y trozos doblados de mortadela. Espolvoree por encima los pistachos picados.
CON ANTELACIÓN: Se recomienda preparar los bollitos el mismo día. La crema de alcachofa puede prepararse un día antes y refrigerarse.

CORDERO EN POLENTA

Tiempo de preparación: 15 minutos
Tiempo total de cocción: 15 minutos
Para 24 unidades

✯

3 tazas (750 ml) de caldo de pollo
3/4 taza (110 g) de polenta instantánea
2 cucharadas de parmesano rallado
2 filetes de cordero (150 g)
aceite para freír
1/4 pepino pequeño cortado en rodajas finas
3 cucharadas de yogur natural

1 Engrase una bandeja llana de 20 x 30 cm. Ponga a hervir el caldo en una olla, añada la polenta y remueva a fuego medio 5 minutos o hasta que se espese. Retire la polenta del fuego y añada el parmesano y sal y pimienta al gusto. Pásela a la bandeja y déjela enfriar.
2 Una vez fría, corte la polenta en discos de 4 cm con un cortapastas. Elimine la grasa y los tendones de la carne del cordero.
3 Caliente un poco de aceite en una sartén y fría el cordero hasta que se dore y alcance el punto de cocción deseado: unos 3 minutos por cada lado para que quede hecho. Retire la carne y limpie la sartén. Añada más aceite y fría los discos de polenta hasta que se doren.
4 Cuartee las rodajas de pepino. Corte en trozos pequeños la carne y póngalos sobre la polenta. Cúbralos con yogur y pepino.
NOTA: Para darle más sabor, puede sazonar la carne con granos de pimienta negra machacada antes de freírla.

BARQUITAS DE ESPÁRRAGO

Corte 3 láminas de pasta quebrada en 25 cuadrados, dejando 6 cm de espacio para formar rectángulos. Córtelos por la mitad. Forre con ellos 24 moldes engrasados para barquitas de 8 cm y refrigérelos. Sofría 2 dientes de ajo majados y una cebolla picada en 30 g de mantequilla hasta que quede tierna. Déjelo enfriar y añada 2 huevos batidos, 3/4 taza (185 g) de nata agria y 4 cucharadas de parmesano rallado. Sazónelo. Rellene las barquitas y hornéelas en una bandeja a 200°C 15 minutos, o hasta que queden doradas. Cúbralas con puntas de espárragos blanqueadas (pártalas si están muy duras). Para 24 unidades.

HIGOS

Existen centenares de variedades de higos, cuyos orígenes se remontan a las hojas relacionadas con Adán y Eva. Se cree que proceden de Siria, si bien hoy en día se cultivan en un gran número de países. Muchas de las variedades actuales se cultivan en Italia. Algunas son redondas y otras tienen forma de pera, variando de tamaño considerablemente. A la hora de comprarlos, descarte los frutos que presenten una piel con manchas o golpes. Deberían tener un aspecto rechoncho y estar un poco blandos. También se venden higos secos.

ARRIBA: Bocadillitos de jamón dulce, puerro e higos al oporto

BOCADILLITOS DE JAMÓN DULCE, PUERRO E HIGOS AL OPORTO

Tiempo de preparación: 40 minutos + refrigeración
Tiempo total de cocción: 45 minutos
Para unas 40 unidades

☆☆

2 tazas (250 g) de harina
3 cucharaditas de levadura en polvo
110 g de mantequilla fría
100 g de queso stilton
2 cucharadas de cebollino fresco picado
3/4 taza (185 ml) de leche

Relleno

1 taza (250 ml) de oporto
6 higos secos grandes sin rabitos
1 cucharadita de azúcar
1 puerro grande
1 cucharadita de mostaza de Dijon
2 cucharaditas de vinagre de vino tinto
1 cucharada de aceite de oliva
150 g de jamón dulce cortado en virutas

1 Tamice la harina, la levadura y 3/4 cucharadita de sal en un cuenco grande. Ralle gruesa la mantequilla y el queso en la harina y trabájela con los dedos hasta que se asemeje a migas de pan gruesas. Agregue el cebollino y la leche y remueva con un tenedor hasta que se formen grandes grumos. Amáselos en una superficie enharinada para formar una bola.
2 En una superficie enharinada, extienda la masa para formar un rectángulo de 15 x 25 cm. Con el borde más largo de la masa mirando hacia su posición, pliegue los dos extremos para unirlos en el centro y doble la masa a lo ancho. Extiéndala de nuevo para formar un rectángulo de 15 x 25 cm y 1 cm de grosor. Córtela en discos con un cortapastas, sin dejar apenas espacio entre ellos. Una los trozos sobrantes de masa y córtela como antes. Reserve 2,5 cm de masa en una bandeja y refrigérela 20 minutos. Precaliente el horno a 220°C y hornee los discos de polenta de 10 a 12 minutos, o hasta que empiecen a dorarse.
3 En un cazo, lleve a ebullición el oporto, los higos y el azúcar, reduzca el fuego y hiérvalo todo 15 minutos. Extraiga los higos y, una vez fríos, píquelos. Hierva el líquido 3 minutos, hasta que se reduzca y quede almibarado. Devuelva los higos al cazo, remueva y resérvelos.

4 Deseche las hojas duras del puerro y la parte verde más oscura de las puntas. Enjuáguelo. Parta el puerro longitudinalmente, casi hasta el final, gírelo un cuarto y pártalo de nuevo. Lávelo bien, escúrralo y cuézalo al vapor durante 10 minutos, o hasta que quede muy tierno. Píquelo grueso, mézclelo con la mostaza, el vinagre y el aceite. Salpimiéntelo.
5 Parta en dos los bocadillitos y rellénelos con un trozo doblado de jamón dulce, una cucharadita de puerro y una de higos.

TARTALETAS DE MANZANA Y QUESO DE CABRA

Tiempo de preparación: 10 minutos
Tiempo total de cocción: 25 minutos
Para 32 unidades

☆

2 láminas de masa de hojaldre congeladas
300 g de queso de cabra cortado en rodajas
2 manzanas para cocinar
2 cucharadas de aceite de oliva virgen extra
1 cucharada de tomillo limonero fresco picado

1 Precaliente el horno a 210°C. Mientras la masa sigue aún congelada, corte una lámina en cuatro cuadrados y después cuartéelos. Dispóngalos a cierta distancia entre sí en una bandeja de horno engrasada. Déjelos reposar unos minutos hasta que se descongelen y reparta después el queso entre los cuadrados de masa, dejando un pequeño borde.
2 Descorazone las manzanas sin pelar y córtelas en láminas. Coloque varias láminas sobre la masa, cubriendo todo el queso. Unte las manzanas con aceite y espolvoréelas con tomillo limonero y sal y pimienta al gusto.
3 Hornee las tartaletas de 20 a 25 minutos, hasta que la masa esté hecha y dorada por los bordes. Conviene servirlas de inmediato.
CON ANTELACIÓN: Puede cubrir la masa con queso y refrigerarla tapada toda la noche. Cúbrala con la manzana justo antes de hornearla.

ARRIBA: Tartaletas de manzana y queso de cabra

ARRIBA: Minicroissants

MINICROISSANTS

Tiempo de preparación: 30 minutos + refrigeración
Tiempo total de cocción: 40 minutos
Para 30 unidades

☆

40 g de mantequilla
3 cebollas picadas finas
12 aceitunas negras deshuesadas, en rodajas
2 cucharadas de perejil fresco picado
3 láminas de masa de hojaldre descongeladas
1 huevo batido

1 Derrita la mantequilla en una sartén y sofría la cebolla a fuego medio durante 20 minutos, o hasta que se dore y sepa dulce. Retírela del fuego y añada las aceitunas, el perejil, sal y pimienta negra machacada. Déjelo enfriar todo.
2 Corte cada lámina de pasta en dos, y cada mitad en 5 triángulos con una base (el lado más corto) de 8 cm. Sobrará un poco de masa por ambos lados. Ponga un poco de mezcla de cebolla en la base de cada triángulo y enróllelo hasta la punta, envolviendo el relleno. Tuerza las puntas para darle forma de croissant.
3 Coloque los croissants en una bandeja de horno engrasada y refrigérelos unos 30 minutos. Precaliente el horno a 200°C. Pinte los croissants con huevo batido y hornéelos unos 20 minutos, hasta que suban y se doren.
CON ANTELACIÓN: Prepare los croissants 6 horas antes. Hornéelos justo antes de servirlos.

TOSTADAS DE AJO CON MAYONESA DE SALMÓN

Tiempo de preparación: 35 minutos
Tiempo total de cocción: 30 minutos
Para 32 unidades

☆

1 pimiento
1 tomate
8 rebanadas de pan sin corteza cortadas en triángulos
1/3 taza (80 ml) de aceite de oliva
2 dientes de ajo majados
2 cucharadas de aceite de oliva, adicional
1 cebolla picada fina

Mayonesa de salmón
2 yemas de huevo
2 dientes de ajo majados
2 cucharaditas de zumo de limón
3/4 taza (185 ml) de aceite de oliva
60 g de salmón ahumado troceado

1 Retire las semillas y la membrana del pimiento y píquelo fino. Pele el tomate y trace una cruz en la base; déjelo en agua caliente durante 30 segundos y sumérjalo después en agua fría. Pélelo a partir de la cruz. Retire las semillas y píquelo fino.
2 Precaliente el horno a 180°C. Unte el pan por ambos lados con aceite y ajo y hornéelo de 10 a 15 minutos. Dele la vuelta durante la cocción. Resérvelo.
3 Caliente más aceite en una sartén y sofría el pimiento, el tomate y la cebolla hasta que ésta quede tierna. Retírelo todo del fuego.
4 Para preparar la mayonesa de salmón, bata las yemas de huevo, el ajo y el zumo de limón en un cuenco pequeño. Incorpore el aceite a cucharaditas, batiendo bien para que se ligue la mezcla antes de añadir más aceite. La mezcla debe presentar la consistencia de la nata doble.

5 Pase la mayonesa a un robot de cocina, agregue el salmón y pimienta recién molida al gusto y píquelo todo hasta que se ligue.
6 Sirva las tostadas de ajo cubiertas con la mezcla de pimiento y la mayonesa de salmón.
CON ANTELACIÓN: Prepare la mayonesa y las tostadas un día antes y refrigérelas por separado tapadas. Cúbralas antes de servirlas.

BOCADITOS DE CALABAZA CON PESTO DE AVELLANAS

Tiempo de preparación: 20 minutos
Tiempo total de cocción: 35 minutos
Para 48 unidades

☆

750 g de calabaza vinatera
3 cucharadas de aceite
35 g de avellanas tostadas
35 g de oruga
3 cucharadas de parmesano rallado

1 Precaliente el horno a 200°C. Pele la calabaza y córtela en trozos de 2 cm y después en triángulos de unos 3 cm de base. Aderécela con la mitad del aceite y sal y pimienta negra machacada hasta que quede bien aliñada. Dispóngala en una bandeja y hornéela durante 35 minutos, o hasta que esté hecha.
2 Para preparar el pesto de avellanas, pique las avellanas, la oruga, 1 cucharada del parmesano y el aceite restante hasta que se forme una pasta. Sazónela con sal y pimienta negra machacada.
3 Reparta el pesto de avellanas sobre los trozos de calabaza y espolvoréelos con el parmesano restante y pimienta negra si lo desea. Sirva los bocaditos fríos o calientes.
CON ANTELACIÓN: Puede preparar el pesto con varios días de antelación. Cubra la superficie con film transparente o aceite para evitar que se descolore. Escurra el aceite antes de emplear el pesto.

ABAJO: Bocaditos de calabaza con pesto de avellanas

SOLOMILLO DE BUEY EN CROÛTE CON BERNESA

Tiempo de preparación: 20 minutos
Tiempo total de cocción: 30–35 minutos
Para 40 unidades

✯✯

500 g de solomillo de buey limpio
2 cucharaditas de aceite
60 g de mantequilla fundida
1 diente de ajo majado
2 barras de pan pequeñas cortadas en rebanadas
25 g de berros cortados en tiras cortas

Salsa bernesa
200 g de mantequilla fundida
1/3 taza (80 ml) de vinagre de vino blanco
1 hoja de laurel
1 cucharada de estragón fresco picado
6 granos de pimienta negra
3 tallos de perejil fresco
2 yemas de huevo
2 cucharaditas de estragón picado, adicional

1 Precaliente el horno a 180°C. Ate la carne con bramante formando rebanadas regulares; sazónela. Caliente el aceite en una sartén y sofría la carne hasta que se dore. Pásela a una bandeja y hornéela de 20 a 25 minutos hasta que quede poco hecha. Retírela y resérvela.
2 Unte el pan por ambos lados con una mezcla de mantequilla y ajo. Hornéelo en bandejas 10 minutos, o hasta que se dore.
3 Para la bernesa, derrita la mantequilla a fuego lento, retírela del fuego y déjela reposar 2 ó 3 minutos para que la mezcla láctea se separe del fondo. Escurra la mantequilla y deseche el sedimento lácteo. Mezcle el vinagre, el laurel, el estragón, la pimienta y el perejil en un cazo y hiérvalo todo a fuego fuerte hasta que se reduzca a 1 cucharada; cuélelo. Bata las yemas y la salsa reducida en un cuenco refractario sobre una olla de agua hirviendo hasta que se espese. Retire la salsa del fuego y viértala en la mantequilla gota a gota, batiendo hasta que se ligue. Añada más estragón y sazone la salsa al gusto. Si se espesa mucho, (debería tener la consistencia de la mayonesa), añada un poco de agua. Si agrega la mantequilla demadiado deprisa, la salsa no se ligará.
4 Cubra las tostadas con la carne cortada en rodajas finas, la bernesa y los berros.

TARTALETAS DE CEBOLLA DULCE

Tiempo de preparación: 25 minutos + refrigeración
Tiempo total de cocción: 40 minutos
Para 20 unidades

✯

1 taza (125 g) de harina
75 g de mantequilla picada
1 cucharada de granos de pimienta verde
1 yema de huevo
1 cucharadita de mostaza de Dijon

Relleno de cebolla dulce
2 cucharadas de aceite de oliva
3 cebollas cortadas en aros
1 diente de ajo laminado
2 cucharaditas de azúcar
2 cucharadas de vinagre balsámico
3 cucharadas de pasas

1 cucharada de pasta de aceitunas
75 g de queso feta

1 Engrase dos moldes para 12 tartaletas. Tamice la harina y 1/4 cucharadita de sal en un cuenco y añada la mantequilla. Mézclelo todo con los dedos hasta que adquiera la consistencia de las migas de pan. Forme un hueco en el centro. Machaque los granos de pimienta con el dorso de un cuchillo y píquelos finos. Vierta en la harina la yema, la mostaza y unas 2 cucharaditas de agua. Mézclelo todo con un cuchillo hasta que forme grumos. Amase la mezcla en una superficie enharinada hasta obtener una bola. Envuélvala en plástico y refrigérela 20 minutos.
2 Precaliente el horno a 200°C. Extienda la masa en una superficie enharinada hasta que tenga 2 mm de grosor. Córtela en 20 discos de 8 cm con un cortapastas. Introdúzcalos en los moldes y pínchelos con un tenedor. Hornéelos de 8 a 10 minutos, o hasta que se doren.
3 Para el relleno, caliente el aceite en una sartén de fondo pesado y rehogue la cebolla y el ajo 30 minutos, o hasta que la cebolla esté muy tierna y empiece a dorarse. Suba el fuego, añada el azúcar y el vinagre y remueva hasta que se haya evaporado casi todo el líquido y la cebolla quede brillante. Incorpore las pasas.
4 Rellene las tartaletas con la pasta de aceitunas, la cebolla y el queso feta desmenuzado. Sírvalas calientes o a temperatura ambiente.

PÁGINA ANTERIOR: Solomillo de buey en croûte con bernesa (superior); Tartaletas de cebolla dulce

LIMONES

El limón es con toda probabilidad el cítrico más versátil y práctico en la cocina. El zumo y la corteza dan sabor a una amplia variedad de preparaciones culinarias. Un chorrito de limón permite conservar el color y potenciar el sabor de muchas frutas y verduras, como el plátano, el aguacate y la manzana. El zumo se emplea en marinadas como aromatizante y ablandador. Y, naturalmente, el limón constituye un aliado incondicional del pescado. Los limones se encuentran durante todo el año. Elija el fruto firme, de color brillante y pesado de acuerdo con su tamaño. Refrigérelo si el clima es húmedo.

ARRIBA: Tartaletas de trucha marinada y pepino

TARTALETAS DE TRUCHA MARINADA Y PEPINO

Tiempo de preparación: 30 minutos + reposo + refrigeración
Tiempo total de cocción: 10 minutos
Para 20 unidades

☆☆

Relleno

300 g de filete de trucha asalmonada
1/4 taza (60 ml) de zumo de limón
2 cucharadas de aceite de oliva virgen extra
1/2 pepino pequeño picado fino
2 cebolletas cortadas en aros finos
1 cucharada de eneldo o perifollo fresco picado
20 hojas pequeñas de espinacas

1 taza (125 g) de harina
2 cucharadas de parmesano rallado
75 g de mantequilla fría cortada en dados
1 huevo poco batido

1 Pele la trucha y retire las espinas con unas pinzas. Refrigere el pescado en una bolsa de plástico durante 1 hora. Mezcle el zumo de limón y el aceite en un cuenco. Corte el pescado en tiras de unos 3 x 1 cm y sumérjalo en la marinada. Tápelo y déjelo macerar a temperatura ambiente 20 minutos, o hasta que se vuelva opaco (en verano debe refrigerarse; tardará un poco más en macerar). Escurra la mayor parte de la marinada, dejando lo justo para que el pescado quede húmedo. Agregue el pepino, la cebolleta, el eneldo o el perifollo y sazónelo con sal y pimienta negra.

2 Mientras el pescado está en maceración, tamice la harina y una pizca de sal en un cuenco grande y añada el parmesano y la mantequilla. Trabájelo todo con los dedos hasta obtener una mezcla similar a las migas de pan. Forme un hueco, vierta el huevo y mézclelo todo con un cuchillo hasta que se formen grumos. Amáselo en una superficie enharinada hasta obtener una bola. Envuélvala en plástico y refrigérela 30 minutos.

3 Precaliente el horno a 210°C. Engrase dos moldes para 12 tartaletas. Extienda la masa hasta que tenga unos 2 mm de grosor y

córtela en 20 discos de 8 cm. Introdúzcalos en los moldes, pínchelos con un tenedor y hornéelos de 8 a 10 minutos, o hasta que se doren. Desmoldéelos y déjelos enfriar. Cubra las tartaletas con una hoja de espinacas y 1 cucharada rasa del relleno. Sírvalas de inmediato.
CON ANTELACIÓN: Prepare las tartaletas 2 días antes y guárdelas en un recipiente hermético.

GALLETAS DE MANTEQUILLA CON STILTON, PERA Y BERRO

Tiempo de preparación: 20 minutos
Tiempo total de cocción: 20–25 minutos
Para 20 unidades

☆☆

125 g de queso stilton
100 g de mantequilla
2 tazas (250 g) de harina
250 g de nueces picadas finas
2 peras pequeñas maduras
1/2 taza (125 ml) de crème fraîche o nata agria
hojas de berro para decorar

1 Precaliente el horno a 180°C. En un cuenco pequeño, bata el queso y la mantequilla con una batidora durante 2 ó 3 minutos, hasta obtener una mezcla clara y cremosa. Añada la harina y las nueces y sazónelo todo con pimienta negra. Remueva la mezcla hasta que adquiera consistencia y vuélquela después sobre una superficie enharinada para ligarla.
2 Introduzca la masa en un molde llano de 30 x 20 cm y marque con un cuchillo 20 trozos iguales. Hornee la masa de 20 a 25 minutos, o hasta que empiece a dorarse. Mientras aún esté caliente, corte la masa de mantequilla en galletas individuales siguiendo la marca. Déjelo enfriar en el molde.
3 Cuartee las peras, descorazónelas y córtelas en láminas poco antes de servir. Ponga un montoncito de crème fraîche en el centro de cada galleta para afianzar la pera en su sitio. Cubra la fruta con la crema restante y decórela con hojas de berro.
CON ANTELACIÓN: Elabore las galletas hasta 3 días antes y guárdelas en un recipiente hermético una vez frías. Si necesita prepararlas un rato antes de servirlas, rocíe la pera con zumo de limón para evitar que se ennegrezca.

ARRIBA: Galletas de mantequilla con stilton, pera y berro

SABORES DE LA INDIA

Si a sus amigos les gusta lo exótico, ¿por qué no ofrecerles aperitivos con un toque hindú? Algunas de las recetas –samosas, pakoras, pollo tikka– son las especialidades más conocidas. A pesar de lo que algunos piensan, un plato condimentado no tiene por qué picar a rabiar. De hecho, la cocina india también puede resultar refinada y entretenida. Las tortas de cordero korma y los cuencos de pan rellenos de dhal, aunque picantes, no resultan tan fuertes como se cree. Para gente con buen apetito sirva una selección de panecillos con los que mojar los vistosos acompañamientos y chutneys.

COCINA TANDOORI

En la India y Pakistán, se utilizan hornos *tandoor* de arcilla con lumbre de carbón. Tradicionalmente, la comida se macera en una mezcla de ajo majado, jengibre fresco rallado, yogur natural, zumo de limón y especias. A continuación, se ensarta en un espetón y se coloca sobre las brasas de los hornos. Este método de cocción se aplica a todo tipo de alimentos, incluyendo pollo, pescados y carnes.

ARRIBA: Pollo tikka

POLLO TIKKA

Tiempo de preparación: 30 minutos + toda la noche en maceración
Tiempo total de cocción: 15 minutos
Para 25–30 brochetas

☆

750 g de muslos de pollo
1/4 cebolla picada
2 dientes de ajo majados
1 cucharada de jengibre fresco rallado
2 cucharadas de zumo de limón
3 cucharaditas de cilantro molido
3 cucharaditas de comino molido
3 cucharaditas de garam masala
1/3 taza (90 g) de yogur natural

1 Corte el pollo en dados de 3 cm. Deje en remojo 30 brochetas de madera en agua fría durante unas horas.
2 Triture la cebolla, el ajo, el jengibre, el zumo y las especias. Pase la mezcla a un cuenco junto con el yogur y 1/2 cucharadita de sal.
3 Ensarte 4 trozos de pollo en cada brocheta y colóquelas en una bandeja grande de horno. Unte el pollo con la mezcla de especias y refrigérelo tapado varias horas o toda la noche.
4 Ase o fría las brochetas de pollo, girándolas con frecuencia, hasta que estén hechas.
CON ANTELACIÓN: Deje marinar las brochetas de pollo en el frigorífico hasta 1 ó 2 días.

POLLO AL TANDOORI

Tiempo de preparación: 40 minutos + toda la noche en maceración
Tiempo total de cocción: 10 minutos
Para unas 60 unidades

☆

1,5 kg de muslos de pollo
2 tazas (500 g) de yogur natural
1/3 taza (80 ml) de vinagre de vino blanco
1 cucharada de zumo de limón
1 cucharada de pimentón dulce molido
1 cucharada de pimienta de Cayena

1 cucharada de cilantro molido
1 cucharada de comino molido
6 dientes de ajo majados
1 cucharada de jengibre fresco rallado
2 hojas de laurel
3 pimientos verdes despepitados y cortados en cuadrados pequeños

1 Corte el pollo en trocitos y mézclelo en un cuenco de cerámica o cristal con el yogur, el vinagre, el zumo, las especias, el ajo, el jengibre y el laurel. Refrigérelo tapado toda la noche. Deje en remojo 60 brochetas pequeñas de madera en agua fría varias horas.
2 Ensarte el pollo en las brochetas, intercalándolo con el pimiento. Ase las brochetas de 5 a 10 minutos, o hasta que el pollo quede tierno, girándolo con frecuencia. Sírvalo caliente.

SAMOSAS DE BUEY CON SALSA DE CHUTNEY DE MENTA

Tiempo de preparación: 50 minutos
Tiempo total de cocción: 15 minutos
Para unas 20 unidades

☆

2 cucharadas de aceite
1 cebolla picada fina
2 cucharaditas de jengibre fresco picado fino
400 g de carne picada de buey
1 cucharada de curry en polvo
1 tomate pelado y picado
1 patata cortada en dados
1 cucharada de menta fresca picada fina
6 láminas de masa de hojaldre
1 yema de huevo poco batida
1 cucharada de nata

Salsa de chutney de menta
20 g de hojas de menta fresca
4 cebolletas
1 guindilla roja despepitada
1/4 cucharadita de sal
1 cucharada de zumo de limón
2 cucharaditas de azúcar extrafino
1/4 cucharadita de garam masala

1 En una sartén sofría la cebolla con el jengibre de 3 a 5 minutos, hasta que quede tierna.
2 Añada la carne picada y el curry y remueva a fuego fuerte hasta que la carne se dore. Agregue 1 cucharadita de sal y el tomate y rehóguelo todo tapado unos 5 minutos. Añada la patata y 3 cucharadas de agua y cuézalo, removiendo, durante 5 minutos. Retírelo del fuego y déjelo enfriar. Agregue la menta.
3 Precaliente el horno a 210°C. Corte la masa en discos de 13 cm con un cortapastas o un platito y córtelos por la mitad. Pliéguelos en forma de cono y una los bordes.
4 Rellene cada cono con 2 cucharaditas de carne. Presione los extremos superiores para sellarlos. Coloque los conos en una bandeja de horno engrasada. Pinte la masa con una mezcla de yema y nata batida. Hornee las samosas de 10 a 15 minutos, o hasta que suban y se doren. Sírvalas con salsa de chutney de menta.
5 Para preparar la salsa, pique gruesas las hojas de menta, la cebolleta y la guindilla en un robot de cocina o una batidora con 3 cucharadas de agua y los demás ingredientes. Mézclelo todo y sírvalo con las samosas calientes.
CON ANTELACIÓN: Prepare las samosas un día antes y refrigérelas. Hornéelas antes de servir.

ARRIBA: Samosas de buey con salsa de chutney de menta

CILANTRO
El cilantro fresco es una planta utilizada desde la Antigüedad. Las hojas se asemejan a las del perejil pero presentan un color verde más claro y, una vez picadas, tienen un aroma característico. Todas las partes de la planta, incluyendo las raíces, las hojas, los tallos y las semillas (secas), se emplean en muchos países, sobre todo en Tailandia. Si introduce las raíces, atadas aún en un manojo tal como se vende, en un frasco de cristal guardado en el frigorífico se conservará durante varios días.

PÁGINA SIGUIENTE: Bhajis de cebolla con salsa de tomate y guindilla (superior izquierda); Cestitas de pan rellenas con dhal

BHAJIS DE CEBOLLA CON SALSA DE TOMATE Y GUINDILLA

Tiempo de preparación: 30 minutos
Tiempo total de cocción: 40 minutos
Para unas 25 unidades

☆☆

Salsa de tomate y guindilla
2 ó 3 guindillas rojas picadas
1 pimiento rojo despepitado y cortado en dados
425 g de tomate en conserva picado
2 dientes de ajo picados finos
2 cucharadas de azúcar moreno
1 1/2 cucharadas de vinagre de sidra

Bhajis
1 taza (125 g) de harina
2 cucharaditas de levadura en polvo
1/2 cucharadita de guindilla en polvo
1/2 cucharadita de cúrcuma molida
1 cucharadita de comino molido
2 huevos batidos
4 cebollas cortadas en aros finos
50 g de hojas de cilantro fresco picado
aceite para freír

1 Para preparar la salsa, mezcle todos los ingredientes con 3 cucharadas de agua en un cazo. Llévelo todo a ebullición y hiérvalo unos 20 minutos, hasta que la salsa se espese. Retírela del fuego. Sazónela con sal y pimienta recién molida al gusto.
2 Para preparar los bhajis, tamice la harina, la levadura, la guindilla en polvo, la cúrcuma, el comino y 1 cucharadita de sal en un cuenco, y forme un hueco en el centro. Añada poco a poco el huevo y 3 cucharadas de agua, batiendo bien para obtener una mezcla sin grumos. Agregue la cebolla y el cilantro picado.
3 Vierta aceite en una sartén honda de fondo pesado hasta llenar un tercio de su capacidad y caliéntelo a 180°C, o hasta que un dado de pan se dore en 15 segundos. Vierta bolas de masa del tamaño de una pelota de golf y fríalas por tandas durante 1 1/2 minutos por cada lado, o hasta que queden doradas y crujientes. Déjelas escurrir sobre papel de cocina. Sírvalas calientes con la salsa de tomate.
CON ANTELACIÓN: Se recomienda servir los bhajis recién hechos, aunque pueden prepararse con antelación y recalentarse en el horno a 200°C durante 5 minutos.

CESTITAS DE PAN RELLENAS CON DHAL

Tiempo de preparación: 25 minutos
Tiempo total de cocción: 35 minutos
Para 24 unidades

☆☆

1/2 taza (125 g) de lentejas rojas aclaradas y escurridas
1 taza (250 ml) de caldo de verduras
24 rebanadas de pan blanco
60 g de ghee o mantequilla
1/2 cucharadita de semillas de comino
1/2 cucharadita de cilantro molido
1/4 cucharadita de semillas de mostaza amarilla
2 dientes de ajo majados
1/2 cucharadita de guindilla roja picada
2 cucharadas de hojas de cilantro fresco picado

1 Precaliente el horno a 200°C. Ponga a hervir las lentejas rojas y el caldo en una olla de fondo pesado tapada hasta que las legumbres estén tiernas. Remuévalas de vez en cuando y vigile que no se peguen en el fondo. Retírelas del fuego.
2 Mientras tanto, corte 24 discos de pan de 8 cm con un cortapastas. Extiéndalos con un rodillo hasta que tengan 1 mm de grosor. Úntelos por ambos lados con la mitad del ghee o la mantequilla fundida e introdúzcalos después en dos moldes para 12 bollitos en forma de cestitas. Hornéelos de 12 a 15 minutos, o hasta que tomen cuerpo y se doren.
3 Caliente el ghee o la mantequilla restante en una sartén y saltee el comino, el cilantro molido y las semillas de mostaza hasta que éstas revienten; añada el ajo y la guindilla. Siga salteándolo todo durante 1 minuto, o hasta que desprenda su aroma. Incorpore las especias a las lentejas cocidas, devuélvalas al fuego y déjelas hervir a fuego lento, removiendo con frecuencia hasta que el dhal quede espeso y cremoso. Sazónelo todo al gusto con sal y déjelo enfriar un poco antes de servirlo.
4 Rellene cada cestita con 2 ó 3 cucharaditas de dhal caliente, espolvoree cilantro picado por encima y sírvalas de inmediato.
CON ANTELACIÓN: Puede preparar las cestitas de pan y el dhal 2 días antes y guardarlo todo por separado, las cestitas en un recipiente hermético y el dhal tapado en el frigorífico. Recaliéntelo a fuego lento y rellene las cestitas con el dhal caliente poco antes de servirlas.

AROMATIZANTES

Besan: harina fina de color dorado claro obtenida de la molienda de garbanzos secos. Este tipo de harina, rica en proteínas, se utiliza en la elaboración de numerosos platos, incluyendo masas y salsas.

Guindilla en polvo: se obtiene de la molienda de guindillas rojas secas enteras. El sabor va de suave a muy picante, de modo que conviene usarla con moderación hasta determinar el grado de picante de la guindilla en polvo empleada. En ocasiones se encuentra como parte de una mezcla de especias que contiene guindilla, orégano, comino y ajo.

Hojas de curry: hojas pequeñas puntiagudas y brillantes de color verde claro procedentes de un árbol originario de la India. Las hojas frescas se emplean en numerosos platos hindús. Las hojas secas pierden la mayor parte de su aroma.

Semillas de hinojo: semillas de color pardo verdoso de la planta del hinojo. Tienen un ligero sabor a regaliz, apenas perceptible si se emplean con moderación. También se venden molidas. Se utilizan en preparaciones dulces y saladas, así como para aromatizar licores.

Garam masala: mezcla de especias tostadas y molidas que incluye normalmente canela, pimienta, cilantro, comino, cardamomo, clavo y macis o nuez moscada. Algunas versiones contienen hasta 12 especias.

Hojas de lima cafre: hojas dobles brillantes y oscuras con un sabor cítrico característico y una intensa fragancia rica en aceites aromáticos. Retire la hebra central y trocéelas finas. Las hojas secas tal vez deban ponerse en agua antes de su uso.

Semillas de cilantro: semillas redondas, pequeñas y de color pardo o dorado claro, piel ligeramente arrugada y una suave fragancia. También se venden molidas. Se suele utilizar con cilantro fresco. Los sabores son completamente distintos.

Hierba de limón: se eliminan las hojas externas duras y la parte blanca del interior se emplea para cocinar, troceada o reducida a una pasta. Puede utilizar el tallo mustio en sopas y currys y retirarlo antes de servir el plato.

Lentejas rojas: legumbre pequeña, redonda y plana. Pueden ser de color naranja oscuro o amarillo. No es preciso ponerlas en remojo antes de cocinarlas. Se encuentran con facilidad.

Cilantro fresco: hierba picante, conocida asimismo con el nombre de perejil chino. Todas las partes de la planta son comestibles. También se venden las semillas enteras secas o molidas.

Curry en polvo: mezcla compuesta de hasta 20 especias. Existen distintas versiones según la región, que van de suaves a picantes. Pierde sabor al cabo de dos meses, por lo que conviene comprarlo en pequeñas cantidades.

Semillas de comino: pequeñas semillas aromáticas de color pardo claro e intenso sabor picante y terroso. También se venden molidas.

Semillas de mostaza marrón: pequeñas semillas de color pardo dorado, de sabor más picante y aromático que las semillas de mostaza amarilla.

Semillas de kalonji o neguilla: pequeñas semillas negras con un ligero sabor picante a cebolla. De venta en establecimientos especializados.

Ghee: mantequilla clarificada sin componentes sólidos lácteos, por lo que puede calentarse a temperaturas altas sin quemarse. Se encuentra en tarrinas en los frigoríficos del supermercado.

Azúcar de palma: obtenido de la savia hervida de las palmeras. De textura gruesa y granular, se vende en bloques o en tarros y se ralla antes de su uso. Puede sustituirse por azúcar moreno.

Cúrcuma molida: raíz seca molida de la cúrcuma fresca, perteneciente a la familia del jengibre. Tiene un suave sabor a almizcle y da un característico color amarillo a la comida.

ARRIBA: Langostinos con sésamo y chutney de menta picante

LANGOSTINOS CON SÉSAMO Y CHUTNEY DE MENTA PICANTE

Tiempo de preparación: 20 minutos
Tiempo total de cocción: 20 minutos
Para 24 unidades

☆☆

1 kg de langostinos crudos (unos 24)
1/4 taza (30 g) de harina
1 huevo poco batido
2/3 taza (65 g) de pan rallado
1/2 taza (80 g) de semillas de sésamo

Chutney de menta picante
50 g de hojas de menta fresca
1/2 taza (140 g) de chutney de frutas
2 cucharadas de zumo de limón

1 Pele los langostinos, dejando las colas intactas. Corte con cuidado los langostinos por el lomo, retire el hilo intestinal y aplánelos.

2 Enharínelos y sacúdalos para eliminar el exceso de harina. Páselos después por el huevo batido y finalmente por el pan rallado mezclado con las semillas de sésamo.

3 Vierta aceite en una sartén honda de fondo pesado hasta llenar un tercio de su capacidad y caliéntelo a 180°C. El aceite estará caliente cuando un dado de pan se dore en 15 segundos. Fría los langostinos por tandas durante unos 2 minutos hasta que estén dorados. Extráigalos del fuego con unas tenazas o una espumadera. Déjelos escurrir sobre papel de cocina.

4 Para preparar el chutney de menta picante, mezcle los ingredientes en una batidora o un robot de cocina durante 15 segundos, o hasta obtener una pasta homogénea. Sírvala como una crema para untar.

CON ANTELACIÓN: Puede rebozar los langostinos un día antes. Dispóngalos en una bandeja en una sola capa y refrigérelos tapados. También puede refrigerarlos en una capa y congelarlos después en una bolsa de plástico bien cerrada. Descongélelos en el frigorífico en una sola capa. Prepare el chutney poco tiempo antes de servirlo.

EMPANADILLAS DE CALABAZA

Tiempo de preparación: 20 minutos
Tiempo total de cocción: 50 minutos
Para 20 unidades

☆☆

- 1 cucharada de aceite vegetal
- 1 cebolla picada fina
- 3 hojas de curry frescas o secas
- 1 cucharada de semillas de mostaza marrón
- 2 cucharaditas de curry de Madras suave en polvo
- 1/2 cucharadita de guindilla en polvo
- 1/2 cucharadita de cúrcuma molida
- 350 g de calabaza cortada en dados
- 1/2 taza (80 g) de guisantes congelados
- 3/4 taza (185 ml) de caldo de pollo
- 5 láminas de masa de hojaldre
- 1 huevo poco batido

1 Caliente el aceite en una sartén y sofría la cebolla 2 ó 3 minutos a fuego medio. Añada las hojas de curry y las semillas de mostaza y fríalo todo 1 ó 2 minutos, o hasta que las semillas empiecen a reventar. Agregue el curry, la guindilla en polvo y la cúrcuma y remuévalo todo 30 segundos para mezclarlo bien.
2 Incorpore la calabaza a la sartén y remueva 1 ó 2 minutos, o hasta que se mezcle con las semillas. Agregue los guisantes y el caldo y déjelo hervir todo a fuego lento entre 8 y 10 minutos, o hasta que la calabaza quede tierna y se haya evaporado la mayor parte del líquido. Retire el preparado del fuego y déjelo enfriar.
3 Precaliente el horno a 220°C. Engrase dos bandejas de horno con aceite. Corte cada lámina de masa en discos de 10 cm y disponga 1 cucharada de la mezcla en el centro de cada uno de ellos. Pinte los bordes con huevo batido y pliegue el disco para encerrar el relleno. Selle los bordes con un tenedor. Coloque las empanadillas en bandejas y píntelos con el huevo batido restante. Hornéelos de 25 a 30 minutos, o hasta que suban y se doren.
CON ANTELACIÓN: Pueden prepararse 2 días antes o congelarse hasta 2 meses.

EMPANADILLAS

Añada las hojas de curry y las semillas de mostaza a la sartén y sofríalo todo hasta que las semillas revienten.

Para ver si la calabaza está tierna, introduzca con cuidado la punta de un cuchillo en un trozo.

Pinte los bordes de los discos de pasta con el huevo poco batido.

Selle los bordes de las empanadillas aplanándolos y plegándolos o presionándolos con un tenedor.

IZQUIERDA: Empanadillas de calabaza

AZÚCAR DE PALMA
El azúcar de palma se obtiene de la savia hervida ya sea de la palmera azucarera o de la palmira, dos variedades que crecen de forma espontánea en Malasia e Indonesia. Tiene una textura gruesa y granular y un sabor intenso. El color va de caramelo claro a marrón oscuro. Se vende en tiendas especializadas en productos asiáticos en bloques o en tarros y se conserva durante meses guardado en un recipiente hermético.

ARRIBA: Chuletas de cordero rebozadas con coco

CHULETAS DE CORDERO REBOZADAS CON COCO

Tiempo de preparación: 10 minutos + maceración
Tiempo total de cocción: 10 minutos
Para 24 unidades

☆

24 chuletas de cordero magras y finas
1 cebolla grande rallada
2 dientes de ajo majados
2 cucharaditas de cúrcuma molida
1 cucharada de azúcar de palma o moreno
2/3 taza (60 g) de coco desecado
2 cucharaditas de salsa de soja
2 cucharadas de zumo de limón

1 Elimine el exceso de grasa y los tendones de la carne. Mezcle los demás ingredientes en un cuenco con 1 cucharadita de sal y 1/2 cucharadita de pimienta negra recién molida y remueva hasta mezclarlo bien.
2 Añada las chuletas de cordero y unte la superficie de cada una con la mezcla de coco. Cúbralas con film transparente y déjelas macerar en el frigorífico durante 2 horas.
3 Precaliente y engrase la parrilla para asar después las chuletas de 3 a 5 minutos por cada lado, o hasta que queden crujientes y doradas.
CON ANTELACIÓN: Prepare las chuletas con un día o dos de antelación y refrigérelas tapadas. Déjelas reposar a temperatura ambiente antes de asarlas.

ALBÓNDIGAS AL CURRY

Tiempo de preparación: 40 minutos + refrigeración
Tiempo total de cocción: 40 minutos
Para 25–30 unidades

☆☆

2 cucharadas de aceite de oliva
1 cebolla grande picada fina
1 diente de ajo picado fino
45 g de mantequilla
1 cucharada de curry en polvo
2 cucharadas de harina

3/4 taza (185 ml) de leche
1 cucharada de chutney de mango o de tomate
400 g de carne picada, cocida y fría de cordero, buey o pollo
1/4 taza (30 g) de harina, adicional, para rebozar
2 huevos
1 1/4 tazas (125 g) de pan rallado
aceite para freír
chutney de mango o de tomate, adicional, para servir

1 Caliente el aceite en una olla mediana y sofría la cebolla a fuego medio 5 minutos, o hasta que esté tierna y dorada. Añada el ajo y sofríalo durante 30 segundos. Agregue la mantequilla y, una vez fundida, incorpore el curry en polvo hasta que resulte aromático. Añada la harina y rehóguelo todo 1 minuto, o hasta que espumee. Retírelo del fuego y añada poco a poco la leche. Devuelva la salsa al fuego y remuévala sin parar a fuego medio hasta que hierva y se espese. Reduzca el fuego y déjela hervir 2 minutos. Incorpore el chutney y 1/4 cucharadita de sal y de pimienta. Retire la salsa del fuego, añada la carne y remueva para mezclarlo todo. Déjelo enfriar y refrigérelo tapado con plástico durante al menos 1 hora.
2 Con las manos humedecidas forme bolas con cucharadas de la mezcla y dispóngalas sobre bandejas cubiertas con papel encerado.
3 Ponga la harina adicional en un plato. Bata los huevos en un cuenco. Ponga el pan rallado sobre una lámina de papel encerado. Enharine las albóndigas y páselas por el huevo y el pan rallado. Refrigérelas tapadas en bandejas forradas de papel 1 hora como mínimo.
4 Vierta aceite en una sartén honda de fondo pesado hasta llenar un tercio de su capacidad y caliéntelo a 180°C. Estará caliente cuando un dado de pan se dore en 15 segundos. Fría las albóndigas por tandas durante 2 minutos, o hasta que se doren. Extráigalas con una espumadera y déjelas escurrir sobre papel de cocina. Sírvalas con chutney.
NOTA: Puede emplear las sobras de un asado. Pique la carne o córtela fina.
CON ANTELACIÓN: Puede preparar la mezcla de carne 2 días antes. Las albóndigas rebozadas se pueden congelar hasta 2 meses. Descongélelas por completo antes de freírlas.

ARRIBA: Albóndigas al curry

PANES

Los panes indios, finos y en ocasiones planos e inflados, se emplean por lo general para acompañar currys y mojar las salsas, aunque también se pueden servir partidos acompañados de verduras, cremas de yogur o sambals.

GHEE

El ghee, o mantequilla típica de la India, aguanta más que la mantequilla occidental y puede calentarse a temperaturas más altas sin quemarse. Para prepararla, derrita mantequilla a fuego muy lento, sin remover, hasta que burbujee. Apártela del fuego, retire la espuma y vierta el líquido en un recipiente refractario, descartando el sedimento lácteo de la sartén. Cuando cuaje, deseche los sólidos de la base, recaliéntelo y repita el proceso, colándolo con una muselina.

CHAPATIS

Tamice 3 tazas (450 g) de harina integral y 1 cucharadita de sal en un cuenco grande. Añada 40 g de ghee y trabaje la mezcla con los dedos hasta que se asemeje a las migas de pan. Forme un hueco y vierta 1 taza (250 ml) de agua tibia. Mézclelo todo con un cuchillo hasta unir la masa. Pásela a una superficie enharinada y trabájela durante 10 minutos. Deposítela en un cuenco untado de aceite, cúbrala y déjela reposar 1 hora. Trabájela de nuevo 5 minutos, o hasta que quede homogénea. Extienda cucharadas de masa en círculos finos. Caliente aceite en una sartén grande y fría 2 chapatis a la vez durante 1 minuto por cada lado. Déjelos escurrir sobre papel de cocina. Para 35 unidades.

POORI

Tamice 3 tazas (450 g) de harina integral y 1 cucharadita de sal en un cuenco grande. Agregue 2 cucharaditas de semillas de comino y 40 g de ghee y

trabaje la mezcla con los dedos hasta que se asemeje a las migas de pan. Forme un hueco y vierta 1 taza (250 ml) de agua tibia. Mézclelo todo con un cuchillo hasta unir la masa. Pásela a una superficie enharinada y trabájela 10 minutos. Deposítela en un cuenco untado de aceite, cúbrala y déjela reposar 1 hora. Trabájela de nuevo 5 minutos, o hasta que quede homogénea. Extienda cucharadas de masa en círculos finos. Caliente 3 cm de aceite en una sartén grande. Cueza los discos de masa de uno en uno, dándoles la vuelta para que suban y se doren por ambos lados. Déjelos escurrir sobre papel de cocina. Para 35 unidades.

NAAN DE AJO

Mezcle 2 1/2 cucharaditas de levadura, 2 cucharaditas de azúcar y 3/4 taza (185 ml) de agua tibia en un cuenco pequeño, cúbralo todo y déjelo reposar en un lugar cálido 10 minutos, o hasta que forme espuma. Tamice 3 tazas (375 g) de harina y 1 cucharadita de sal en un cuenco. Forme un hueco y vierta 60 g de ghee fundido, 2 cucharadas de yogur y la mezcla reservada. Mézclelo con un cuchillo hasta obtener una masa blanda. Forme una bola y trabájela en una superficie enharinada 15 minutos, o hasta que quede homogénea y elástica. Deposítela en un cuenco engrasado, cúbrala y déjela reposar en un lugar cálido 1 hora, o hasta que doble su volumen. Golpee la masa y trabájela en una superficie enharinada 1 minuto. Divídala en cuatro y cada porción en ocho. Extienda cada trozo en un círculo de 7 cm y dispóngalos en una bandeja engrasada. Píntelos con ghee fundido y espolvoréelos con ajo y perejil. Hornéelos a 180°C de 5 a 8 minutos, o hasta que se doren. Para 32 unidades.

PARATHAS

Tamice 1 taza (150 g) de harina integral y 1 cucharadita de sal. Forme un hueco y vierta 30 g de ghee y 2/3 taza (170 ml) de agua. Mézclelo todo con un cuchillo hasta obtener una masa blanda, forme una bola y trabájela en una superficie enharinada durante 10 minutos. Deposítela en un cuenco untado, cúbrala y déjela reposar en un lugar cálido 1 hora. Amásela 1 minuto, divídala en cuatro y cuartee cada trozo. Extienda cada porción hasta que tenga 2 mm de grosor. Derrita 90 g más de ghee y pinte los discos. Pliéguelos, píntelos con el ghee y dóblelos de nuevo para formar un triángulo. Extiéndalos y cuézalos con un poco de ghee 1 ó 2 minutos por cada lado, hasta que suban y se doren. Para 16 unidades.

DE IZQUIERDA A DERECHA:
Chapatis; Poori; Parathas; Naan de ajo

ACOMPAÑAMIENTOS

Una cucharada de chutney de frutas o de encurtido de verduras añade sabor a la comida india. Puede servir una selección de cremas para untar en panes y pappads.

CHUTNEY DULCE DE MANGO

Trocee la pulpa de 3 mangos y espolvoréelos con sal. Pique 2 guindillas rojas despepitadas. Ponga en una olla 1/2 cucharadita de garam masala con 1 1/2 tazas (330 g) de azúcar sin refinar y 1 taza (250 ml) de vinagre de vino blanco y déjelo hervir todo 5 minutos. Añada el mango, la guindilla, un trozo de 5 cm de jengibre fresco y 1/2 taza (95 g) de dátiles sin hueso picados finos. Hiérvalo todo 1 hora, o hasta que el mango quede tierno. Guárdelo en tarros esterilizados. Refrigérelo una semana antes de su consumo. Aguanta hasta 1 mes. Para 3 tarros de 250 ml.

ENCURTIDO INDIO DE LIMA

Corte 10 limas maduras en ocho trozos cada una. Sazone con 2 cucharadas de sal en un cuenco de vidrio grande y remueva bien. Cubra la fruta con film transparente y déjela reposar 48 horas en un lugar fresco y oscuro, removiendo de vez en cuando. Escúrrala, aclárela y mézclela con 200 g de pasas comunes y 150 g de sultanas. Pique gruesa la mezcla en un robot de cocina. Caliente 3 cucharadas de aceite de cacahuete en una sartén de fondo pesado, añada 2 cucharaditas de comino molido, 1 cucharadita de cilantro molido y de semillas de mostaza negra, 1/2 cucharadita

de guindilla en polvo y de pimienta negra molida, 5 dientes de ajo picados y un trozo de 5 cm de jengibre fresco rallado. No cueza en exceso el jengibre o amargará demasiado. Cuézalo todo a fuego medio 2 ó 3 minutos, o hasta que resulte muy aromático. Añada la mezcla de lima, 1 1/4 tazas (315 ml) de vinagre de malta y 500 g de azúcar moreno. Llévelo todo a ebullición, removiendo hasta que el azúcar se disuelva. Reduzca el fuego y hiérvalo entre 1 y 1 1/2 horas, removiendo ocasionalmente. Guárdelo en tarros esterilizados. Refrigérelos una vez abiertos. Para 2 1/2 tazas (600 ml).

PEPINO CON YOGUR

Mezcle 1 tomate pequeño en dados, 1/2 cebolla picada, 1/2 pepino rallado grueso, 1 cucharada de semillas de comino y 1 1/2 cucharadas de yogur. Sazónelo todo al gusto y refrigérelo. Para 3/4 taza (185 ml).

PLÁTANO CON COCO

Corte 2 plátanos en dados, añada 2/3 taza (35 g) de coco en copos y 1/2 taza (125 ml) de zumo de limón; remueva bien. Refrigere la mezcla tapada hasta su consumo. Para 1 taza (250 ml).

PEPINO Y CILANTRO

Pele un pepino, deseche las semillas y córtelo en dados pequeños. Mézclelo con 1 cucharada de zumo de limón y 2 cucharadas de cilantro fresco picado. Sazónelo con sal y refrigérelo tapado hasta su consumo. Para 3/4 taza (185 ml).

PAPAYA CON MENTA

Pele una papaya, trocéela fina y córtela en dados pequeños. Mézclela con 3 cucharadas de zumo de naranja fresco y 1 cucharada de menta fresca picada. Refrigere la mezcla tapada hasta su consumo. Para 1 taza (250 ml).

ENCURTIDO DE BERENJENA PICANTE

Corte 3 berenjenas en rodajas de 1 cm, póngalas en un colador y espolvoréelas con sal. Déjelas reposar 1 hora, aclárelas y séquelas. Ponga a hervir 2 tazas (500 ml) de vinagre de vino blanco y cueza las rodajas durante 4 minutos. Disponga por capas la berenjena, 10 dientes de ajo pelados, 2 guindillas rojas troceadas, hojas de curry fresco y rodajas de limón en tarros. Cubra la berenjena con aceite de oliva. Cierre los tarros y refrigérelos una semana antes de su consumo. Para 5 tarros de 250 ml.

DE IZQUIERDA A DERECHA, EN EL SENTIDO DE LAS AGUJAS DEL RELOJ: ***Chutney dulce de mango; Encurtido indio de lima; Plátano con coco; Pepino y cilantro; Encurtido de berenjena picante (2 tarros); Papaya con menta; Pepino con yogur***

BUÑUELOS DE PATATA Y MAÍZ

Tiempo de preparación: 15 minutos
Tiempo total de cocción: 20 minutos
Para unas 40 unidades

✯

2 patatas grandes
260 g de maíz en grano de lata escurrido
4 huevos pocos batidos
6 cebolletas picadas
1/2 taza (50 g) de pan rallado
1 cucharadita de garam masala
3 cucharadas de aceite

Salsa para acompañar
2/3 taza (160 g) de yogur natural
2 cucharadas de hojas de menta fresca picadas
2 cucharaditas de salsa de guindilla dulce

1 Pele las patatas y rállelas gruesas. Déjelas escurrir sobre papel de cocina para eliminar el exceso de humedad. En un cuenco, mezcle bien el maíz, los huevos, las cebolletas, el pan rallado y el garam masala.
2 Caliente 2 cucharadas del aceite en una sartén de fondo pesado y fría cucharadas colmadas de la mezcla a fuego medio durante 2 minutos por cada lado, o hasta que se doren. Deje escurrir los buñuelos sobre papel de cocina y manténgalos calientes. Fría el resto de la mezcla, añadiendo más aceite si es preciso.
3 Para preparar la salsa, mezcle todos los ingredientes en un cuenco.

BOLAS CRUJIENTES DE QUESO Y LENTEJAS AL CURRY

Tiempo de preparación: 15 minutos
Tiempo total de cocción: 20 minutos
Para unas 30 unidades

✯✯

1 taza (250 g) de lentejas rojas
4 cebolletas picadas
2 dientes de ajo majados
1 cucharadita de comino molido
1 taza (80 g) de pan recién rallado
1 taza (125 g) de cheddar rallado
1 calabacín grande rallado
1 taza (150 g) de harina de maíz o polenta
aceite para freír

1 Ponga las lentejas en una olla y cúbralas con agua. Llévelas a ebullición, reduzca el fuego, tápelas y déjelas hervir hasta que queden tiernas. Escúrralas.
2 Mezcle la mitad de las lentejas en un robot de cocina o una batidora con las cebolletas y el ajo. Píquelo todo hasta obtener una mezcla homogénea. Pásela a un cuenco grande y añada el resto de las lentejas, el comino, el pan rallado, el queso y el calabacín; remueva bien. Amase cucharaditas rasas de la masa en forma de bolas y rebócelas en harina de maíz.
3 Vierta aceite en una sartén de fondo pesado hasta llenar un tercio de su capacidad y caliéntelo a 180°C, o hasta que un dado de pan se dore en 15 segundos. Fría las bolas de lentejas por tandas durante 1 minuto, o hasta que estén doradas, crujientes y calientes. Retírelas con cuidado con unas pinzas o una espumadera y déjelas escurrir sobre papel de cocina. Sírvalas calientes.

CHULETAS DE CORDERO AL TANDOORI

Tiempo de preparación: 25 minutos + toda la noche en maceración
Tiempo total de cocción: 10–15 minutos
Para 24 unidades

✯✯

24 chuletas de cordero
2 tazas (500 g) de yogur natural
2/3 taza (30 g) de hojas de cilantro fresco picadas
2 cucharadas de comino molido
4 dientes de ajo majados
2 cucharadas de jengibre fresco rallado
1 cucharadita de cúrcuma molida
1 ó 2 guindillas rojas despepitadas y picadas finas

1 Limpie los huesos de las chuletas raspando el hueso con un cuchillo afilado. Ponga las chuletas en un plato llano grande.
2 Para la marinada, mezcle en un cuenco el yogur, el cilantro, el comino, el ajo, la cúrcuma y la guindilla. Bañe las chuletas con la marinada y refrigérelas tapadas toda la noche.
3 Deje las chuletas con una capa de marinada y áselas en una parrilla caliente hasta que queden tiernas.
CON ANTELACIÓN: Puede poner a macerar las chuletas 2 días antes. Esta marinada resulta igualmente deliciosa con pollo.

CALABACINES
El calabacín, una especie de calabaza de verano originaria de las Américas, se utiliza hoy en día en la cocina de numerosos países. El calabacín más común es de color verde, aunque también existe una variedad amarilla. Esta hortaliza apenas requiere preparación, basta con cortar los extremos, aclararla un poco y cocerla durante un breve espacio de tiempo. Resulta delicioso en ensaladas, tanto rallado como cortado en rodajas finas. El calabacín, de venta durante todo el año, debería presentar un cuerpo firme y un color uniforme al comprarlo; se conserva bien en el cajón de las verduras del frigorífico.

PÁGINA ANTERIOR: Buñuelos de patata y maíz (superior); Bolas crujientes de queso y lentejas al curry

ARRIBA: Langostinos al tandoori

LANGOSTINOS AL TANDOORI

Tiempo de preparación: 20 minutos + maceración
Tiempo total de cocción: 5 minutos
Para 24 unidades

☆

1 kg de langostinos crudos (unos 24)
1/2 taza (125 g) de yogur natural
1/3 taza (20 g) de cilantro fresco picado fino
2 cucharadas de menta fresca picada fina
1 cucharada de jengibre fresco picado
2 dientes de ajo majados
1 cucharadita de guindilla en polvo
1 cucharadita de cúrcuma molida
1 cucharadita de cilantro molido
1 cucharadita de garam masala
unas gotas de colorante rojo (opcional)
2 limones cortados en trozos para servir

1 Pele los langostinos y retire el hilo intestinal, dejando las colas intactas. Aclárelos y déjelos escurrir sobre papel de cocina.
2 Cubra los langostinos con una mezcla de yogur, cilantro, menta y sal al gusto. Remueva bien y déjelos reposar durante 5 minutos.
3 En un cuenco grande, mezcle el jengibre, el ajo, la guindilla en polvo, la cúrcuma, el cilantro, el garam masala y el colorante. Añada los langostinos y déjelos marinar 10 minutos.
4 Ensarte los langostinos en brochetas metálicas y áselos 5 minutos. Deles la vuelta para que se hagan por completo. Retírelos cuando se ricen y se vuelvan opacos. Sírvalos en las brochetas o sueltos con trozos de limón y platos de acompañamiento (vea página 96).

PAN NAAN CON HIERBAS

Tiempo de preparación: 35 minutos + aumento de volumen
Tiempo total de cocción: 20 minutos
Para 32 unidades

☆☆

2 paquetes de preparado para pan naan
90 g de boniato cortado en dados pequeños
90 g de calabaza cortada en dados pequeños
90 g de guisantes descongelados
30 g de cilantro fresco picado
2 cucharadas de chutney de mango
1 cucharadita de curry en polvo
1/2 cucharadita de garam masala
1 cucharadita de semillas de hinojo machacadas
1/4 cucharadita de guindilla en polvo
1 huevo poco batido

1 Prepare cada paquete de mezcla para pan naan según las indicaciones hasta que suba. Amáselo ligeramente. Si trabaja la masa demasiado se endurecerá.
2 Hierva o cueza al vapor el boniato y la calabaza hasta que queden tiernos. Mézclelo todo en un cuenco con los guisantes, el cilantro, el chutney, el curry en polvo, el garam masala, las semillas de hinojo y la guindilla en polvo. Precaliente el horno a 200°C.
3 Divida los pedazos de masa en 4 porciones, extiéndalas y córtelas en 4 discos de 8 cm.
4 Ponga una cucharadita colmada del relleno en el centro de cada disco, pinte los bordes con huevo batido, pliéguelos y séllelos. Póngalos en bandejas engrasadas, píntelos con el resto del huevo y hornéelos 20 minutos, o hasta que queden crujientes y dorados.
CON ANTELACIÓN: Puede preparar el pan 2 días antes o congelarlo hasta 2 meses.

KOFTAS PICANTES

Tiempo de preparación: 25 minutos
Tiempo total de cocción: 25 minutos
Para 45 unidades

☆

500 g de carne picada de cordero
1 cebolla pequeña picada fina
1 diente de ajo majado
1 cucharadita de cilantro molido
1 cucharadita de comino molido
1/4 cucharadita de canela molida
1/2 cucharadita de guindilla roja picada fina
1 cucharadita de concentrado de tomate (o tomate triturado)
1 cucharada de menta fresca picada
1 cucharada de cilantro fresco picado
aceite para freír

Crema de yogur
1 tomate pequeño pelado, despepitado y picado fino
1/2 pepino pelado y picado fino
1 diente de ajo majado
1 cucharada de menta fresca picada
1/2 taza (125 g) de yogur natural

1 En un cuenco grande, mezcle bien con las manos la carne picada, la cebolla, el cilantro, la guindilla, el concentrado de tomate, la menta y las hojas de cilantro. Sazone la mezcla y forme bolitas tomando 1 1/2 cucharaditas.
2 Ponga a fuego medio una sartén grande de fondo pesado y caliente un poco de aceite. Fría las koftas por tandas hasta que se doren y estén calientes. Déjelas escurrir sobre papel de cocina.
3 Mezcle los ingredientes de la crema y pásela a un cuenco pequeño.
4 Pinche cada kofta con un palillo de cóctel y sírvalas con la crema.
CON ANTELACIÓN: Puede congelar las koftas fritas. Antes de su consumo, descongélelas, cúbralas con papel de aluminio y recaliéntelas en un plato refractario en el horno a 180°C entre 5 y 10 minutos. La crema puede prepararse con varias horas de antelación.

ABAJO: Koftas picantes

PATATAS

La patata, originaria de Sudamérica, se ha cultivado durante siglos. En el siglo XVI, portugueses y españoles la introdujeron en Europa y, con toda probabilidad, en la India. Este tubérculo constituía el principal sustento de los pobres por su contenido en proteínas, almidón y vitaminas. Cuando tenga que pelarlas, hágalo lo más fino posible ya que las vitaminas se encuentran justo bajo la piel. Existen numerosas variedades, unas más versátiles e indicadas para todo tipo de cocción, otras sólo idóneas para determinados métodos de cocción. También se venden patatas viejas y nuevas. Estas últimas, cosechadas cuando el tubérculo aún no ha madurado, no se conservan bien y deben guardarse en el frigorífico. La variedad vieja se conserva mejor en un lugar fresco y oscuro, lejos de las cebollas, las cuales aceleran su deterioro. Si la patata presenta manchas verdes, córtelas enseguida, y si el verde se extiende, deseche la patata.

ARRIBA: Pakoras de hierbas frescas

PAKORAS DE HIERBAS FRESCAS

Tiempo de preparación: 30 minutos + reposo
Tiempo total de cocción: 10 minutos
Para 30 unidades

☆☆

1 1/2 tazas (165 g) de harina besan
1 cucharadita de cúrcuma molida
1/2 cucharadita de guindilla en polvo
1 1/2 cucharaditas de garam masala
1 calabacín cortado en dados
1 boniato naranja pequeño cortado en dados
60 g de ramilletes de coliflor
50 g de guisantes descongelados
1 cebolla pequeña cortada en dados
2 cucharadas de cilantro fresco picado
2 cucharadas de albahaca fresca picada
2 cucharadas de perejil fresco picado
2 dientes de ajo majados
aceite para freír
yogur natural y chutney de mango para servir

1 Tamice la harina, la cúrcuma, la guindilla en polvo, el garam masala y 1 1/2 cucharaditas de sal en un cuenco grande. Forme un hueco y añada poco a poco 1/2 taza (125 ml) de agua, batiendo bien hasta obtener una mezcla firme sin grumos. Déjela reposar tapada 30 minutos.

2 Bata de nuevo la mezcla y añada las verduras, las hierbas y el ajo. Caliente aceite a 180°C en una sartén de fondo pesado (hasta llenar un tercio de su capacidad). Estará caliente cuando un dado de pan se dore en 15 segundos. Fría cucharaditas colmadas de la masa por tandas hasta que se doren. Deje escurrir las pakoras sobre papel de cocina. Sírvalas acompañadas con cuencos de yogur y chutney de mango.

SAMOSAS DE PATATA Y CILANTRO

Tiempo de preparación: 1 hora
Tiempo total de cocción: 45 minutos
Para unas 24 unidades

☆☆

50 g de mantequilla
2 cucharaditas de jengibre fresco rallado
2 cucharaditas de semillas de comino
1 cucharadita de curry de Madras en polvo
1/2 cucharadita de garam masala
500 g de patatas cerosas cortadas en dados
30 g de sultanas

80 g de guisantes finos congelados
15 g de hojas de cilantro frescas
3 cebolletas cortadas en aros
1 huevo poco batido
aceite para freír
yogur natural espeso para acompañar

Pasta para samosas
$3\frac{3}{4}$ tazas (465 g) de harina tamizada
1 cucharadita de levadura en polvo
110 g de mantequilla fundida
$\frac{1}{2}$ taza (125 g) de yogur natural espeso

1 En una sartén antiadherente, caliente la mantequilla y fría el jengibre, el comino, el curry y el garam masala, removiendo a fuego medio durante 1 minuto. Añada las patatas y 3 cucharadas de agua y prosiga la cocción a fuego lento de 15 a 20 minutos, hasta que estén tiernas. Mézclelas con las sultanas, los guisantes, el cilantro y la cebolleta. Retírelas del fuego y déjelas enfriar.

2 Para la pasta de samosas, tamice la harina, la levadura y $1\frac{1}{2}$ cucharaditas de sal en un cuenco, forme un hueco y vierta la mantequilla, el yogur y $\frac{3}{4}$ taza (185 ml) de agua. Remueva con un cuchillo hasta que quede una masa homogénea. Trabájela en una superficie enharinada para formar una bola blanda. Divídala en cuatro para facilitar su amasado. Extienda una porción hasta que quede muy fina y cubra el resto hasta su uso.

3 Corte seis discos con un cuenco o un plato de 12 cm de diámetro. Rellene cada uno con una cucharada colmada de la mezcla de patata, pinte los bordes con huevo y pliéguelos en forma de semicírculo. Doble hacia dentro la masa alrededor del borde. Repita la operación con el resto de la masa y el relleno.

4 Vierta aceite en una sartén de fondo pesado hasta llenar un tercio de su capacidad y caliéntelo a 180°C. Estará a esa temperatura cuando un dado de pan se dore en 15 segundos. Si está demasiado caliente las samosas se quemarán. Fría dos o tres samosas por tanda. Si suben a la superficie al inflarse la masa, sumérjalas en el aceite con una espumadera de mango largo para dorarlas por el otro lado. Déjelas escurrir sobre papel de cocina. Sírvalas con yogur.

NOTA: La pasta para samosas se endurece si se amasa en exceso. Trabájela con las manos enharinadas para evitar que se pegue.

IZQUIERDA: Samosas de patata y cilantro

SAMOSAS DE PATATA Y CILANTRO

Corte seis discos de cada lámina de pasta con la ayuda de un cuenco o un plato.

Rellene el centro de cada disco de pasta con una cucharada colmada de la mezcla de patata.

Para cerrar las samosas, pliegue la pasta hacia dentro alrededor del borde.

Una vez fritas, extraiga las samosas del aceite con una espumadera.

GUISANTES
Esta conocida hortaliza se utiliza en todo el mundo. Sus jugosas semillas, encerradas en una vaina, se extraen de ésta salvo en el caso de ciertas variedades como los tirabeques, de vaina tierna y comestible. Los guisantes congelados, incluyendo los guisantes finos de sabor dulce, suelen emplearse en la elaboración de platos preparados en el momento. Los frescos tardan más en cocerse que los congelados.

PÁGINA SIGUIENTE: Tartaletas de pollo al curry (izquierda); Tartaletas de cordero korma

TARTALETAS DE POLLO AL CURRY

Tiempo de preparación: 45 minutos + refrigeración
Tiempo total de cocción: 50 minutos
Para 24 unidades

★★

3 tazas (375 g) de harina
1 cucharadita de comino molido
1 cucharadita de cúrcuma molida
200 g de mantequilla picada
2 yemas de huevo poco batidas
50 g de mantequilla, adicional
1 cebolla picada
350 g de pollo en filetes limpio y en dados
1 cucharada de curry en polvo
1 cucharadita de semillas de comino
1 cucharada de harina, adicional
1 taza (250 ml) de caldo de pollo
2 cucharadas de chutney de mango
3 cucharadas de cilantro fresco picado

1 En un cuenco, tamice la harina, el comino y la cúrcuma, añada la mantequilla y trabájela con los dedos hasta que la mezcla se asemeje a las migas de pan. Forme un hueco, vierta las yemas y 5 ó 6 cucharadas de agua y remueva con un cuchillo hasta obtener una mezcla homogénea. Amásela en una superficie enharinada hasta formar una bola. Envuélvala en plástico y refrigérela 30 minutos.
2 Engrase dos moldes para 12 tartaletas. Extienda dos tercios de la masa hasta que tenga un grosor de 2 mm y córtela en discos de 8 cm. Extienda la masa restante y corte 24 tapas con un cortapastas de 5,5 cm. Refrigérelos.
3 En una olla, caliente la mantequilla adicional y sofría la cebolla. Añada el pollo y, una vez dorado, agregue el curry en polvo y las semillas de comino y remueva durante 2 minutos. Incorpore la harina adicional y remueva 30 segundos. Retírelo todo del fuego y agregue el caldo. Devuelva la olla al fuego y remueva hasta que la salsa se espese. Reduzca el fuego y hierva la salsa 2 ó 3 minutos, hasta que se reduzca y se espese. Agregue el chutney y el cilantro. Sazónela y déjela enfriar.
4 Precaliente el horno a 180°C. Rellene las tartaletas y humedezca los bordes. Coloque las tapas presionando con un cuchillo afilado. Rásguelas para que pueda salir el vapor. Píntelas con leche y hornéelas 30 minutos. Desmoldéelas una vez tibias. Sírvalas calientes.

TARTALETAS DE CORDERO KORMA

Tiempo de preparación: 30 minutos + refrigeración
Tiempo total de cocción: 1 hora 20 minutos
Para 24 unidades

★★

3 tazas (375 g) de harina tamizada
2 cucharadas de semillas de alcaravea
180 g de mantequilla picada
1 cucharada de aceite de oliva
1 cebolla pequeña picada fina
1 diente de ajo majado
2 cucharadas de pasta de curry suave envasada
250 g de filetes de cordero limpios y en dados
1 patata pequeña cortada en dados pequeños
1/4 taza (40 g) de guisantes finos congelados
1/4 taza (60 g) de yogur natural
1 huevo poco batido
2 cucharadas de cilantro fresco picado

1 En un cuenco, mezcle la harina con la alcaravea, añada la mantequilla y trabájelo todo hasta que la mezcla se asemeje a las migas de pan. Forme un hueco, vierta 4 cucharadas de agua y remueva con un cuchillo hasta que la masa se torne grumosa. Forme una bola. Aplánela en un disco, envuélvalo en film transparente y refrigérelo 20 minutos.
2 En una sartén de fondo pesado, caliente el aceite y sofría la cebolla y el ajo a fuego medio 3 ó 4 minutos, o hasta que la cebolla quede blanda. Agregue la pasta de curry y remueva durante 1 minuto. Suba el fuego al máximo, añada el cordero, la patata y los guisantes y remueva 5 minutos, o hasta que el cordero se dore. Incorpore el yogur, llévelo todo a ebullición, reduzca el fuego y rehóguelo tapado 30 minutos, o hasta que la carne quede tierna. Destape la olla y déjelo hervir todo 10 minutos, o hasta que la salsa se espese. Retírelo todo del fuego y déjelo enfriar.
3 Precaliente el horno a 180°C. Engrase dos moldes para 12 tartaletas. Extienda dos tercios de la masa entre papel parafinado hasta que tenga un grosor de 2 mm. Corte 24 discos de 7 cm y colóquelos en los moldes. Rellénelos con la carne. Extienda la masa restante en un rectángulo. Córtelo en 24 tiras de 1 x 20 cm y enrósquelas sobre cada tartaleta. Píntelas con huevo y hornéelas de 25 a 30 minutos, o hasta que se doren. Sírvalas calientes con cilantro.

ARRIBA: Tempura india

TEMPURA INDIA

Tiempo de preparación: 20 minutos + reposo
Tiempo total de cocción: 25 minutos
Para 8 personas

☆☆

Masa

1 1/3 tazas (145 g) de harina besan
75 g de harina de arroz
1 cucharadita de cúrcuma molida
1 cucharadita de guindilla en polvo
1/4 cucharadita de semillas de kalonji (neguilla)

2 patatas
300 g de calabaza
300 g de berenjena
2 cebollas pequeñas
15 hojas pequeñas de espinacas
aceite para freír
harina besan para espolvorear
salsa de guindilla dulce para servir

1 Tamice las harinas, la cúrcuma, la guindilla en polvo y 1/2 cucharadita de sal en un cuenco grande y forme un hueco en el centro. Añada poco a poco 1 taza (250 ml) de agua, batiendo bien hasta obtener una masa homogénea y espesa. Incorpore las semillas de kalonji y deje reposar la masa tapada durante 10 minutos.
2 Corte las patatas y la calabaza en bastones de 8 cm de longitud. Corte la berenjena en rodajas finas y trocéelas en cuartos. Cuartee la cebolla y separe las capas, desechando el centro. Lave las espinacas y séquelas.
3 Compruebe la consistencia de la masa. Debería parecerse a la nata, así que si queda muy espesa, añada un poco más de agua. Caliente abundante aceite a 180°C en una sartén de fondo pesado. Compruebe la temperatura friendo 1/4 cucharadita de la masa. Si mantiene la forma y crepita al subir a la superficie, estará en su punto. No suba el fuego. La tempura debe quedar hecha y dorada.
4 Pase las verduras por la harina besan, sacúdalas bien, rebócelas con la masa y fríalas hasta que se doren. El tiempo de cocción varía para cada verdura. Escúrralas sobre papel de cocina, sálelas y manténgalas calientes en el horno a 150°C. Sirva la tempura de inmediato con salsa dulce de guindilla.
NOTA: Las semillas de kalonji se venden en establecimientos de comida india y libanesa.

POORI CON SALSA DE CILANTRO

Tiempo de preparación: 40 minutos
Tiempo total de cocción: 10–15 minutos
Para 32 unidades

☆☆

3/4 taza (90 g) de harina común
3/4 taza (110 g) de harina integral
1 cucharadita de sal
1 cucharada de pimienta negra machacada
3 cucharadas de aceite o ghee
1 cucharadita de semillas de kalonji (neguilla)
aceite para freír

Salsa de cilantro

60 g de hojas de cilantro fresco
20 g de hojas de menta fresca
1/2 cebolla pequeña
1 guindilla verde
2 cucharadas de zumo de limón

1 En un cuenco grande, tamice las harinas y la sal, agregue el aceite o el ghee y trabájelo todo con los dedos hasta que la mezcla se asemeje a las migas de pan. Añada las semillas de kalonji. Forme un hueco, incorpore 3 ó 4 cucharadas de agua caliente y remueva con un cuchillo hasta obtener una mezcla grumosa pero compacta. Forme una bola.
2 Divida la masa en 4 y cada porción en 8, para obtener 32 unidades. Extienda cada porción en una superficie enharinada para formar un disco de 6 cm. Mantenga el resto tapado con un paño o film transparente. No se preocupe por los bordes quebrados.
3 Caliente 2,5 cm de aceite en un wok o una sartén de fondo pesado a 180°C. Estará caliente cuando un dado de pan se dore en 15 segundos. Fría 3 ó 4 poori por tanda, dándoles la vuelta. Se doran en pocos segundos. Déjelos escurrir sobre papel de cocina mientras fríe el resto de la masa.
4 Para preparar la salsa de cilantro, pique todos los ingredientes en un robot de cocina hasta obtener una pasta fina. Sírvala con los poori.

ARRIBA: Poori con salsa de cilantro

HIERBA DE LIMÓN

Esta hierba fresca es conocida por su aroma y sabor a limón característicos. La base blanca del tallo alargado se emplea en currys y con las hojas se prepara una refrescante infusión. A la hora de preparar la hierba de limón para cocinar, recorte la parte superior verde y las hojas externas más duras, aclare el bulbo blanco y córtelo en rodajas o píquelo según las indicaciones de la receta. Guárdela en el cajón de las verduras del frigorífico.

SATAYS DE GAMBAS CON HIERBA DE LIMÓN

Tiempo de preparación: 20 minutos + refrigeración
Tiempo total de cocción: 15 minutos
Para 24 unidades

✯

1 cucharada de aceite
1 diente de ajo majado
1 cucharada de jengibre fresco rallado
1 cucharada de hierba de limón picada fina (sólo la parte blanca)
1 cebolla picada fina
1 cucharada de pasta de curry al tandoori
4 hojas de lima cafre en tiras finas
1 cucharada de crema de coco
2 cucharaditas de ralladura de lima
600 g de gambas crudas peladas y sin hilo intestinal
12 tallos de hierba de limón cortados en trozos de 15 cm partidos a lo largo

1 Caliente el aceite en una sartén y sofría el ajo, el jengibre, la hierba de limón y la cebolla, removiendo a fuego medio durante 3 minutos, o hasta que se dore todo.

2 Agregue la pasta al tandoori y las hojas de lima cafre y prosiga la cocción 5 minutos más, o hasta que las especias desprendan su aroma. Deje enfriar un poco el preparado. Páselo a un robot de cocina, añada la crema de coco, la ralladura de lima y las gambas y mézclelo todo hasta obtener una pasta picada. Divídala en 24 porciones y, con las manos mojadas, moldee cada porción alrededor de los trozos de hierba de limón, dejando unos 3 cm sin tapar por cada extremo. La mezcla es bastante blanda, por lo que deberá trabajarla con cuidado. Con las manos mojadas se facilita su manejo. Refrigérela durante 1 hora.

3 Ase los satays a fuego medio durante 5 minutos, o hasta que estén hechos.

CON ANTELACIÓN: Congele la mezcla de gambas hasta un mes antes. Descongélela en el frigorífico y moldéela en torno a la hierba de limón. Puede preparar los satays un día antes.

DERECHA: Satays de gambas con hierba de limón

HAMBURGUESITAS PICANTES

Tiempo de preparación: 30 minutos
Tiempo total de cocción: 15 minutos
Para 24 unidades

✯

- 6–8 discos de pan naan
- 600 g de carne magra de buey picada
- 1 guindilla verde picada
- 1 cucharada de curry en polvo
- 3 dientes de ajo majados
- 2 cucharaditas de jengibre fresco picado fino
- 1 cucharada de aceite de cacahuete
- 3 cucharadas de yogur natural espeso
- 3 cucharadas de chutney de mango
- 24 hojas de menta fresca

1 Caliente el horno a 160°C. Con un cortapastas de 6 cm, marque 48 discos de pan naan y córtelos después con unas tijeras. Envuélvalos sin apretar en papel de aluminio y hornéelos mientras prepara las hamburguesas.

2 En un cuenco, mezcle la carne picada, la guindilla, el curry en polvo, el ajo y el jengibre y sazónelo todo con sal y pimienta negra. Con las manos humedecidas, forme 24 hamburguesas de unos 6 cm de diámetro.

3 En una sartén grande, caliente el aceite y fría las hamburguesas por tandas durante 2 ó 3 minutos por cada lado, hasta que estén hechas a su gusto. Escúrralas sobre papel de cocina.

4 Coloque 24 discos calientes de naan en una fuente, cúbralos con una hamburguesa, un poco de yogur, chutney y una hoja de menta. Tápelos con los discos restantes de naan y sírvalos de inmediato.

NOTA: Puede comprar el pan naan preparado en la mayoría de los supermercados donde se vende pan pita y lavash, con los que puede sustituir el pan naan en caso de no encontrarlo.

CON ANTELACIÓN: Prepare la mezcla de las hamburguesas un día antes y moldéelas para guardarlas tapadas en el frigorífico. También puede congelarlas en una capa sobre una bandeja de horno y guardarlas en una bolsa de plástico cerrada. Descongélelas en una capa en el frigorífico antes de su consumo.

PAN NAAN

Este pan indio tradicional tiene forma de lágrima un poco inflada. Por lo general, la masa preparada con levadura se moldea y se golpea después sobre las paredes de un horno *tandoor* donde se cuece con gran rapidez. También puede cocerse en un horno normal y después asarse un poco al grill para que se dore. Se suele servir templado o caliente.

ARRIBA: Hamburguesitas picantes

ENTREMESES ORIENTALES

Cuando los maestros cocineros de la dinastía china Sung crearon un vasto surtido de exquisitos bocados con los que tentar al regalado paladar de sus soberanos imperiales, apenas podían imaginarse que darían origen a la tradición de los yum cha. Estos diminutos aperitivos han perdurado a lo largo de los siglos y hoy se sirven con té como apreciados tentempiés en China y en los barrios chinos de todo el mundo. Sin embargo, los demás países de Asia tampoco se quedan a la zaga. Los sushi japoneses, los pasteles de pescado tailandeses y el gado gado indonesio ocupan también un lugar de honor en la cocina oriental.

dado de pan se dore en 15 segundos. Sofría el pan, con la mezcla de gambas hacia abajo, durante 2 ó 3 minutos. Dele la vuelta y fríalo por el otro lado durante 1 minuto, o hasta que quede crujiente. Escurra las tostadas sobre papel de cocina y sírvalas de inmediato.

ARRIBA: Tostadas de gambas y cilantro

TOSTADAS DE GAMBAS Y CILANTRO

Tiempo de preparación: 25 minutos
Tiempo total de cocción: 15 minutos
Para 32 unidades

☆

500 g de gambas crudas peladas
8 cebolletas picadas
1 tallo de hierba de limón picado (la parte blanca)
1 diente de ajo majado
1 clara de huevo
1 cucharada de aceite
1 cucharada de cilantro fresco picado
1 cucharada de salsa de pescado
2 cucharaditas de salsa de guindilla
1 cucharadita de zumo de limón
8 rebanadas de pan duro sin corteza
aceite para freír

1 En un robot de cocina, pique las gambas, la cebolleta, la hierba de limón, el ajo, la clara, el aceite, el cilantro, las salsas y el zumo.
2 Extienda la mezcla sobre el pan hasta el borde y corte cada rebanada en 4 triángulos.
3 Caliente 2 cm de aceite en una sartén a 180°C. El aceite estará caliente cuando un

TARTALETAS CALIENTES DE PATO Y CILANTRO

Tiempo de preparación: 35 minutos + refrigeración
Tiempo total de cocción: 20 minutos
Para 24 unidades

☆

1 1/2 tazas (185 g) de harina
125 g de mantequilla fría en trozos
3 cucharadas de semillas de sésamo
2 cucharadas de cilantro fresco picado, y unas cuantas ramitas más para decorar

Relleno

1 pato chino grande asado
2 cucharadas de mermelada de naranja
1 cucharada de kecap manis
2 cucharaditas de aceite de sésamo
1 cucharada de jengibre fresco rallado
5 cebolletas verdes cortadas en aros finos

1 Engrase dos moldes para 12 tartaletas. Tamice la harina y 1/2 cucharadita de sal en un cuenco grande; añada la mantequilla. Trabájelo todo con los dedos hasta que la mezcla se asemeje a las migas de pan. Incorpore las semillas de sésamo. Forme un hueco, vierta hasta 2 cucharadas de agua fría y remueva con un cuchillo hasta obtener una masa compacta. Trabájela sobre una superficie enharinada para formar una bola.
2 Precaliente el horno a 210°C. Extienda la masa en una superficie enharinada hasta que tenga un grosor de 3 mm. Pinche la superficie. Córtela en 24 discos con un cortapastas dentado de 6 cm. Extienda de nuevo la masa si es preciso. Introduzca los discos en los moldes y hornéelos 10 minutos, hasta que se doren. Desmoldéelos y déjelos enfriar.
3 Para el relleno, deshuese el pato y desmenuce la carne. Caliente la mermelada en una sartén a fuego lento hasta que quede fina y añada el resto de los ingredientes, incluyendo la carne desmenuzada. Remuévalo todo bien.

4 Rellene las tartaletas sobre una fuente caliente. Sírvalas enseguida decoradas con cilantro.
NOTA: La piel del pato se aprovecha para el relleno; la grasa se desecha. Kecap manis es un tipo de salsa de soja dulce indonesia, de venta en tiendas de comida asiática.

DIM SUM VARIADOS

Tiempo de preparación: 1 hora + refrigeración + reposo
Tiempo total de cocción: 30 minutos
Para unas 30 unidades

☆

6 setas chinas secas
200 g de carne magra de cerdo picada
30 g de tocino picado fino
100 g de gambas crudas peladas y picadas finas
2 cebolletas picadas finas
1 cucharada de brotes de bambú picados finos
1 tallo de apio picado fino
3 cucharaditas de fécula de maíz
2 cucharaditas de salsa de soja
1 cucharadita de azúcar extrafino
30 tortas de won ton o de tallarines de huevo
salsa de soja o de guindilla para acompañar

1 Ponga las setas en un cuenco refractario pequeño, cúbralas con agua hirviendo y déjelas en remojo durante 10 minutos. Escúrralas, deseche los tallos y píquelas finas.
2 En un cuenco, mezcle las setas, la carne picada, el tocino, las gambas, la cebolleta, los brotes de bambú y el apio. En otro cuenco, mezcle la fécula, la soja, el azúcar y sal y pimienta hasta obtener una pasta fina. Mézclelo todo y refrigérelo tapado durante 1 hora.
3 Trabaje una sola torta a la vez, reservando el resto tapado con un paño. Ponga 1 cucharada de relleno en el centro de la torta, humedezca los bordes y únalos en el centro para sellarlos. Déjelos reposar en una superficie enharinada.
4 Forre el fondo de una vaporera de bambú con un disco de papel parafinado. Disponga encima los dim sum, dejando espacio entre ellos. Cuézalos en la vaporera tapada sobre una olla de agua hirviendo durante 8 minutos, o hasta que el relleno esté cocido. Sírvalos con salsa de soja o de guindilla.

DIM SUM VARIADOS

Deje en agua caliente las setas secas durante 10 minutos para ablandarlas.

Una la torta en el centro para envolver el relleno y presione los bordes para sellarlos.

Disponga un disco de papel parafinado en el fondo de una vaporera de bambú.

IZQUIERDA: Dim sum variados

ABAJO: Rollitos de primavera vietnamitas

ROLLITOS DE PRIMAVERA VIETNAMITAS

Tiempo de preparación: 50 minutos + remojo
Tiempo total de cocción: 25 minutos
Para unas 20 unidades

☆

20 gambas grandes cocidas
100 g de tallarines de judías blancas (tallarines de celofán)
20–25 tortas de papel de arroz, de unos 16 cm de diámetro
40 hojas de menta fresca
10 cebollinos chinos cortados por la mitad

Salsa para acompañar
2 cucharadas de salsa satay
3 cucharadas de salsa china a base de soja
1 guindilla roja picada fina
1 cucharada de cacahuetes tostados sin sal picados
1 cucharada de zumo de limón

1 Pele las gambas y retire el hilo intestinal. Córtelas por la mitad.
2 Deje los tallarines 5 minutos en remojo en un cuenco con suficiente agua caliente para cubrirlos. Escúrralos bien y córtelos en trozos más pequeños con unas tijeras.
3 Trabaje con una torta de papel de arroz por tanda. Sumérjala en un cuenco de agua tibia y déjela en remojo unos 30 segundos, o hasta que se vuelva blanda y flexible. Extráigala del agua con cuidado, ya que las tortas pueden romperse con facilidad al reblandecerse.
4 Coloque 1 torta reblandecida sobre una superficie de trabajo y ponga 1 cucharada de los tallarines en el tercio inferior de la torta, dejando espacio suficiente por los lados para enrollarla. Cubra el relleno con 2 hojas de menta y 2 mitades de gamba. Doble los lados hacia dentro y enrolle la torta, añadiendo un trozo de cebollino chino para que sobresalga por un extremo. Repita la operación con las demás tortas e ingredientes y deposite los rollitos, con los pliegues hacia abajo, en una fuente.
5 Para preparar la salsa, mezcle todos los ingredientes en un cuenco. Sírvala con los rollitos.

WON TON DE CARNE DE CERDO Y HIERBA DE LIMÓN

Tiempo de preparación: 40 minutos + refrigeración
Tiempo total de cocción: 20 minutos
Para 56 unidades

☆☆

400 g de carne picada de cerdo
1 cucharadita de jengibre fresco picado fino
1 tallo de hierba de limón cortado en trozos pequeños (sólo la parte blanca)
230 g de castañas de agua en conserva, escurridas y picadas finas
2 cucharadas de cebollino chino fresco picado fino
1/2 cucharadita de pasta de guindilla
2 cucharadas de salsa de ciruela
1 cucharadita de aceite de guindilla
1 cucharadita de aceite de sésamo
1 cucharada de fécula de maíz
2 paquetes de tortas para won ton de 56 x 8 cm
aceite para freír

Salsa para acompañar
1/2 taza (125 ml) de salsa de soja clara
1/4 taza (60 ml) de vinagre balsámico
1 cucharadita de jengibre fresco rallado fino
1 cucharadita de aceite de guindilla

1 En un cuenco, mezcle con las manos la carne picada, el jengibre, la hierba de limón, las castañas de agua, el cebollino, la pasta de guindilla, la salsa de ciruela, los aceites de guindilla y de sésamo y la fécula de maíz. Refrigere la mezcla tapada durante 1 hora.
2 Para preparar la salsa, mezcle los ingredientes en una jarra.
3 Trabaje una sola torta cada vez y reserve las demás tapadas. Ponga 2 cucharaditas del relleno en el centro de la torta y humedezca los bordes. Júntelos en el centro y una las puntas para sellarlas. Repita la operación con el resto de las tortas y el relleno.
4 Caliente aceite a 180°C en una sartén de fondo pesado (hasta llenar un tercio de su capacidad). Estará caliente cuando un dado de pan se dore en 15 segundos. Fría los won ton por tandas 3 ó 4 minutos, hasta que se doren. Escúrralos y sírvalos con la salsa.

ARRIBA: Won ton de carne de cerdo y hierba de limón

ARRIBA: Arroz al coco en hojas de plátano

ARROZ AL COCO EN HOJAS DE PLÁTANO

Tiempo de preparación: 40 minutos
Tiempo total de cocción: 1 hora 30 minutos
Para unas 12 unidades

☆☆

2 ó 3 hojas de plátano verde, o papel de aluminio
2 tazas (400 g) de arroz glutinoso
3/4 taza (185 ml) de leche de coco

Relleno de pollo
2 cucharadas de aceite
2 ó 3 dientes de ajo majados
6 hojas de curry
1 cucharadita de concentrado de gambas secas
2 cucharaditas de cilantro molido
2 cucharaditas de comino molido
1/2 cucharadita de cúrcuma
250 g de carne picada de pollo
3 cucharadas de leche de coco, adicional
1 cucharadita de zumo de limón

1 Con un cuchillo afilado, corte los nervios centrales de las hojas de plátano. Éstas quedarán divididas en grandes trozos; córtelas en cuadrados de unos 15 cm. Páselas por agua hirviendo para reblandecerlas, extiéndalas después sobre un paño y tápelas.
2 Lave el arroz, escúrralo y páselo a una olla de fondo pesado con 1 3/4 tazas (440 ml) de agua. Llévelo a ebullición, reduzca el fuego al mínimo, tápelo bien y cuézalo 15 minutos.
3 Caliente la leche de coco en un cazo con 1/2 taza (125 ml) de agua sin dejar que hierva. Agregue el arroz y remueva con un tenedor. Páselo a un cuenco y déjelo enfriar.
4 Para el relleno de pollo, caliente el aceite en una sartén de fondo pesado y sofría el ajo y las hojas de curry, removiendo 1 minuto a fuego medio. Añada el concentrado de gamba, el cilantro, el comino y la cúrcuma y déjelo en el fuego otro minuto. Añada la carne picada de pollo y desmenúcela con un tenedor 3 ó 4 minutos hasta que el pollo cambie de color. Incorpore la leche de coco adicional y rehóguelo todo 5 minutos más a fuego lento, o hasta que se evapore. Extraiga las hojas de curry. Añada el zumo de limón y sal y pimienta al gusto. Deje enfriar el preparado.

5 Ponga una cucharada colmada de arroz en el centro de cada trozo de hoja de plátano y aplánelo hasta formar un cuadrado de 4 cm. Cúbralo con una cucharadita colmada del relleno. Envuelva la hoja en forma de paquete y depósitelo, con los pliegues hacia abajo, en una vaporera forrada con trozos de hojas de plátano. Cueza al vapor los paquetes por tandas durante 15 minutos. Sírvalos templados con palillos chinos o tenedores pequeños.
NOTA: Las hojas de plátano se emplean en toda Asia para envolver alimentos y cocerlos al vapor u hornearlos. Mantienen húmeda la comida y le dan un suave sabor. Se pueden comprar en tiendas de comida asiática en caso de no conseguir hojas frescas de la planta.
CON ANTELACIÓN: Puede preparar los paquetes con antelación y refrigerarlos hasta 2 días.

POLLO CON NORI

Tiempo de preparación: 25 minutos + maceración
Tiempo total de cocción: 20 minutos
Para unas 30 unidades

☆☆

400 g de pechugas de pollo en filetes
1/4 taza (60 ml) de salsa de soja japonesa
1/4 taza (60 ml) de mirin
1 trozo de 4 cm de jengibre fresco rallado fino
1 lámina de nori picada fina o desmenuzada en trozos muy pequeños
1/3 taza (40 g) de fécula de maíz
1 taza (250 ml) de aceite para freír

1 Elimine los tendones del pollo, córtelo en trozos pequeños y póngalos en un cuenco.
2 En una jarra pequeña mezcle la salsa de soja, el mirin y el jengibre; vierta la mezcla sobre el pollo y remueva para que quede bien bañado. Déjelo macerar en el frigorífico 15 minutos, y escurra después el exceso de marinada.
3 Recubra el pollo con los dedos con una mezcla de nori y fécula de maíz.
4 Caliente el aceite a 180°C en una sartén de fondo pesado. Estará caliente cuando un dado de pan se dore en 15 segundos. Fría 6 ó 7 trozos de pollo por tanda hasta que se doren, dándoles la vuelta. Escúrralos y decórelos con tiras de nori, si lo desea.
NOTA: El nori es la forma más común de alga marina seca usada en la cocina asiática. Se vende en tiendas especializadas. Córtelo con unas tijeras o un cuchillo muy afilado.

PASTELITOS DE FIDEOS CON VERDURAS AL SÉSAMO

Tiempo de preparación: 20 minutos
Tiempo total de cocción: 15 minutos
Para unas 12 unidades

☆

400 g de fideos de arroz
aceite para freír
2 cucharaditas de aceite de sésamo
2 zanahorias cortadas en bastoncillos
1 pimiento rojo cortado en bastoncillos
2 calabacines cortados en juliana
4 cebolletas cortadas en juliana
1/2 ó 1 cucharada de salsa de ostras

1 Ponga los fideos 3 minutos en remojo en un cuenco con suficiente agua hirviendo para cubrirlos; escúrralos hasta que se sequen bien.
2 Caliente el aceite en una sartén grande a fuego medio. Fría cucharadas de fideos en forma de disco durante 3 minutos, o hasta que queden dorados y crujientes. Escúrralos.
3 Caliente el aceite de sésamo en un wok y saltee las verduras durante 3 minutos hasta que queden un poco blandas. Añada la salsa de ostras y sofríalo todo 2 minutos. Sirva los pastelitos crujientes cubiertos con las verduras.

ARRIBA: Pollo con nori

SATAYS Y KEBABS

Si utiliza brochetas de madera, déjelas en agua 30 minutos antes para evitar que se quemen durante la cocción. Puede envolver los extremos con papel de aluminio.

LANGOSTINOS A LA LIMA

Si usa 12 cañas de azúcar en conserva, córtelas en tiras de 10 cm de largo y 5 mm de grosor. Pele 48 langostinos crudos y retire el hilo intestinal. Ensarte 2 langostinos en cada brocheta de caña. Practique pequeños cortes en los langostinos para que sea más fácil. Úntelos con zumo de lima y áselos sobre una parrilla engrasada y precalentada 2 ó 3 minutos por cada lado, hasta que estén hechos. Para 24 unidades.

CARNE DE VACA CON SALSA DE JUDÍAS NEGRAS

Corte 1 kg de carne de vaca del cuarto trasero en dados de 2 cm y practique pequeñas incisiones en la carne con un cuchillo afilado. Recorte los tallos de varias hojas de laurel y pínchelos en la carne. Úntela con 1/3 taza (80 ml) de salsa de judías negras. Ásela sobre una parrilla engrasada y precalentada 2 ó 3 minutos por cada lado, regándola con la salsa. Para 28 unidades.

CORDERO AL AJO

Corte 600 g de filetes de cordero sin grasa ni tendones en dados de 2 cm y 6 dientes de ajo en trozos gruesos. Ensarte 2 trozos de cordero y 2 trozos de ajo intercalándolos en 35 brochetas metálicas pequeñas. Mezcle 1 guindilla roja picada, 2 dientes de ajo majados y 3 cucharadas de aceite. Ase las brochetas a la parrilla de 2 a 5 minutos, regándolas con la marinada de guindilla y ajo. Para 35 unidades.

VERDURAS A LA GUINDILLA

Parta por la mitad 12 setas shiitake, 12 mazorcas de maíz enanas y 12 tirabeques. Ensártelos intercalados en 24 brochetas de madera pequeñas. En un cuenco, mezcle 2 cucharadas de aceite con 1 diente de ajo majado y 1 cucharada de salsa de guindilla dulce. Unte las brochetas con la mezcla y áselas a la parrilla 1 ó 2 minutos, regándolas a menudo con la salsa. Para 24 unidades.

SALMÓN Y ATÚN

Corte 600 g de salmón en filetes y 500 g de atún fresco en dados de 2 cm y sazónelos con sal y pimienta. Ensarte el pescado en brochetas de madera, intercalando 3 trozos de cada uno. Áselas a la parrilla o fríalas con aceite durante 3 ó 4 minutos, dándoles la vuelta a menudo y rociándolas con zumo de limón o lima durante la cocción. Para 18–20 unidades.

POLLO Y HIERBA DE LIMÓN

Corte 1 kg de filetes de muslo de pollo en dados de 2 cm. Deshoje 6 tallos de hierba de limon, corte las puntas más gruesas en trozos de 10 cm de largo y cuartéelos. Corte 12 bulbos de cebolletas en cuartos. Practique una pequeña incisión en el centro de cada dado de pollo y a través de los trozos de cebolleta para que se ensarten con más facilidad. Ensarte los trozos de pollo y de cebolleta en los tallos de hierba de limón intercalando 2 trozos de cada uno. Mezcle 3 cucharadas de salsa de soja, 3 cucharadas de mirin y 2 cucharadas de azúcar. Ase las brochetas a la parrilla o fríalas de 3 a 5 minutos. Úntelas con la mitad de la mezcla de soja, girándolas. Añada 1 tallo de hierba de limón en rodajas finas (la parte blanca) y 1 guindilla roja despepitada y picada fina a la salsa restante; sírvala con las brochetas. Para 24 unidades.

SETAS Y JAMÓN

Frote 48 setas silvestres con un paño húmedo y córtelas por la mitad. Derrita 80 g de mantequilla en una sartén y sofría las setas sazonadas con una pizca de sal removiéndolas durante 1 minuto a fuego medio. Agregue 1/2 taza (125 ml) de oporto y prosiga la cocción, sin dejar de remover, hasta que el vino se haya evaporado del todo. Retire el preparado del fuego y resérvelo. Corte 18 lonchas de jamón en 4 trozos cada una. Ensarte 4 trozos de setas y 3 trozos enrollados de jamón, intercalándolos en brochetas de madera; sírvalas. Para 24 unidades.

DE IZQUIERDA A DERECHA: *Langostinos a la lima; Fuente central: Carne de vaca con salsa de judías negras; Verduras a la guindilla; Cordero al ajo; Fuente derecha: Pollo y hierba de limón; Setas y jamón; Salmón y atún*

VIEIRAS

Las vieiras se venden unidas aún a su propia valva por medio de un músculo. Para separarlas, introduzca un cuchillo pequeño afilado entre la valva y el molusco y córtelo. Elimine el hilo intestinal oscuro y el músculo blanco antes de cocinar las vieiras. Deben someterse a una cocción breve, ya que de lo contrario se endurecen. Al cocerse se vuelven blancas.

ARRIBA: Vieiras en dim sum

VIEIRAS EN DIM SUM

Tiempo de preparación: 10 minutos
Tiempo total de cocción: 10 minutos
Para 24 unidades

☆

24 vieiras con su valva

Marinada

2 cucharadas de salsa teriyaki
1 cucharada de salsa de soja
1 cucharada de jerez seco
2 cebolletas picadas finas
2 cucharaditas de zumo de lima o limón
2 cucharaditas de salsa de ostras
1 cucharadita de aceite de sésamo
1 diente de ajo majado
1/2 cucharadita de jengibre fresco rallado

1 Precaliente el horno a 180°C. Coloque las vieiras en sus valvas en una bandeja de horno.
2 En un cuenco, mezcle los ingredientes de la marinada y rocíe con ella las vieiras. Hornéelas en una bandeja de horno entre 5 y 10 minutos, o hasta que queden tiernas y blancas.

NOTA: Si lo desea, en lugar de hornear las vieiras puede asarlas sobre una parrilla precalentada durante 5 minutos.

CON ANTELACIÓN: Puede preparar la marinada con un día de antelación y refrigerarla tapada.

SALSA SATAY

Caliente 1 cucharada de aceite y rehogue 1 cebolla grande picada y 1 diente de ajo picado 8 minutos. Añada 2 guindillas rojas picadas finas y 1 cucharadita de concentrado de gamba y sofríalo todo 1 minuto. Retírelo del fuego. Añada 250 g de mantequilla de cacahuete, vierta en el cazo 1 taza de leche de coco y otra de agua y llévelo todo a ebullición a fuego lento, removiendo para que no se pegue. Añada 2 cucharaditas de kecap manis o salsa de soja espesa y 1 cucharada de salsa de tomate y hierva la salsa 1 minuto. Sírvala fría con brochetas de pollo, carne o verduras.

GAMBAS RELLENAS CON CRUJIENTE WON TON

Tiempo de preparación: 40 minutos
Tiempo total de cocción: 10 minutos
Para 24 unidades

☆☆

30 tortas para won ton
24 gambas crudas grandes
400 g de carne de gambas crudas
8 cebolletas picadas muy finas
100 g de tocino picado fino
2 claras de huevo
1 taza de fécula de maíz
2 huevos poco batidos
aceite para freír

1 Con un cuchillo muy afilado corte en tiras finas las tortas para won ton. Póngalas en una fuente y tápelas con un paño húmedo hasta su uso. Pele las gambas, dejando las colas intactas. Deseche las cabezas. Extraiga el hilo intestinal con la punta de un cuchillo pequeño afilado. Practique una incisión superficial a lo largo del interior de cada gamba.

2 Pique fina la carne de gambas, la cebolleta y el tocino sobre una tabla de madera con un cuchillo grande afilado. (También puede usar un robot de cocina.) Pase la mezcla a un cuenco y añada la clara de huevo, 3 cucharaditas de fécula de maíz y un poco de sal y pimienta; mézclelo todo bien con los dedos.

3 Con un cuchillo extienda 1 cucharada de la mezcla sobre cada gamba, introduciendo la mayor cantidad posible en la ranura. Con las manos mojadas, presione cualquier resto de mezcla alrededor de las gambas. Rebócelas con la fécula restante y el huevo y espolvoréelas después con tiras de won ton, apretando bien para que se adhieran a las gambas.

4 Caliente 4 cm de aceite en un wok o una sartén a 180°C. Estará caliente cuando un dado de pan se dore en 15 segundos. Fría las gambas por tandas durante 4 minutos o hasta que se doren. Déjelas escurrir sobre papel de cocina y sírvalas de inmediato.

CON ANTELACIÓN: Puede limpiar las gambas y rellenarlas con un día de antelación y después guardarlas en el frigorífico. Espolvoree las gambas con las tiras de won ton antes de freírlas.

GAMBAS RELLENAS CON CRUJIENTE WON TON

Corte las tortas para won ton en tiras finas.

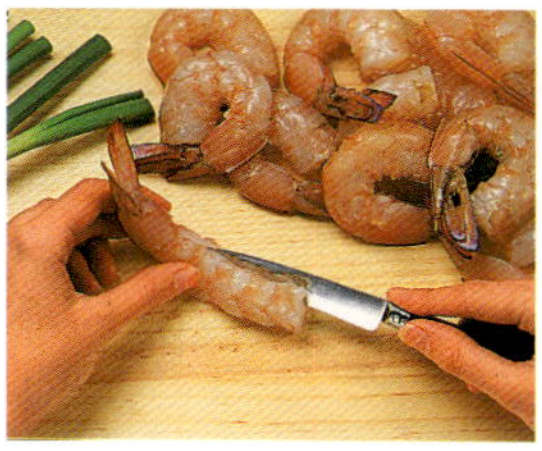

Practique una incisión poco profunda a lo largo del interior de cada gamba para rellenarla con la mezcla de gambas.

IZQUIERDA: Gambas rellenas con crujiente won ton

POLLO Y PESCADO CON SALSA AGRIDULCE EN HATILLOS DE WON TON

Tiempo de preparación: 30 minutos
Tiempo total de cocción: 4 minutos por tanda
Para 30 unidades

☆☆

Salsa agridulce
1/2 taza (125 g) de azúcar
1/2 taza (125 ml) de vinagre blanco
1 cucharada de salsa de tomate
1 cucharada de fécula de maíz

30 tortas para won ton
aceite para freír

Relleno
100 g de pollo picado fino
100 g de filetes de pescado picados finos
1/2 tallo de apio picado fino
1 cebolleta pequeña picada fina
2 cucharaditas de salsa de soja clara

1 Para preparar la salsa, mezcle el azúcar, el vinagre y la salsa de tomate con 3/4 taza (185 ml) de agua en un cazo. En un cuenco pequeño, mezcle la fécula de maíz con 1 cucharada de agua. Vierta esta mezcla al cazo y remueva a fuego lento hasta que la salsa se espese y el azúcar se haya disuelto.
2 Mezcle todos los ingredientes del relleno con 1/4 cucharadita de sal. Ponga 1 cucharadita de la mezcla en cada torta para won ton y humedezca los bordes. Pliegue la torta en forma de triángulo. Moje ligeramente la esquina frontal izquierda del triángulo. Doble hacia dentro las dos esquinas inferiores, una encima de la otra, y presiónelas con el dedo.
3 Vierta el aceite en una sartén de fondo pesado hasta llenar un tercio de su capacidad y caliéntelo a 180°C. Estará caliente cuando un dado de pan se dore en 15 segundos. Fría los won ton por tandas hasta que queden crujientes y dorados. Elimine el exceso de aceite y déjelos escurrir sobre papel de cocina. Sírvalos con la salsa agridulce.

ALBÓNDIGAS DE CERDO

Tiempo de preparación: 30 minutos
Tiempo total de cocción: 45 minutos
Para 50 unidades

☆

250 g de carne picada de cerdo
125 g de carne de gambas crudas picada fina
60 g de brotes de bambú picados
3 cebolletas picadas finas
3 setas picadas finas
1 tallo de apio picado fino
1/2 pimiento picado fino
1 cucharada de jerez seco
1 cucharada de salsa de soja
1 cucharadita de aceite de sésamo
1/2 cucharadita de guindilla picada
50 tortas para won ton
salsa de soja para acompañar

1 En un cuenco, mezcle la carne picada, las gambas, los brotes de bambú, la cebolleta, las setas, el apio, el pimiento, el jerez seco, la salsa de soja, el aceite de sésamo y la guindilla. Rellene cada torta con 1 cucharadita colmada de la mezcla. Humedezca un poco los bordes y levántelos alrededor del relleno para formar un hatillo ligeramente abierto por arriba.
2 Cuézalos en una vaporera de bambú o metal sobre una olla de agua hirviendo 15 minutos, o hasta que se hagan. Sírvalos con salsa de soja.

ALBÓNDIGAS DE POLLO

Tiempo de preparación: 30 minutos
Tiempo total de cocción: 45 minutos
Para 50 unidades

☆

375 g de carne picada de pollo
90 g de jamón dulce picado fino
4 cebolletas picadas finas
1 tallo de apio picado fino
3 cucharadas de brotes de bambú picados
1 cucharada de salsa de soja
1 diente de ajo majado
1 cucharadita de jengibre fresco rallado

1 Con la mezcla de todos los ingredientes rellene 50 tortas como en la receta anterior.

POLLO Y PESCADO CON SALSA AGRIDULCE EN HATILLOS DE WON TON

Humedezca los bordes de los won ton y pliéguelos después sobre el relleno en forma de triángulo.

Doble hacia dentro las dos esquinas inferiores, una encima de la otra, y presione ligeramente.

PÁGINA ANTERIOR: Pollo y pescado con salsa agridulce en hatillos de won ton (superior); Albóndigas

HUEVOS

Los huevos, además de prepararse duros, escalfados, fritos y revueltos, constituyen un ingrediente básico empleado para espesar o airear numerosas preparaciones como soufflés, tortillas, frittata y mayonesa. Asimismo, se utilizan en múltiples formas de glasear o cuajar. Para preparar huevos duros como, por ejemplo, para el gado gado, déjelos reposar primero a temperatura ambiente, póngalos luego en un cazo, cúbralos con agua fría y llévelos a ebullición a fuego fuerte. Déjelos hervir de 7 a 8 minutos. Remover los huevos durante los primeros minutos ayuda a centrar la yema. Una vez cocidos, pase los huevos por agua fría para que la cáscara se desprenda fácilmente. Si presentan anillos oscuros en torno a la yema, significa que se han cocido en exceso. Guarde los huevos frescos en el frigorífico hasta que los necesite. Déjelos reposar a temperatura ambiente antes de su uso.

ARRIBA: Gado gado

GADO GADO

Tiempo de preparación: 30 minutos
Tiempo total de cocción: 35 minutos
Para 6–8 personas

☆

6 patatas nuevas
2 zanahorias cortadas en bastones
250 g de judías esparragueras cortadas en trozos de 10 cm
2 cucharadas de aceite de cacahuete
250 g de tofu firme cortado en dados
100 g de hojas pequeñas de espinacas
2 pepinos cortados en tiras gruesas
1 pimiento rojo grande cortado en tiras gruesas
100 g de brotes de soja
5 huevos duros

Salsa de cacahuete

1 cucharada de aceite de cacahuete
1 cebolla picada fina
2/3 taza (160 g) de mantequilla de cacahuete
1/4 taza (60 ml) de kecap manis
2 cucharadas de cilantro molido
2 cucharaditas de salsa de guindilla
3/4 taza (185 ml) de crema de coco
1 cucharadita de azúcar de palma rallado
1 cucharada de zumo de limón

1 Cueza las patatas en agua hirviendo hasta que queden tiernas. Escúrralas, déjelas enfriar y cuartéelas. Cueza las zanahorias y las judías por separado hasta que estén tiernas. Escúrralas, sumérjalas en agua fría y escúrralas de nuevo.
2 Caliente el aceite en una sartén antiadherente y fría el tofu por tandas hasta que quede crujiente por todos lados. Déjelo escurrir.
3 Para preparar la salsa de cacahuete, caliente el aceite en una sartén a fuego lento y sofría la cebolla durante 5 minutos, o hasta que se dore. Añada la mantequilla, el kecap manis, el cilantro, la salsa de guindilla y la crema de coco. Lleve la salsa a ebullición, baje el fuego y déjela hervir 5 minutos. Agregue el azúcar y el zumo y remueva hasta que se disuelva.
4 Disponga las verduras y el tofu en una fuente. Coloque en el centro los huevos partidos por la mitad alrededor del cuenco de la salsa.

TEMPURA DE PESCADO

Tiempo de preparación: 10 minutos
Tiempo total de cocción: 20 minutos
Para 24 unidades

☆☆

500 g de pescado sin espinas
1 lámina de nori
1 cucharada de harina para tempura

Masa para tempura
1 taza (250 ml) de agua fría
2 tazas (250 g) de harina para tempura
aceite para freír

1 Corte el pescado en trozos pequeños y resérvelo. Con unas tijeras, corte el nori en cuadrados diminutos y mézclelos en una fuente con la cucharada de harina de tempura.

2 Para preparar la masa, mezcle con rapidez el agua fría con la harina para tempura. Obtendrá una mezcla un poco grumosa. Si queda demasiado espesa, añada más agua. Caliente el aceite a 180°C en una sartén de fondo pesado (hasta llenar un tercio de su capacidad). El aceite estará caliente cuando 1/4 cucharadita de la masa mantenga sú forma y emerja a la superficie. No suba el fuego para que el aceite no se caliente en exceso. El pescado debe freírse de manera uniforme.

3 Reboce el pescado por tandas en el nori y la harina, y después en la masa. Fríalo hasta que se dore y escúrralo sobre papel de cocina. Sazónelo con sal y manténgalo caliente en una sola capa sobre una bandeja de horno en el horno a 120°C. Puede servir el pescado con shoyu (salsa de soja japonesa) para acompañar.

NOTA: La harina para tempura se vende en las tiendas de comida asiática. Si no la encuentra, sustitúyala por 1 1/2 tazas (185 g) de harina común y 1/2 taza (90 g) de harina de arroz. Esta receta se puede preparar con pollo o verduras.

TEMPURA
La tempura fue introducida en Japón por comerciantes portugueses y españoles en el siglo XVI. Sin embargo, los maestros cocineros de Japón mejoraron la masa, dándole ese toque crujiente tan especial con el que se la relaciona hoy en día. La masa, sumamente clara y fina, se elabora con agua fría para que se hinche tan pronto como toque el aceite. Con la harina para tempura especial se obtiene además una masa clara.

ABAJO: Tempura de pescado

JENGIBRE
Si compra el jengibre fresco, la carne debería ser jugosa, no seca ni arrugada. A la hora de prepararlo para cocinar, basta con pelarlo con un pelador de verduras o un cuchillo afilado y cortarlo en trozos. La piel del jengibre muy fresco puede retirarse frotándola con los dedos. Para rallarlo, no se preocupe por los nudos de forma irregular; limítese a pelar la parte que necesite, rállela en un rallador especial y guarde el resto en el cajón de las verduras del frigorífico. Los ralladores de cerámica están provistos de pequeños dientes afilados que rallan el jengibre al pasarlo de arriba abajo. Los ralladores de bambú, semejantes a tablas de lavar antiguas en miniatura, están elaborados con tiras sesgadas de bambú ideadas para frotar el jengibre en sentido opuesto.

ARRIBA: Yakitori

YAKITORI (BROCHETAS DE POLLO)

Tiempo de preparación: 20 minutos + remojo
Tiempo total de cocción: 10 minutos
Para unas 25 brochetas

☆

1 kg de muslos de pollo en filetes
1/2 taza (125 ml) de sake
3/4 taza (185 ml) de salsa de soja japonesa
1/2 taza (125 ml) de mirin
2 cucharadas de azúcar
1 taza (65 g) de cebolletas cortadas en diagonal en trozos de 2 cm

1 Ponga en agua 25 brochetas de madera durante 30 minutos, escúrralas y resérvelas.
2 Corte los filetes de pollo en trozos pequeños. Mezcle el sake, la salsa de soja, el mirin y el azúcar en un cazo pequeño; póngalo a hervir, retírelo del fuego y resérvelo.
3 Ensarte 3 trozos de pollo en las brochetas, intercalándolos con trozos de cebolleta. Ponga las brochetas sobre una bandeja forrada de papel de aluminio y áselas bajo el grill precalentado o a la parrilla, dándoles la vuelta y untándolas con la salsa durante 7 u 8 minutos, o hasta que el pollo se haga. Sírvalas.
NOTA: El yakitori puede acompañarse con una salsa asiática embotellada.

BOLAS DE TALLARINES CON SALSA ASIÁTICA

Tiempo de preparación: 20 minutos + remojo
Tiempo total de cocción: 20 minutos
Para 40 unidades

☆☆

Salsa asiática
1/4 taza (60 ml) de salsa de guindilla dulce
1/4 taza (60 ml) de zumo de lima
2 cucharadas de salsa de pescado
1 cucharadita de azúcar moreno
2 cucharaditas de kecap manis
1 trozo de 4 cm de jengibre fresco cortado en juliana

500 g de tallarines chinos de trigo (hokkien)
75 g de judías esparragueras picadas finas
3 cebolletas picadas finas
2 dientes de ajo majados
50 g de hojas de cilantro fresco picadas
1/4 taza (60 ml) de salsa de guindilla dulce
2 cucharadas de salsa de pescado
2 cucharadas de zumo de lima fresco
250 g de carne picada de cerdo
3 huevos poco batidos
1 taza (125 g) de harina
aceite para freír

1 Mezcle todos los ingredientes de la salsa.
2 Separe los tallarines y córtelos con unas tijeras en trozos pequeños. Déjelos en remojo en un cuenco con agua hirviendo 2 minutos; escúrralos bien. Mezcle las judías, las cebolletas, el ajo, el cilantro, las salsas, el zumo de lima, la carne picada, los huevos y la harina.
3 Caliente el aceite a 180°C en una sartén de fondo pesado (hasta un tercio de su capacidad). Estará caliente cuando un dado de pan se dore en 15 segundos. Forme bolas con cucharadas de la mezcla y fríalas por tandas 2 minutos hasta que se doren. Escúrralas y sírvalas con salsa.
CON ANTELACIÓN: Puede preparar la salsa varios días antes y la mezcla de tallarines un día antes. Fría las bolas poco antes de servirlas.

PAQUETES DE GAMBAS

Tiempo de preparación: 30 minutos
Tiempo total de cocción: 20 minutos
Para 24 unidades

☆☆

1 cucharada de aceite
2 dientes de ajo majados
1 cucharada de jengibre fresco rallado
2 cebolletas picadas
500 g de gambas crudas peladas y picadas
1/2 cucharadita de salsa de pescado
1/2 cucharadita de azúcar
1 cucharada de zumo de limón
2 cucharadas de cilantro fresco picado
6 tortas grandes para rollitos, en cuartos
aceite para freír
cebollino fresco para adornar
salsa de guindilla dulce para acompañar

1 Caliente el aceite en una sartén y rehogue el ajo y el jengibre durante 2 minutos. Añada la cebolleta y sofríalo todo 2 minutos más. Suba el fuego al máximo, agregue las gambas y saltéelas 2 minutos hasta que empiecen a cambiar de color. No las saltee demasiado ya que pueden quedar demasiado duras.
2 Vierta en la sartén la salsa de pescado, el azúcar, el zumo de limón y el cilantro. Remuévalo todo con las gambas 1 minuto. Retírelo del fuego y déjelo enfriar un poco.
3 Divida la mezcla fría en 24 porciones. Ponga cada porción en el centro de cada torta para rollitos. Humedezca los bordes y pliéguelos en forma de paquete.
4 Caliente aceite a 180°C en una sartén de fondo pesado (hasta llenar un tercio de su capacidad). Estará caliente cuando un dado de pan se dore en 15 segundos. Fría los paquetes uno a uno hasta que se doren, sujetándolos con unas tenazas al principio para que no se deformen. Escúrralos y átelos con tiras de cebollino. Sírvalos con salsa de guindilla.
NOTA: Si las tortas para rollitos de primavera son muy finas, tal vez deba utilizar dos juntas.

ARRIBA: Paquetes de gambas

ARROZ
Además del color, el sabor y la textura, las condiciones de cocción son un factor fundamental para decantarse por un determinado tipo de arroz según los requisitos de la receta. El arroz corto, con pequeños granos ovalados, tienen un alto contenido en almidón y se emplean para preparaciones como el sushi, donde se necesita un arroz que se apelmace. Resulta además más fácil de comer con palillos, por lo que es muy común en ciertos países de Asia. Otras recetas salen mejor con arroces cuyos granos quedan sueltos al cocerse.

PÁGINA SIGUIENTE: Hatillos de vieiras (izquierda); Bolas de puerco espín

HATILLOS DE VIEIRAS

Tiempo de preparación: 40 minutos
Tiempo total de cocción: 15 minutos
Para 25 unidades

✯✯

25 vieiras grandes
1 cucharada de aceite
1 trozo de 5 cm de jengibre fresco rallado
4 cebolletas picadas finas
1 cucharada de Shaosing (vino chino) o jerez seco
2 cucharaditas de aceite de sésamo
1 cucharadita de fécula de maíz
25 tortas para won ton o tallarines de huevo
aceite para freír
15 g de cebollino chino blanqueado para servir

1 Retire con cuidado el hilo intestinal y la membrana o el músculo blanco duro de las vieiras, dejando intactas las posibles huevas.
2 En una sartén caliente el aceite y sofría el jengibre y la cebolleta a fuego medio durante 2 minutos, removiendo de vez en cuando. Suba el fuego y, cuando el aceite esté muy caliente, saltee las vieiras 30 segundos, removiendo con rapidez. Retírelas del fuego.
3 En un cuenco, mezcle el vino, el aceite de sésamo, la fécula de maíz y un poco de sal y pimienta hasta obtener una pasta homogénea. Viértala sobre las vieiras, devuélvalas al fuego y remuévalas a fuego fuerte durante 30 segundos o hasta que el líquido se haya espesado. Déjelas enfriar por completo.
4 Trabaje con una sola torta a la vez y reserve el resto tapadas. Humedezca el borde de cada torta. Ponga una vieira en el centro, levante los bordes y únalos para formar un hatillo con todas las puntas en la parte superior. Coloque los hatillos en una bandeja de horno forrada de papel y repita la operación con el resto de las tortas y el relleno.
5 Caliente 2 cm de aceite en una sartén a 180°C. Estará caliente cuando un dado de pan crepite y se dore en 15 segundos. Fría los hatillos, por tandas si es necesario, durante 5 minutos, o hasta que se doren. Déjelos escurrir sobre papel de cocina. Ate un cebollino chino blanqueado alrededor de las puntas de los hatillos y sírvalos de inmediato.
CON ANTELACIÓN: Puede rellenar los hatillos de vieiras un día antes y refrigerarlos tapados. Fríalos justo antes de servirlos.

BOLAS DE PUERCO ESPÍN

Tiempo de preparación: 40 minutos + remojo
Tiempo total de cocción: 30 minutos por tanda
Para 24 unidades

✯

1 taza (220 g) de arroz de grano corto
5 setas chinas secas
250 g de carne picada de vacuno
250 g de carne picada de cerdo
60 g de castañas de agua picadas finas
4 cebolletas picadas finas
1 ó 2 dientes de ajo majados
1 cucharadita de jengibre fresco rallado
1 cucharada de salsa de soja
1 huevo poco batido

Salsa para acompañar

3 cucharadas de salsa de soja clara
2 cucharadas de azúcar moreno
2 cucharadas de jengibre fresco rallado

1 Deje en remojo el arroz en un cuenco de agua fría durante al menos 2 horas, escúrralo y déjelo secar extendido sobre papel de cocina.
2 Cubra las setas con agua hirviendo en un cuenco refractario. Déjelas en remojo 20 minutos, escúrralas para secarlas, deseche los tallos y pique las setas finas. Mézclelas en un cuenco grande con los dos tipos de carne picada, las castañas de agua, la cebolleta, el ajo, el jengibre, la salsa de soja, el huevo y 1/2 cucharadita de sal. Trabaje la mezcla con las manos.
3 Divida la mezcla en 24 porciones y, con las manos humedecidas, forme pequeñas bolas. Páselas por el arroz hasta que queden bien cubiertas. Forre el fondo de una vaporera de bambú con papel parafinado y disponga encima las bolas, dejando espacio suficiente para que el arroz se hinche (tal vez deba cocerlas por tandas, dependiendo del tamaño de la vaporera). Coloque la vaporera sobre un wok medio lleno de agua hirviendo. Cueza las bolas al vapor durante 30 minutos, o hasta que el arroz y las albóndigas se cuezan; añada más agua si es preciso. Sírvalas de inmediato con la salsa de acompañamiento.
4 Para la salsa, mezcle los ingredientes con 3 cucharadas se agua. Sírvala en un cuenco.
CON ANTELACIÓN : Puede preparar la mezcla de carne un día antes o congelarla hasta 2 meses. Páselas por el arroz poco antes de cocerlas.

SUSHI

Estos rollos de nori (alga marina seca) con arroz y rellenos salados resultan ideales como aperitivos. La preparación del sushi puede parecer difícil y espectacular, pero no lo es una vez que se conocen las técnicas.

PREPARACIÓN DEL ARROZ

El arroz en el sushi no es sólo arroz. Una vez cocido, se aliña especialmente para su uso. Para un buen sushi, hay que preparar antes un buen arroz de sushi. Emplee arroz blanco de grano corto; en Japón se utiliza arroz japónica. Lave $2^1/_2$ tazas (550 g) de arroz de grano corto con agua fría hasta que el agua salga limpia, y déjelo escurrir después en un colador durante una hora. Páselo a una olla con 3 tazas (750 ml) de agua y llévelo a ebullición. Cuézalo de 5 a 10 minutos, o hasta que se formen agujeros en la superficie del arroz; baje el fuego y déjelo cocer de 12 a 15 minutos, o hasta que quede tierno. Retírelo del fuego, destape la olla, cubra el arroz con un paño limpio y déjelo reposar 15 minutos. Para el aderezo, mezcle 5 cucharadas de vinagre de arroz, 1 cucharada de mirin, 3 cucharadas de azúcar y 2 cucharaditas de sal y remueva hasta que se disuelva el azúcar. Extienda el arroz sobre la base de un hangiri (un bol de madera llano) o un cuenco o plato que no sea metálico; rocíelo con el aderezo y mézclelo con una espátula, separando los granos. Abanique el arroz hasta que quede templado. Tápelo con un paño hasta su consumo. Esta cantidad es suficiente para las siguientes recetas. Para que el arroz no se pegue en las manos al preparar el sushi, moje los dedos en agua caliente con unas gotas de vinagre de arroz.

MAKI SUSHI

Maki sushi es probablemente el rollo de sushi más conocido. Resulta ideal como aperitivo y se rellena con multitud de ingredientes como tiras de atún o salmón para sashimi (de venta en pescaderías de calidad), pepino, daikon en conserva, setas secas (en remojo en agua caliente durante 20 minutos para que se hinchen), kampyo (calabaza seca), jengibre en conserva, tortilla o semillas de sésamo. Coloque una lámina de nori sobre un mantelito de bambú con la parte satinada hacia abajo. (Necesitará 8 láminas de nori para esta receta.) El nori es la forma más común de alga marina usada en la cocina japonesa y coreana. Se vende en láminas finas, al natural o tostado. Si se vuelve a tostar sobre el fuego, adquiere un grato sabor a nueces. Extienda el arroz de sushi frío con 1 cm de grosor sobre el nori, dejando un borde 1 cm. Abra una ranura poco profunda en el centro del arroz hacia uno de los extremos cortos y rellénela con una pequeña cantidad de wasabi (una pasta sumamente picante, conocida también como rábano picante japonés). Coloque una selección de tiras de los ingredientes de relleno sobre el wasabi. Levante el mantelito y enrolle el sushi, empezando por el borde más cercano a usted. Una vez enrollado, presione el mantelito para obtener un rollo redondo o cuadrado. Meta el arroz que se escape por los bordes. Moje un cuchillo afilado, recorte los bordes, corte el rollo en dos y cada mitad en tres. Repita la operación con el resto del nori, el arroz de sushi y los rellenos. Para 48 unidades.

NOTA: Los mantelitos de bambú no son caros y se venden en tiendas de comida asiática. No tienen sustituto, si quiere preparar un auténtico sushi.

ROLLOS INVERTIDOS

Se preparan con la misma técnica y los ingredientes del maki sushi, pero con el arroz por fuera. Use 8 láminas de nori y una cantidad de arroz de sushi. Ponga una lámina de nori sobre un mantelito de bambú y extienda 1 cm de arroz encima, dejando un borde de 1 cm. Cúbralo con una lámina de film transparente, un poco más larga que el nori. Vuélquelo todo rápido y póngalo sobre el mantelito, de modo que el plástico quede bajo el arroz y el nori encima. Extienda el wasabi por el lado corto del arroz, a 4 cm del borde. Disponga encima tiras de pepino, aguacate y cangrejo y enróllelo por este borde, guiándose con el plástico. Envuelva el rollo en plástico y enróllelo de nuevo para que quede uniforme. Retire el plástico y cúbralo con semillas de sésamo. Pártalo en dos, corte los bordes y cada mitad en tres. Sírvalo con shoyu.

SUSHI

NIGIRI SUSHI

Corte 250 g de atún o salmón para sashimi en un rectángulo uniforme, retirando cualquier rastro de sangre o tejido conjuntivo. Con un cuchillo afilado, corte el filete en láminas finas, aclarando el cuchillo en un cuenco de agua con zumo de limón después de cortar cada lámina. Con una cucharada de arroz forme óvalos del tamaño de los rectángulos de pescado. Coloque un trozo en la palma abierta de la mano izquierda y extienda un poco de wasabi sobre el centro del pescado. Cúbralo con arroz y ahueque la mano en forma de cuenco. Con el dedo medio y el índice de la mano derecha, presione el arroz sobre el pescado, empujando hacia arriba hasta que quede uniforme. Gírelo y siga moldeándolo; al acabar debe quedar el pescado sobre el arroz. El nigiri sushi puede servirse con una tira de alga marina atada alrededor del centro. Para 16–20 unidades.

INARI SUSHI

Caliente en un cazo 1 taza (250 ml) de caldo de dashi, 220 g de azúcar, 1/3 taza (90 ml) de shoyu y 1/4 taza (60 ml) de sake, removiendo a fuego lento hasta que el azúcar se haya disuelto. Llévelo todo a ebullición, baje el fuego y añada la mitad de 16 bolsas de inari (éstas se conocen como bolsas de tofu y son láminas finas de tofu fritas). Hiérvalas durante 5 minutos, déjelas enfriar y escúrralas. Abra las bolsas cocidas y rellénelas con el arroz de sushi. Sírvalas tal cual con el corte hacia abajo o atadas con una tira de cebollino blanqueado. Para 16 unidades.

ROLLOS CÓNICOS

Son rollitos de nori en forma de cono rellenos de arroz y una selección de

ingredientes como jengibre en conserva, tiras de daikon en conserva, de pepino, de tortilla, de gambas peladas, de salmón o atún, de anguila, de inari, de carne de cangrejo y de aguacate. Necesitará 8 láminas de nori por cada cantidad de arroz de sushi. Corte las láminas en cuartos. Coloque una pequeña cantidad de arroz en diagonal a través del centro del cuadrado de nori. Tome un poco de wasabi con el dedo y extiéndalo sobre el arroz (recuerde que el wasabi es MUY PICANTE, así que no ponga demasiado). Cúbralo con un par de ingredientes, de modo que queden a la vista sobre el rollo terminado. Enrolle el nori en forma de cono para cubrir el relleno. Sírvalo con shoyu como salsa. Para 32 unidades.

SUSHI PARA UNA FIESTA

Se trata de una variedad de sushi muy sencilla que resulta ideal para servir a un gran número de invitados. Engrase con aceite un molde cuadrado de 23 cm y fórrelo con film transparente. Cubra el fondo con láminas de nori, recortándolas para que se ajusten a los bordes del molde. Distribuya la mitad del arroz sobre el nori, justo hasta el borde, y extienda encima una capa de wasabi. Cúbralo con láminas de salmón para sashimi o salmón ahumado (necesitará 250 g) y la otra capa de nori. Añada 3 cucharadas de jengibre en conserva y 2 pepinos en láminas finas (cortadas a lo largo). Cúbralo todo con el resto del arroz y otra capa de nori. Tápelo con film transparente. Cubra el molde con otro más pequeño para que se asiente sobre el sushi y ejerza presión sobre él para aplanarlo. Refrigérelo al menos 1 hora, o toda la noche. Vuélquelo sobre una tabla de cortar y retire el plástico. Corte el sushi en cuadrados. Para 36 unidades.

NOTA: El shoyu es salsa de soja japonesa, mucho más clara y dulce que la variedad china. Al no contener conservantes, debe refrigerarse una vez abierta. Como todos los ingredientes y utensilios japoneses, se vende en tiendas de especialidades asiáticas.

DE IZQUIERDA A DERECHA: Nigiri sushi (atún); Nigiri sushi (salmón); Inari sushi; Rollos cónicos; Cuadrados de sushi (para una fiesta)

GUINDILLAS

Existen numerosas variedades de guindillas de distintas formas, tamaños y colores. Por lo general, las más pequeñas suelen ser las más picantes, siendo la guindilla de primavera roja la más picante de todas. Las guindillas rojas pequeñas de unos 5 cm de largo son asimismo muy picantes, las medianas de 10 a 15 cm de largo pican menos, mientras que las guindillas grandes rojas y verdes apenas pican. Dado que existen distintos grados de tolerancia al picante de las guindillas, éstas deberían emplearse según el gusto del consumidor. Si no le agradan demasiado, reduzca la cantidad de la receta, y si cocina para mucha gente, úselas con moderación. Despepitar las guindillas reduce la intensidad del picante. Para evitar irritaciones cutáneas, póngase guantes de goma o lávese bien las manos después de tocarlas y evite el contacto con ojos y cara.

DERECHA: Buñuelos picantes de gambas

BUÑUELOS PICANTES DE GAMBAS

Tiempo de preparación: 25 minutos
Tiempo total de cocción: 15 minutos
Para 20–25 unidades

☆☆

300 g de gambas crudas peladas y sin hilo intestinal
1 huevo
1 cucharada de salsa de pescado
1 taza (125 g) de harina
50 g de tallarines de arroz secos
¼ cucharadita de concentrado de gamba
3 cebolletas cortadas en aros
1 guindilla roja pequeña picada fina
aceite para freír
salsa de guindilla dulce para servir

1 Triture la mitad de las gambas hasta obtener una pasta homogénea. Pique las restantes y mézclelas en un cuenco con la pasta de gambas.
2 En una jarra pequeña, bata el huevo y la salsa de pescado con ¾ taza (185 ml) de agua. Tamice la harina en un cuenco y forme un hueco. Añada poco a poco la mezcla de huevo, batiendo para obtener una masa sin grumos.
3 Ponga los tallarines en remojo en un cuenco de agua caliente durante 5 minutos. Déjelos escurrir y córtelos en trocitos con tijeras. Mézclelos con las gambas, la pasta, las cebolletas y la guindilla, y añádalos a la masa.
4 Vierta aceite en una sartén honda de fondo pesado hasta llenar un tercio de su capacidad, y caliéntelo a 180°C. Estará caliente cuando un dado de pan se dore en 15 segundos. Fría cucharadas de la mezcla por tandas durante 3 minutos, o hasta que queden crujientes y doradas. Extraiga los buñuelos con una espumadera y déjelos escurrir sobre papel de cocina. Repita la operación con la masa restante. Sírvalos con salsa de guindilla dulce.

TONKATSU (CERDO EMPANADO)

Tiempo de preparación: 35 minutos + refrigeración
Tiempo total de cocción: 12 minutos
Para 40–50 filetes

☆

500 g de escalopes de cerdo sin tendones
½ taza (60 g) de harina
5 yemas de huevo
2 tazas (120 g) de pan rallado japonés
1 lámina de nori
aceite para freír
1 taza (250 ml) de salsa Tonkatsu

1 Salpimiente el cerdo y enharínelo un poco.
2 Bata las yemas de huevo con 2 cucharadas de agua, pase los filetes por el huevo y luego por el pan rallado, presionándolos para que queden bien empanados. Dispóngalos en una fuente en una sola capa y refrigérelos, sin taparlos, durante 2 horas como mínimo.
3 Con un cuchillo afilado, corte el nori en tiras muy finas y luego en trozos de 4 cm de largo. Resérvelos hasta el momento de servir.
4 Caliente 2 cm de aceite en una sartén honda de fondo pesado a 180°C, o hasta que un dado de pan se dore en 15 segundos. Fría 2 ó 3 escalopes a la vez hasta que estén bien dorados por ambos lados, y escúrralos sobre papel de cocina. Repita la operación con los filetes restantes. Córtelos en tiras de 1 cm y únalos de nuevo para reconstruir la forma original. Disponga encima unas cuantas tiras de nori y sírvalos con salsa Tonkatsu.

CALABACINES RELLENOS

Tiempo de preparación: 30 minutos
Tiempo total de cocción: 10 minutos
Para unas 24 unidades

☆

4 calabacines grandes
125 g de carne picada de cerdo
60 g de gambas crudas peladas y picadas finas
2 dientes de ajo majados
2 cucharadas de cilantro fresco picado fino
1/2 cucharadita de azúcar
2 hojas de lima cafre picadas finas o
 1 cucharadita de ralladura de lima
2 chalotes asiáticos picados finos
3 cucharadas de crema de coco
2 cucharaditas de salsa de pescado
1 cucharada de cacahuetes tostados sin sal picados finos

1 Corte los calabacines en rodajas gruesas de 4 cm. Extraiga el centro con un vaciador, dejando 5 mm de pulpa alrededor del interior de la piel así como en la base de cada rodaja.
2 En un cuenco pequeño, mezcle la carne picada de cerdo, las gambas picadas, el ajo, el cilantro, el azúcar, las hojas de lima cafre, los chalotes, 2 cucharadas de la crema de coco y la salsa de pescado. Rellene los calabacines con esta mezcla y refrigérelos tapados hasta poco antes de servirlos.
3 Colóquelos en una vaporera de bambú o metal dispuesta sobre una olla de agua hirviendo y hágalos al vapor tapados durante 10 minutos o hasta que el relleno se cueza y los calabacines queden tiernos. Sírvalos rociados con un poco de crema de coco y espolvoreados con cacahuetes picados.

CALABACINES RELLENOS

Con un vaciador, extraiga la pulpa de los calabacines, dejando un poco en la piel para contener el relleno.

Rellene los calabacines con un par de cucharaditas de la mezcla.

Cueza al vapor los calabacines rellenos hasta que el relleno se cueza y los calabacines queden tiernos.

ARRIBA: Calabacines rellenos

SALSA DE CIRUELAS
Esta salsa es un condimento agridulce de aspecto similar a la mermelada que se utiliza en la cocina china y se sirve en ocasiones como salsa de acompañamiento. Se elabora con ciruelas rojas oscuras, ajo, jengibre, azúcar, vinagre y especias.

PÁGINA SIGUIENTE: Gambas en papel de arroz (superior); Cerdo san choy bau

GAMBAS EN PAPEL DE ARROZ

Tiempo de preparación: 35 minutos
Tiempo total de cocción: 5–10 minutos
Para 20 unidades

☆☆

20 tortas de papel de arroz
350 g de carne de gambas crudas
1 trozo de 4 cm de jengibre fresco rallado
2 dientes de ajo majados
3 cebolletas picadas finas
1 cucharada de harina de arroz
1 clara de huevo batida
2 cucharaditas de aceite de sésamo
2 cucharadas de fécula de maíz
aceite para freír
2 cucharadas de semillas de sésamo tostadas
salsa de ciruelas para acompañar (opcional)

1 Disponga 4 tortas de papel de arroz sobre la superficie de trabajo. Humedézcalas bien y déjelas reposar durante 2 minutos, o hasta que queden blandas y flexibles. Páselas con cuidado a una fuente (en este punto deberían quedar amontonadas una sobre la otra). Moje las otras tortas y cúbralas con film transparente.
2 Pique fina la carne de gambas y mézclela con el jengibre, el ajo, las cebolletas, la harina de arroz, la clara, el aceite de sésamo y sal y pimienta. Mézclelo todo con los dedos. En un cuenco pequeño mezcle la fécula con 2 cucharadas de agua. Trabaje con una torta cada vez y extienda 1 cucharada de mezcla de gambas en la torta, justo bajo el centro. Pliegue la parte inferior para encerrar el relleno. Enrolle la torta, presionando un poco para aplanar el relleno. Doble los lados, pinte los bordes con la mezcla de fécula y pliegue la torta en forma de paquete. Póngala sobre papel de cocina de doble capa y repita la operación con las demás tortas y el relleno.
3 Caliente aceite a 180°C en una sartén de fondo pesado (hasta un tercio de su capacidad). Estará caliente cuando un dado de pan se dore en 15 segundos. Fría los paquetes por tandas durante 4 ó 5 minutos, o hasta que se doren. Déjelos escurrir sobre papel de cocina. Espolvoréelos con semillas de sésamo y sírvalos con salsa de ciruelas, si lo desea.
NOTA: Las tortas de papel de arroz se venden en algunas tiendas de especialidades asiáticas.
CON ANTELACIÓN: Prepare el relleno con un día de antelación y envuélvalo en papel de arroz varias horas antes.

CERDO SAN CHOY BAU

Tiempo de preparación: 25 minutos + remojo
Tiempo total de cocción: 5 minutos
Para 25 unidades

☆

1 cucharada de aceite
400 g de carne picada de cerdo
230 g de castañas de agua en conserva escurridas y picadas finas
125 g de brotes de bambú en conserva escurridos y picados finos
6 cebolletas picadas finas
2 cucharadas de jerez seco
1 cucharada de salsa de soja
2 cucharaditas de aceite de sésamo
2 cucharaditas de salsa de ostras
hojas pequeñas de lechuga (romana, iceberg o endibia)
menta fresca picada para servir

Salsa
2 cucharadas de salsa de ciruelas
1 cucharada de salsa china a base de soja
1 cucharadita de salsa de soja

1 Caliente el aceite en una sartén o wok y saltee la carne de cerdo a fuego fuerte, removiendo hasta que se dore por completo. Separe los pedazos de carne picada con el dorso de un tenedor. Agregue las castañas de agua, los brotes de bambú y las cebolletas; remuévalo todo bien y rehóguelo durante 1 minuto.
2 Mezcle el jerez, la salsa de soja, el aceite de sésamo y la salsa de ostras, añádalo todo al wok, remueva bien y rehóguelo durante 2 minutos. Retire el salteado del fuego.
3 Para preparar la salsa, mezcle todos los ingredientes en un cuenco con 2 cucharadas de agua.
4 Para servir, ponga 1 cucharada de la mezcla de carne de cerdo caliente sobre cada hoja de lechuga. Espolvoréelo todo con la menta picada y sírvalo acompañado de la salsa para que pueda aliñarse con ella.
CON ANTELACIÓN: La carne picada de cerdo puede prepararse a primera hora del día y refrigerarse. Recaliéntela antes de servirla. La salsa puede elaborarse el día anterior y guardarse en el frigorífico hasta el momento de servir.

BROCHETAS DE GAMBAS A LA GUINDILLA

Tiempo de preparación: 25 minutos
Tiempo total de cocción: 10 minutos
Para 30 unidades

☆

30 gambas grandes crudas
60 g de mantequilla
1 diente de ajo majado
2 cucharaditas de azúcar moreno
2 cucharadas de zumo de lima o limón
2 cucharadas de ramitas de cilantro fresco picadas finas
2 cucharadas de hojas de albahaca fresca picadas finas
1 cucharada de salsa de guindilla dulce

1 Descabece las gambas y pélelas, dejando las colas intactas. Con un cuchillo afilado, córtelas por el lomo y retire el hilo intestinal.
2 Caliente la mantequilla en una sartén grande o wok y saltee el ajo, el azúcar, el zumo, el cilantro, la albahaca y la salsa de guindilla. Remueva bien, agregue las gambas por tandas y sofríalas a fuego medio durante 5 minutos, o hasta que queden rosadas y cocidas.
3 Ensarte las gambas en brochetas de bambú o palillos resistentes. Manténgalas calientes.
CON ANTELACIÓN: Prepare las gambas varias horas antes. Rehóguelas justo antes de servirlas. Resultan igualmente deliciosas a la parrilla. Ensártelas en brochetas y áselas 2 ó 3 minutos. Úntelas con una mezcla de mantequilla durante la cocción. Las gambas se pueden sustituir por vieiras u ostras, o bien intercalarse con trozos de pescado. Puede utilizar otras hierbas frescas como eneldo y perejil.

ABAJO: Brochetas de gambas a la guindilla

PASTELITOS DE POLLO TAILANDESES

Tiempo de preparación: 15 minutos
Tiempo total de cocción: 20 minutos
Para 36 unidades

☆

4 huevos poco batidos
2 cucharadas de cilantro fresco picado fino
1 cucharada de salsa de pescado
2 cucharadas de aceite
500 g de carne picada de pollo
3 tallos de hierba de limón picados finos (sólo la parte blanca)
2 dientes de ajo majados
4 cebolletas picadas
1/4 taza (60 ml) de zumo de lima fresco
30 g de hojas y tallos de cilantro picados, adicional
2 cucharadas de salsa de guindilla dulce
1 cucharada de salsa de pescado
1 huevo poco batido, adicional
1/2 taza (125 ml) de leche de coco
6 guindillas rojas despepitadas y cortadas en rodajas finas para decorar

1 Precaliente el horno a 200°C. Engrase tres moldes poco profundos para 12 tartaletas.
2 En un cuenco, mezcle los huevos, el cilantro y la salsa de pescado. Caliente el aceite en una sartén grande de 25 a 28 cm y añada la mezcla de huevo. Cuézala a fuego medio 2 minutos por cada lado, o hasta que se dore. Enróllela y córtela en tiras finas. Resérvelas.
3 Mezcle la carne picada de pollo, la hierba de limón, el ajo, la cebolleta, el zumo, el cilantro, las salsas, el otro huevo y la leche de coco en un robot de cocina hasta obtener una mezcla fina sin que quede homogénea. Repártala en los moldes y cúbrala con las

LIMAS

Este fruto cítrico es más pequeño que el limón y tiene un fresco sabor ácido. En muchos países asiáticos es más normal utilizar zumo de lima que de limón. Su uso es similar al del limón, por su sabor único y como ablandador. El zumo se suele tomar asimismo como bebida, endulzado a veces y acompañado con soda. Su corteza, como la de los limones, también se ralla para ciertas recetas.

tiras de tortilla. Hornéela 15 minutos, o hasta que se cueza. Cambie los moldes de posición para que los pastelitos se cuezan por completo. Sírvalos calientes, decorados con guindilla.

PASTELITOS DE PESCADO TAILANDESES

Tiempo de preparación: 25 minutos
Tiempo total de cocción: 5–10 minutos
Para unas 24 unidades

✯

500 g de filetes firmes de pescado blanco
4 hojas de lima cafre cortadas en tiras finas
1 cucharada de albahaca asiática fresca picada
2 cucharadas de pasta de curry rojo
100 g de judías verdes troceadas muy finas
2 cebolletas picadas muy finas
aceite para freír

Salsa de pepino
1 pepino picado fino
3 cucharadas de salsa de guindilla dulce
2 cucharadas de vinagre de arroz
1 cucharada de cacahuetes tostados picados
1 cucharada de cilantro fresco picado

1 Pique el pescado en un robot de cocina hasta obtener una pasta homogénea. Agregue las hojas de lima, la albahaca y el concentrado de curry y píquelo todo durante 10 segundos. Páselo a un cuenco grande, añada las judías y la cebolleta y mézclelo todo bien. Mójese las manos y forme pequeñas hamburguesas planas con cucharadas rasas de la mezcla.
2 Mezcle los ingredientes de la salsa en un bol.
3 Caliente el aceite en una sartén de fondo pesado a fuego medio y fría los pastelitos de pescado por tandas hasta que se doren por ambos lados. Déjelos escurrir sobre papel de cocina y sírvalos con la salsa de pepino.

ARRIBA: Pastelitos de pescado tailandeses

PATO DE PEKÍN CON TORTITAS MANDARINAS

Tiempo de preparación: 1 hora + secado
Tiempo total de cocción: 1 hora
Para 20 unidades

☆☆☆

1 pato de 1,7 kg
1 cucharada de miel
1 pepino pequeño
12 cebolletas
2 cucharadas de salsa china a base de soja

Tortitas mandarinas

2 1/2 tazas (310 g) de harina
2 cucharaditas de azúcar extrafino
1 cucharada de aceite de sésamo

1 Lave el pato y retire el cuello y cualquier trozo grande de grasa del interior del ave. Sujete el pato en el fregadero (póngase guantes de goma resistentes para protegerse las manos) y vierta despacio y con cuidado 3 litros de agua hirviendo por encima, girando el pato para que el agua escalde toda la piel. Es posible que necesite verter otros 3 litros de agua hirviendo.
2 Deposite el pato en una rejilla dispuesta sobre una fuente de horno. Mezcle la miel y 1/2 taza (125 ml) de agua caliente y unte el pato con este glaseado, hasta cubrirlo por completo. Deje secar el pato, preferiblemente colgado en un lugar fresco y aireado. (También puede utilizar un ventilador eléctrico en un lugar fresco situado a un metro de distancia del pato.) La piel está bien seca cuando tiene el tacto del papel. Tardará de 2 a 4 horas en alcanzar este punto.
3 Retire las semillas del pepino y corte la pulpa en bastoncillos. Corte las cebolletas en trozos de 8 cm y practique incisiones paralelas desde el centro hacia el extremo. Sumérjalas en agua fría; las cebolletas se abrirán en forma de "escobillas".
4 Precaliente el horno a 210°C y hornee el pato en la rejilla sobre la fuente de horno durante 30 minutos. Dele la vuelta con cuidado, sin rasgar la piel, y hornéelo otros 30 minutos. Extráigalo y déjelo reposar uno o dos minutos. Páselo a una fuente caliente.
5 Para preparar las tortitas mandarinas, mezcle la harina y el azúcar en un cuenco y vierta encima 1 taza (250 ml) de agua hirviendo. Remueva un poco para mezclarlo todo y déjelo reposar hasta que esté templado. Amase la mezcla sobre una superficie enharinada hasta obtener una masa homogénea y déjela reposar tapada durante 30 minutos.
6 Moldee dos cucharadas rasas de la masa en bolas y forme luego discos de 8 cm. Unte ligeramente un disco con aceite de sésamo y coloque otro encima. Enróllelos de nuevo para formar una tortita fina de unos 15 cm de diámetro. Repita la operación con el resto de la masa y el aceite para elaborar unas 10 tortitas "dobles".
7 Caliente una sartén y fría las tortitas una por una. Cuando aparezcan pequeñas burbujas en la superficie, deles la vuelta para dorarlas por el otro lado, presionando la superficie con un paño limpio. Las tortitas deberían inflarse al hacerse. Páselas a una fuente. Cuando estén templadas sepárelas, amontónelas en una fuente y cúbralas para que no se sequen.
8 Para servir, retire la piel crujiente de la superficie inferior del pato y córtela en tiras finas. Trinche en filetes finos la carne de la pechuga y las patas y colóquelos en una fuente caliente. Disponga los bastoncillos de pepino y las escobillas de cebolleta en una fuente. Vierta la salsa a base de soja en un plato pequeño. Coloque las tortitas y el pato ya trinchado en fuentes separadas. Cada comensal tomará una tortita, la rociará con un poco de salsa utilizando la escobilla de cebolleta y añadirá a su plato un par de bastoncillos de pepino, una escobilla de cebolleta y, finalmente, un trozo de pato y de piel. La tortita se pliega entonces en forma de sobre para encerrar el relleno. Repita la operación con el resto de las tortitas y el pato.
NOTA: Por lo general, estas tortitas suelen ser tan finas como el papel. Una vez aprendida la técnica para prepararlas, debe utilizar 1 cucharada rasa de la masa para cada una y seguir las indicaciones anteriores. En tiendas especializadas asiáticas se puede encontrar pato a la barbacoa y en estos mismos establecimientos puede comprar las tortitas ya preparadas.
CON ANTELACIÓN: Puede preparar las tortitas unas horas antes y dejarlas tapadas en un lugar fresco. Recaliéntelas durante un breve espacio de tiempo justo antes de servirlas. También puede cocerlas al vapor en un colador forrado con un paño limpio o envolverlas bien en papel de aluminio y hornearlas a 180°C durante 2 minutos.

PATO DE PEKÍN
En los restaurantes chinos tradicionales, el pato de Pekín lo prepara un jefe de cocina con muchos años de experiencia. Para que la piel asada alcance el punto deseado, debe separarse con cuidado de la carne del pato masajeándola para atrás y para adelante, al tiempo que se comprueba que no tiene agujeros. Se utiliza un tubito para soplar entre la piel y el cuerpo del ave, que luego deberá cerrarse. Al verter el agua hirviendo sobre el pato, la piel se despega de la carne y queda crujiente por la acción del asado. En algunos restaurantes se exige encargarlo con 24 horas de antelación para servir pato de Pekín.

PÁGINA ANTERIOR: Pato de Pekín con tortitas mandarinas

CREPES DE SUSHI

Vierta suficiente mezcla de huevo en la sartén para cubrir la base.

Cueza el arroz de grano corto hasta que se formen agujeros en la superficie.

Enrolle con firmeza la crepe alrededor del relleno, ayudándose con un mantelito para sushi o un trozo de papel parafinado.

ARRIBA: Crepes para sushi

CREPES DE SUSHI

Tiempo de preparación: 1 hora
Tiempo total de cocción: 30 minutos
Para unas 40 unidades

☆☆

4 huevos

Sushi

1 taza (220 g) de arroz de grano corto
2 cucharadas de vinagre de arroz
1 cucharada de azúcar
1 cucharada de mirin o jerez seco
un poco de pasta de wasabi
125 g de atún para sashimi cortado en tiras finas
1 pepino pequeño pelado y cortado en bastones
1/2 aguacate pelado y cortado en bastones
3 cucharadas de jengibre en conserva cortado en tiras finas
salsa de soja para acompañar

1 Para preparar las crepes de huevo, bata poco a poco los huevos con 2 cucharadas de agua fría y una pizca de sal en un cuenco hasta que quede todo bien mezclado. Caliente una sartén pequeña, vierta en ella aceite y masa suficiente para cubrir la base. Cueza la crepe a fuego lento 1 minuto, vigilando que no se dore. Dele la vuelta y fríala 1 minuto. Pásela a una fuente y continúe con el resto de la masa.
2 Para preparar el sushi, ponga a hervir el arroz en una olla con 2 tazas (500 ml) de agua, baje el fuego y déjelo cocer 5 minutos, o hasta que se formen agujeros. Si tiene una cocina de gas, tápelo, baje el fuego al mínimo y prosiga la cocción 7 minutos, o hasta que el líquido se haya evaporado. Si es eléctrica, retire la olla del fuego, tápela y deje cocer el arroz al vapor de 10 a 12 minutos (con ello evitará que el arroz se pegue y se queme).
3 Mezcle el vinagre, el azúcar, el mirin y 1 cucharadita de sal en una jarra y rocíe el aderezo sobre el arroz. Extienda el arroz sobre una bandeja de horno y déjelo enfriar a temperatura ambiente.
4 Coloque una crepe de huevo sobre un mantelito para sushi o un trozo de papel parafinado. Extienda 4 cucharadas del arroz de sushi sobre un tercio de la crepe con una espátula o el dorso de una cuchara.

5 Extienda una pequeña cantidad de wasabi a lo largo del centro del arroz con sumo cuidado ya que el wasabi resulta extremadamente picante. Cúbralo con un poco de atún, pepino, aguacate y jengibre.
6 Ayúdese del mantelito o del papel para colocar la crepe alrededor del relleno y enrollarla con firmeza. Con un cuchillo afilado, recorte los extremos y corte el rollo de crepe en discos de 2 cm. Sírvalos con salsa de soja.
NOTA: El atún para sashimi es el atún más fresco y de mayor calidad y se vende en las buenas pescaderías. Si el arroz se le pega en las manos, manténgalas humedecidas mojándolas en un cuenco pequeño de agua templada con un chorrito de limón.
CON ANTELACIÓN: Puede preparar las crepes un día antes y guardarlas en el frigorífico en un recipiente hermético. No las corte hasta el momento de servirlas, pues podrían secarse.

SETAS A LA PARRILLA CON SEMILLAS DE SÉSAMO

Tiempo de preparación: 15 minutos
Tiempo total de cocción: 10 minutos
Para 30–35 unidades

☆

- 1 cucharada de semillas de sésamo
- 400 g de setas planas medianas o setas shiitake
- 2 cucharadas de salsa teriyaki
- 2 cucharadas de mirin o jerez dulce
- 1 cucharada de azúcar
- 1 cucharada de cebollino picado fino
- 1 cucharadita de aceite de sésamo
- 10 cebollinos cortados en trozos cortos

1 Precaliente el horno a 180°C. Esparza las semillas en una fuente y hornéelas 10 minutos, hasta que se doren. Retírelas de la bandeja.
2 Frote las setas con un paño húmedo y deseche los tallos. Póngalas en un plato llano, alíñelas con un aderezo de salsa teriyaki, mirin, azúcar, cebollino y aceite de sésamo y déjelas reposar durante 5 minutos.
3 Disponga las setas en una bandeja engrasada, úntelas con la mitad de la marinada y áselas bajo el grill precalentado 5 minutos. Deles la vuelta, úntelas con la marinada restante y áselas 5 minutos más, o hasta que se doren. Decórelas con semillas de sésamo tostadas y cebollino.

TIRAS DE WON TON PICANTES

Corte tortas para won ton frescas en tiras de 1 cm con unas tijeras. Vierta aceite en una sartén de fondo pesado hasta llenar un tercio de su capacidad y caliéntelo a 180°C, hasta que un dado de pan se dore en 15 segundos. Fría las tiras por tandas hasta que estén bien doradas, extráigalas con una espumadera y déjelas escurrir sobre papel de cocina. Aún calientes, espolvoréelas con una mezcla de cinco especias chinas en polvo y sal. Una vez frías, guárdelas en un recipiente hermético. La cantidad dependerá de los comensales. Sirva este plato con las bebidas.

ARRIBA: Setas a la parrilla con semillas de sésamo

LA DESPENSA DE EXTREMO ORIENTE

Jengibre en conserva o jengibre rojo: empleado en la cocina japonesa. Tiene un fuerte sabor agridulce. Se vende en salmuera o en vinagres dulces, con varios matices que van del rojo al naranja pálido.

Tamarindo: un sabor esencial en muchos platos asiáticos. Se vende en forma de un delicioso líquido marrón o en bloques comprimidos de pulpa que se ponen en remojo, se amasan y se despepitan antes de su uso.

Concentrado de gamba (blachan): elaborado con gambas que se han secado, salado y machacado hasta formar una pasta. Se vende en bloques o en tarros. Debe guardarse en un recipiente hermético.

Pasta de wasabi: también conocida como rábano picante japonés. Es una pasta extremadamente picante elaborada con la raíz verde y nudosa del wasabi, originario de Japón. También se vende en polvo.

Papel de arroz: discos comestibles tan finos como el papel elaborados con harina de arroz, agua y sal. Sólo se venden secos. Se ponen en remojo antes de su uso para que queden flexibles.

Tortas para rollitos de primavera: redondas o cuadradas y elaboradas con una masa de harina de trigo y agua. También se conocen con el nombre de tortas para rollos al huevo.

Tortas para gow gee: discos de masa elaborados con harina de trigo y agua.

Tortas para won ton: cuadrados finos elaborados con una masa de harina de trigo y huevo.

Albahaca asiática: en la cocina asiática se usan tres variedades de albahaca aromática, todas ellas con un sabor característico, si bien la albahaca dulce fresca es indicada para cualquier uso.

Cha plu: en ocasiones recibe el nombre de hojas de betel. Se vende en manojos en tiendas asiáticas. Se emplea en la cocina tailandesa tradicional para envolver aperitivos.

Espinacas de agua: de cultivo extendido en toda Asia. No pertenecen a la familia de las espinacas, si bien éstas pueden utilizarse en su lugar. Requieren una cocción breve.

Menta vietnamita: esta hierba rastrera, también llamada hoja de laksa y menta camboyana, tiene un sabor más parecido al cilantro que a la planta homónima.

Chalotes asiáticos o dorados: bulbos pequeños y suaves de la familia de la cebolla. De color pardo cobrizo y de tamaño similar a una nuez grande. Se preparan como las cebollas.

Galanga: de color rosado y con un sabor a pimienta característico. Se vende fresca (pelada y cortada en láminas como el jengibre fresco) o cortada y seca (se remoja en agua caliente).

Daikon: rábano asiático grande y alargado con forma de zanahoria y de sabor más bien dulce. Su sabor y textura son similares al rábano corriente. Se vende fresco o en tarros de conserva.

Kampyo: finas láminas secas de calabaza, puestas en remojo hasta que quedan flexibles. Se emplean como relleno para sushi o para atar envoltorios de comida.

Piel de tofu: piel que se forma al calentar la leche de los brotes de soja y luego se seca. Se ablanda con agua. Se vende en grandes láminas que se cortan a medida para envolver la comida antes de freírla, cocerla o brasearla.

Anís estrellado: se trata de vaina seca en forma de estrella que produce un árbol originario de China. Aporta un sabor anisado a las carnes y aves cocidas. Se vende entera o molida.

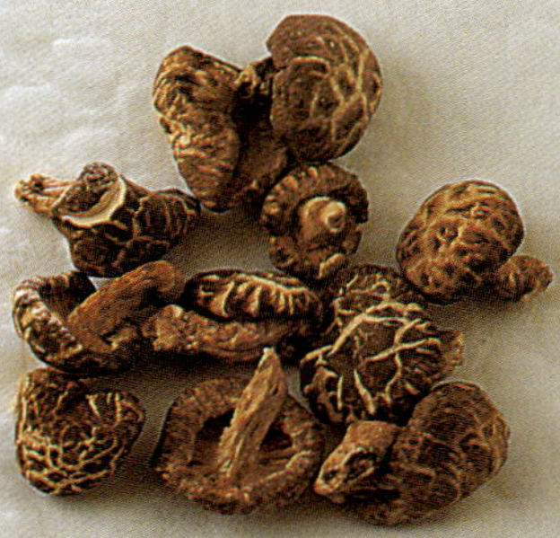

Setas shiitake: tienen un grato sabor ahumado y se venden frescas y secas. La variedad seca debe ponerse en remojo en agua hirviendo durante al menos 20 minutos para ablandarse antes de su uso.

Harina para tempura: se vende en paquetes en tiendas de alimentación asiáticas. Se prepara con agua fría. Se puede sustituir por harina normal pero la masa no quedará tan clara.

ROLLITOS DE PRIMAVERA

Los nombres de muchas preparaciones culinarias hacen alusión a la época del año en la que se suele disfrutar de una comida determinada. Los *rollitos de primavera* son un ejemplo típico, ya que en el Sudeste Asiático y China se comen tradicionalmente durante las fiestas de Año Nuevo que, naturalmente, se celebran en primavera.

ARRIBA: Rollitos de primavera

ROLLITOS DE PRIMAVERA

Tiempo de preparación: 45 minutos + remojo
Tiempo total de cocción: 20 minutos
Para 20 unidades

☆☆

4 setas chinas secas
1 cucharada de aceite
2 dientes de ajo majados
1 cucharada de jengibre fresco rallado
150 g de piel de tofu frita cortada en tiras
1 zanahoria grande cortada en bastoncillos
70 g de castañas de agua picadas
6 cebolletas picadas
150 g de col china cortada en tiras finas
1 cucharada de salsa de soja
1 cucharada de fécula de maíz
10 tortas grandes para rollitos de primavera
aceite para freír

1 Ponga en remojo las setas chinas en agua hirviendo durante 20 minutos. Escúrralas para eliminar el exceso de líquido. Trocee los sombrerillos y deseche los tallos duros.

2 Caliente la cucharada de aceite en un wok grande, esparciéndolo con un movimiento giratorio para cubrir la base y las paredes. Saltee el ajo, el jengibre, la piel de tofu, la zanahoria y las castañas de agua 30 segundos a fuego fuerte. Incorpore la cebolleta y la col, y sofríalo todo 1 minuto, o hasta que la col quede tierna. Añada la salsa de soja y sal, pimienta blanca y azúcar al gusto; deje enfriar el salteado. Agregue las setas cortadas en láminas.

3 Mezcle la fécula de maíz con 2 cucharadas de agua hasta formar una pasta. Mientras tanto, deje las tortas tapadas con un paño limpio. Coloque dos tortas en una tabla, una sobre la otra. (Los rollitos se preparan con dos capas de tortas.) Corte el cuadrado grande en cuatro. Pinte los bordes de cada cuadrado con un poco de pasta de fécula. Ponga 1 cucharada del relleno en el centro de cada cuadrado. Con una esquina mirando hacia usted, enrolle la torta con firmeza; vaya doblando los bordes hacia dentro. Repita la operación con el resto de las tortas y el relleno.

4 Caliente aceite en una sartén de fondo pesado (hasta llenar un tercio de su capacidad) a 180°C, hasta que un dado de pan se dore en 15 segundos. Fría los rollitos 3 minutos o hasta que se doren. Escúrralos sobre papel de cocina.

CALABAZAS BABY RELLENAS DE ARROZ

Tiempo de preparación: 20 minutos
Tiempo total de cocción: 10 minutos
Para 24 unidades

☆

- 24 calabazas amarillas baby
- 1 cucharada de aceite
- 2 cucharaditas de pasta de curry rojo tailandés
- 1 cebolleta picada fina
- 1 pimiento rojo pequeño picado fino
- 1 taza (185 g) de arroz tailandés cocido
- 1 cucharada de cilantro fresco picado fino
- 2 hojas de lima cafre cortadas en tiras finas
- 24 hojas de cilantro fresco para decorar

1 Blanquee o cueza al vapor las calabazas durante 5 minutos, o hasta que queden tiernas.

2 Corte una rodaja fina de la base de cada calabaza para que puedan mantenerse de pie; corte después una rodaja fina de la parte superior a modo de tapadera. Resérvelas.

3 Con un vaciador, extraiga la pulpa de las calabazas, dejando intacta una capa fina alrededor de la piel. Deseche la pulpa.

4 Caliente el aceite en un wok y saltee la pasta de curry, la cebolleta y el pimiento rojo durante 2 ó 3 minutos. Incorpore el arroz y sofríalo otros 2 ó 3 minutos. Añada el cilantro y las hojas de lima cafre y remueva bien.

5 Retire el sofrito del fuego y rellene cada calabaza con 1 cucharadita de arroz. Decórelas con una hoja de cilantro y tápelas. Dispóngalas en una fuente y sírvalas.

NOTA: Para 1 taza (185 g) de arroz tailandés, hay que cocer 1/3 taza (65 g) de arroz crudo en agua hirviendo durante unos 10 minutos.

CON ANTELACIÓN: Puede preparar el relleno y las calabazas un día antes. Tápelo todo y refrigérelo por separado. Rellene las calabazas varias horas antes de servirlas.

ABAJO: Calabazas baby rellenas de arroz

AJO

Si bien hay gente a la que le encanta el sabor picante del ajo, mientras que otros lo odian, su uso resulta indispensable como condimento de numerosas preparaciones. El ajo se ha empleado durante miles de años y es conocido por sus propiedades medicinales. Se usaba como antiséptico antes de la aparición de los antibióticos. Este bulbo, perteneciente a la familia de la cebolla, está formado por una cabeza de dientes cubiertos por una piel fina que se separan con facilidad. Los dientes resultan más fáciles de pelar si se colocan sobre una tabla y se aplastan con la parte plana de un cuchillo ancho. Maje o pique el diente con un cuchillo o un utensilio especial para machacar ajo. Para añadir un sabor sutil a las ensaladas, corte un diente y frótelo por el interior de la ensaladera, o añada un diente entero pelado al aderezo y retírelo antes de servir la ensalada.

PÁGINA SIGUIENTE: Crujientes bocados de atún (izquierda); Raviolis gyoza de cerdo

CRUJIENTES BOCADOS DE ATÚN

Tiempo de preparación: 45 minutos + refrigeración
Tiempo total de cocción: 15 minutos
Para 24 unidades

☆☆

Crema de wasabi

1/4 taza (60 ml) de nata
2 cucharadas de nata agria
1 cucharada de wasabi en polvo
1/2 cucharada de zumo de limón
1 cucharada de vinagre de vino de arroz
1/2 cucharadita de azúcar

12 discos de pasta para gow gee
aceite para freír
500 g de filetes de atún de 2,5 cm de grosor
1/2 taza (80 g) de semillas de sésamo

Ensalada

125 g de berros
1 pepino
3 rábanos
1 cucharadita de jengibre fresco rallado
3 cucharaditas de vinagre de vino de arroz
1 cucharada de aceite de sésamo
1 cucharada de aceite de cacahuete o maíz

1 Para preparar la crema de wasabi, monte la nata, añada la nata agria, el wasabi, el zumo, el vinagre y el azúcar. Salpimiéntelo todo y refrigérelo al menos 30 minutos.
2 Corte cada torta por la mitad. Vierta aceite en una cazuela honda de fondo pesado hasta llenar un tercio de su capacidad y caliéntelo a 180°C. Estará caliente cuando un dado de pan se dore en 15 segundos. Fría las tortas por tandas hasta que queden un poco doradas y crujientes, unos 30 segundos por cada lado. Déjelas escurrir sobre papel de cocina.
3 Corte los filetes de atún en tiras anchas de 4 cm (en 2 ó 3 trozos). Úntelos un poco con 2 cucharaditas de aceite; salpimiéntelos y páselos por las semillas de sésamo. Refrigérelos.
4 Separe los berros en ramitas. Con un pelador corte el pepino en tiras finas. Gire el pepino y deténgase al llegar a las semillas. Corte los rábanos en trozos. Mezcle el pepino, el rábano y el berro y resérvelo. Ponga el jengibre, el vinagre y los aceites en un cuenco que no sea de metal. Sazónelo todo y resérvelo.
5 Caliente 1 cucharada de aceite en una sartén de fondo pesado a fuego medio y fría el atún 1 minuto por cada lado. Las semillas de sésamo deben quedar doradas y el centro del atún rosado. Córtelo al sesgo en 24 trozos.
6 Antes de servir, remueva el aliño de jengibre y aderece la ensalada. Colóquela en montoncitos sobre las tortas, seguida de un trozo de atún y un poco de crema de wasabi. Sirva los bocados de atún a temperatura ambiente.

RAVIOLIS GYOZA DE CERDO

Tiempo de preparación: 40 minutos
Tiempo total de cocción: 10 minutos por tanda
Para 40 unidades

☆☆

Relleno

400 g de carne picada de cerdo
15 cebollinos chinos picados
2 dientes de ajo majados
1 cucharadita de aceite de sésamo

40 discos de pasta gyoza o para gow gee
1/2 taza (125 ml) de salsa de soja
1 cucharada de semillas de sésamo
aceite para freír

1 Para preparar el relleno, mezcle bien los ingredientes en un cuenco y sazónelos al gusto.
2 Coloque una cucharadita del relleno en el centro de cada disco; humedezca los bordes, pliéguelos sobre el relleno y presiónelos para sellarlos. Disponga los raviolis sobre una bandeja engrasada y repita la operación con el resto de los discos y el relleno. Antes de cocerlos, unte los raviolis con aceite.
3 Ponga a hervir agua en un wok, o una sartén, lleno hasta la mitad y tapado. Ponga los raviolis por tandas, sin que se toquen, en una vaporera de bambú forrada de papel parafinado engrasado y cuézalos 10 minutos.
4 Mezcle la salsa de soja y las semillas de sésamo en un plato pequeño.
5 Caliente el aceite en una sartén grande y fría los raviolis por tandas 2 minutos por un solo lado, o hasta que se doren. No les dé la vuelta. Sírvalos calientes con salsa de soja.
NOTA: Estos raviolis resultan fáciles y rápidos de preparar con una prensa especial, de venta en tiendas de menaje de cocina. Los discos de pasta se venden en tiendas de comida asiática.

ARRIBA: Tempeh picante frito

TEMPEH PICANTE FRITO

Tiempo de preparación: 30 minutos + reposo
Tiempo total de cocción: 40 minutos
Para 4–6 personas

☆☆

- 4 guindillas rojas pequeñas despepitadas
- 2 tallos de hierba de limón (sólo la parte blanca)
- 2 hojas de lima cafre frescas
- 1/2 taza (125 ml) de aceite
- 10 chalotes dorados o rojos asiáticos troceados
- 2 dientes de ajo grandes picados finos
- 500 g de tempeh, cortado en bastoncillos
- 1 trozo de 4 cm de galanga fresca pelado y troceado fino
- 3 cucharaditas de puré de tamarindo
- 1 cucharadita de sal
- 60 g de azúcar de palma rallado

1 Parta las guindillas a lo largo para extraer las semillas y la membrana y córtelas finas en diagonal. Aplaste la hierba de limón y las hojas de lima con el lomo de un cuchillo grande.

2 Caliente 2 cucharadas del aceite en un wok o sartén y fría los chalotes y el ajo por tandas a fuego medio-bajo 2 ó 3 minutos. Escúrralos sobre papel de cocina. Caliente el aceite restante y fría el tempeh por tandas 3 ó 4 minutos, o hasta que esté muy crujiente (añada más aceite si es preciso). Déjelo escurrir bien. Deseche todo el aceite menos 2 cucharaditas.

3 Caliente el aceite reservado en el wok y rehogue la guindilla, la hierba de limón, la galanga y las hojas de lima 2 minutos o hasta que desprendan olor. Añada el puré de tamarindo, sal, azúcar y 1 cucharada de agua. Prosiga la cocción otros 2 ó 3 minutos, o hasta que la salsa se espese y se haya caramelizado.

4 Agregue los chalotes, el ajo y el tempeh fritos y saltéelo todo 1 ó 2 minutos, o hasta que se evapore todo el líquido. Apague el fuego, extienda la mezcla en el wok y déjela reposar. Deseche la hierba de limón, la galanga y las hojas de lima. Refrigere el preparado en un recipiente hermético hasta 5 días.

NOTA: Puede sustituir el azúcar de palma por azúcar moreno. El tempeh es una fuente de proteínas fácil de digerir elaborada con brotes de soja, de venta en tiendas de comida asiática.

ENSALADA TAILANDESA EN TAZAS DE PEPINO

Tiempo de preparación: 25 minutos + maceración
Tiempo total de cocción: 5–10 minutos
Para 30 unidades

☆

Marinada

1/3 taza (80 ml) de kecap manis
1/3 taza (80 ml) de zumo de lima
1 guindilla roja troceada fina
1 cucharada de aceite de sésamo

250 g de solomillo de vacuno
7 pepinos

Ensalada

1/2 tallo de hierba de limón picado (la parte blanca)
1/4 taza (60 ml) de zumo de lima
1 ó 2 guindillas rojas frescas troceadas finas
20 g de hojas de menta fresca picada fina
20 g de hojas de cilantro fresco picadas finas
1 cucharada de salsa de pescado

1 Mezcle los ingredientes de la marinada. Ponga el solomillo en un cuenco que no sea metálico; vierta encima la marinada y refrigérelo durante 2 horas, o toda la noche. Deje reposar la carne a temperatura ambiente antes de asarla.
2 Caliente una parrilla o barbacoa y ase la carne, durante 7 minutos para que quede hecha. Reduzca el tiempo de cocción si desea que quede cruda o prolónguelo para que quede muy hecha. Déjela enfriar, córtela luego en tiras finas y mézclela con el resto de los ingredientes de la ensalada.
3 Recorte los extremos de los pepinos y trocéelos en rodajas de 3 cm de grosor. Con un vaciador, extraiga la pulpa de cada trozo para que adquieran forma de "taza" de 1 cm de grosor. Rellénelos con la ensalada de carne.
CON ANTELACIÓN: Prepare la ensalada y vacíe los trozos de pepino, refrigérelo todo y rellene las tazas de pepino justo antes de servir.

ENSALADA TAILANDESA EN TAZAS DE PEPINO

Recorte los extremos de los pepinos y trocéelos en rodajas de 3 cm de grosor.

Con un vaciador, extraiga la carne, dejando un borde de pulpa en el fondo y a los lados a modo de taza para rellenarla después.

IZQUIERDA: Ensalada tailandesa en tazas de pepino

ARRIBA: Raviolis de espinacas y castañas de agua

RAVIOLIS DE ESPINACAS Y CASTAÑAS DE AGUA

Tiempo de preparación: 1 hora 30 minutos + enfriado
Tiempo total de cocción: 50 minutos
Para 30 unidades

☆☆

Relleno

1 cucharada de aceite de cacahuete
1 cucharadita de aceite de sésamo
1 diente de ajo majado
1 trozo de 2,5 cm de jengibre fresco rallado
2 cucharadas de cebollino chino fresco picado
30 g de espinacas de agua, en tiras de 1 cm
120 g de castañas de agua en conserva escurridas y picadas finas
1 cucharada de salsa de soja

Masa

2 tazas (350 g) harina de arroz
2/3 taza (85 g) de almidón de tapioca
2 cucharadas de harina de arrurruz
1 cucharada de harina de arroz glutinoso

Salsa

1/2 cucharadita de aceite de sésamo
1/2 cucharadita de aceite de cacahuete
1 cucharada de salsa de soja
1 cucharada de zumo de lima
1 guindilla roja pequeña despepitada y picada fina

harina de tapioca para rebozar

1 Para preparar el relleno, caliente los aceites a fuego medio-bajo en un wok y sofría el ajo y el jengibre, removiendo, durante 1 minuto, o hasta que desprendan su aroma sin llegar a dorarse. Agregue el cebollino, las espinacas, las castañas y la salsa de soja y rehóguelo todo 2 minutos. Apártelo del fuego y déjelo enfriar 5 minutos. Escurra el exceso de líquido.
2 Ponga a cocer los ingredientes de la masa en una olla con 2 1/2 tazas (600 ml) de agua, removiendo para eliminar los posibles grumos durante 10 minutos a fuego medio, o hasta que la mezcla se espese. Prosiga la cocción sin dejar de remover durante 5 minutos más, o hasta que el líquido se vuelva opaco. Pase la masa a una superficie de trabajo cubierta con harina de tapioca y déjela reposar durante

10 minutos. Amásela otros 10 minutos. (Mantenga la superficie y las manos enharinadas mientras trabaja la masa.) Divídala en dos y cubra una mitad con film transparente.
3 Extienda la masa hasta que tenga 2 mm de grosor. Córtela en discos de 9 cm con un cortapastas. Ponga una cucharadita colmada del relleno en el centro de cada disco, moje los bordes, pliéguelos y séllelos. El uso de una prensa especial le facilitará el trabajo. Disponga los raviolis sobre una superficie o bandeja enharinada y repita la operación con el resto de la masa y el relleno. No aproveche las sobras de masa. Antes de cocerlos, unte los raviolis con aceite.
4 Ponga a hervir agua en un wok, o una sartén, lleno hasta la mitad y tapado. Coloque los raviolis, sin que se toquen, en una vaporera de bambú forrada con papel parafinado engrasado. Tápelo y cueza los raviolis al vapor durante 10 minutos, o hasta que la masa se vuelva opaca. Repita la operación con el resto de los raviolis y sírvalos con salsa como acompañamiento.
5 Para elaborar la salsa, bata todos los ingredientes en un cuenco pequeño.
NOTA: Las espinacas de agua, llamadas también kangkung, se encuentran en las verdulerías asiáticas. La harina de arroz, el almidón de tapioca, la harina de arrurruz y la harina de arroz glutinoso se venden en tiendas de comida asiática y en algunos supermercados.

ROLLITOS DE POLLO TAILANDESES

Tiempo de preparación: 25 minutos
Tiempo total de cocción: 10 minutos
Para 30 unidades

☆☆

600 g de carne picada de pollo
4 tallos de hierba de limón picados finos
4 guindillas rojas despepitadas y picadas finas
6 chalotes rojos asiáticos picados finos
2 cucharadas de menta vietnamita fresca picada fina
3 cucharadas de cilantro fresco picado fino
2 cucharadas de salsa de pescado
2 cucharadas de zumo de lima fresco
1 paquete de 100 g de piel de tofu
aceite para freír
4 hojas de lima cafre, en tiras para decorar

1 Mezcle la carne picada, la hierba de limón, la guindilla, los chalotes, la menta, el cilantro, la salsa de pescado y el zumo de lima (utilice cuchillos afilados o un robot de cocina). Corte la piel de tofu en rectángulos de 10 x 16 cm y reblandézcalos con agua para enrollarlos. Forme rollos tomando cucharadas de la mezcla de pollo y ponga uno en cada rectángulo de tofu. Enróllelos desde el extremo corto; vaya doblando los bordes hacia dentro.
2 Caliente aceite en una sartén de fondo pesado a 180°C, hasta llenar un tercio de su capacidad. Estará caliente cuando un dado de pan se dore en 15 segundos. Fría los rollitos 1 minuto, o hasta que queden hechos y dorados. Si la piel de tofu se dora antes de hacerse el pollo, baje el fuego. Escúrralos y sírvalos enseguida decorados con hojas de lima cafre.

ARRIBA: Rollitos de pollo tailandeses

PAQUETITOS DE CHA PLU Y CARNE

Tiempo de preparación: 25 minutos
Tiempo total de cocción: 10 minutos
Para unas 45 unidades

✯✯

1 puerro mediano
250 g de carne magra picada de vaca
1 pepino picado fino
1/2 cebolla roja picada fina
5 ó 6 hojas de menta vietnamita fresca picada
2 cucharadas de zumo de lima
2 cucharadas de salsa de pescado
2 cucharadas de coco desecado tostado
500 g de cha plu (hojas de betel)
1 taza (250 ml) de salsa de guindilla dulce para acompañar

1 Corte el puerro por la mitad a lo largo, lávelo bien y deseche las capas externas y la parte más dura del tallo. Póngalo en un cuenco, vierta agua hirviendo y déjelo en remojo durante 5 minutos, o hasta que se reblandezca. Escúrralo bien y resérvelo.
2 Caliente 1 cucharada de aceite en una sartén y sofría la carne picada, deshaciendo los posibles grumos con el dorso de un tenedor, de 5 a 8 minutos, o hasta que quede hecha y dorada. Apártela del fuego y déjela enfriar.
3 Mezcle bien el picadillo con el pepino, la cebolla, la menta, el zumo de lima, la salsa de pescado y el coco; reserve la mezcla.
4 Recorte la base del puerro y córtelo a lo largo en tiras finas de 5 mm de ancho. Elija la cantidad deseada de hojas de betel (las más grandes son mejores para hacer paquetitos), lávelas y resérvelas.
5 Ponga 1 cucharadita de la mezcla en el centro de cada hoja y pliegue los bordes hacia dentro para formar un paquete, o bien levante las puntas y únalas en forma de bolsa. Átelas con cuidado con tiras de puerro. Repita la operación con todas las hojas. Disponga los paquetitos sobre una fuente con salsa de guindilla dulce para acompañar y sírvalos de inmediato.
NOTA: Las hojas de betel y la menta vietnamita se pueden comprar en verdulerías asiáticas. Si no las encuentra, sustituya las hojas de betel por hojas de col china blanqueadas y la menta vietnamita por menta normal.

POLLO NEGRO BRILLANTE

Tiempo de preparación: 15 minutos + remojo
Tiempo total de cocción: 1 hora
Para unos 25 trozos

✯

3 setas chinas secas
1/2 taza (125 ml) de salsa de soja oscura
1/4 taza (45 g) de azúcar moreno
2 cucharadas de Shaosing (vino chino)
1 cucharada de salsa de soja
1 cucharadita de aceite de sésamo
1/4 cucharadita de cinco especias chinas en polvo
1,4 kg de alitas de pollo
1 trozo de 4 cm de jengibre fresco rallado

1 Ponga las setas en un cuenco refractario pequeño, cúbralas con agua hirviendo y déjelas en remojo durante 20 minutos, o hasta que se reblandezcan. Escúrralas, reservando el líquido. Póngalo a hervir en un cazo con la salsa de soja oscura, el azúcar, el vino, la salsa de soja, el aceite de sésamo y las cinco especias en polvo, removiendo constantemente.
2 Frote el pollo con jengibre y 1 cucharadita de sal y póngalo en una cazuela. Cúbralo con la marinada de soja y las setas, y dele la vuelta para que quede bien cubierto con la marinada. Tápelo y cuézalo a fuego lento, girándolo a menudo, durante 20 minutos o hasta que los jugos de la cocción salgan limpios al pinchar la carne con una brocheta. Retire el pollo del fuego y déjelo enfriar un poco. Hierva la salsa a fuego fuerte hasta que quede espesa y almibarada. Deseche las setas.
3 Disponga el pollo en una fuente, úntelo por encima con la salsa almibarada y sirva el resto de la salsa como acompañamiento.
NOTA: La salsa de soja oscura tiene una consistencia más espesa que la normal; se encuentra en tiendas de comida asiática especializadas.

PAQUETITOS

Ponga 1 cucharadita de la mezcla en el centro de cada hoja con el envés hacia arriba.

Levante las puntas de cada hoja para formar una bolsa, o pliéguelas en forma de paquete, y átelas luego con tiras de puerro.

PÁGINA ANTERIOR: Paquetitos de cha plu y carne (superior); Pollo negro brillante

ARRIBA: Calamares salpimentados

CALAMARES SALPIMENTADOS

Tiempo de preparación: 30 minutos + maceración
Tiempo total de cocción: 10 minutos
Para 10 personas

✮✮

1 kg de calamares partidos en dos a lo largo
1 taza (250 ml) de zumo de limón
2 tazas (250 g) de fécula de maíz
1 1/2 cucharadas de sal
1 cucharada de pimienta blanca molida
2 cucharaditas de azúcar extrafino
4 claras de huevo poco batidas
aceite para freír
trozos de limón para servir
hojas de cilantro fresco para decorar

1 Extienda los calamares, lávelos y séquelos. Colóquelos sobre una tabla de cortar con la parte interna hacia arriba. Marque un trazado de rombos sobre la piel de cada calamar pero sólo superficialmente. Córtelo en trozos de 5 x 3 cm, páselos a un plato llano que no sea metálico y rocíelos con zumo de limón. Refrigérelos tapados durante 15 minutos, escúrralos y déjelos secar.
2 Mezcle la fécula de maíz, la sal, la pimienta y el azúcar en un cuenco. Pase los calamares por la clara de huevo y por la mezcla de harina, sacudiendo el exceso. Vierta aceite en una sartén honda de fondo pesado hasta llenar un tercio de su capacidad y caliéntelo a 180°C, o hasta que un dado de pan se dore en 15 segundos. Fría los calamares por tandas 1 ó 2 minutos, o hasta que los calamares se vuelvan blancos y se ricen. Déjelos escurrir sobre papel de cocina y sírvalos de inmediato.

SETAS CHINAS AL VAPOR CON GAMBAS

Tiempo de preparación: 40 minutos + remojo
Tiempo total de cocción: 40 minutos
Para unas 20 unidades

✮

60 g de setas shiitake
2 cucharadas de salsa de soja
3 cucharadas de aceite de sésamo
1 cucharada de azúcar de palma rallado
1 kg de gambas crudas peladas y sin hilo intestinal
6 cebolletas picadas finas
1/2 tallo de apio grande picado fino
2 cucharadas de cilantro fresco picado fino
1 trozo de 2,5 cm de jengibre fresco rallado
1/2 cucharadita de salsa de pescado
1 guindilla roja picada fina
1/4 cucharadita de aceite de sésamo

1 Deje en remojo las setas en agua hirviendo 20 minutos y escúrralas luego, reservando el líquido. Retire y deseche los tallos. A 1 taza (250 ml) del líquido reservado, añada la salsa de soja y 1 cucharada de aceite de sésamo.
2 Caliente el aceite de sésamo restante en un wok o sartén y sofría las setas, sólo por la parte más clara, hasta que se doren. Espolvoréelas con el azúcar de palma y saltéelas un minuto más. Agregue el líquido reservado y prosiga la cocción, con el wok tapado, unos 15 minutos a fuego lento. Escurra las setas, reservando el líquido, y déjelas enfriar.
3 Pique gruesa la carne de las gambas y mézclela en un cuenco con la cebolleta, el apio, el cilantro, el jengibre, la salsa, la guindilla y el aceite de sésamo.

4 Ponga 1 cucharadita de la mezcla en cada seta. Páselas a una vaporera. Hierva el líquido reservado en una olla y cueza las setas al vapor sobre el líquido (añada agua si es preciso) unos 15 minutos, o hasta que el relleno se cueza.

TEMPURA MIXTA

Tiempo de preparación: 20 minutos
Tiempo total de cocción: 10 minutos
Para unas 30 unidades

☆☆

12 langostinos crudos
1 lámina de nori cortada en 12 tiras finas
2 tazas (250 g) de harina para tempura o común
2 tazas (500 ml) de agua fría
2 yemas de huevo poco batidas
aceite para freír
harina para rebozar
60 g de ramilletes de brécol
100 g de champiñones pequeños
1 pimiento rojo cortado en tiras finas
salsa de soja para servir

1 Pele los langostinos y retire el hilo intestinal, dejando las colas intactas. Practique un corte en la parte inferior de cada langostino (esto impedirá que se ricen) y enrolle una tira de nori alrededor de la cola.
2 Tamice la harina en un cuenco, forme un hueco en el centro y vierta el agua fría y las yemas de huevo. Remuévalo todo con palillos chinos hasta que quede bien mezclado. La masa debería quedar un poco grumosa.
3 Vierta aceite en una sartén honda de fondo pesado y caliéntelo a 180°C, o hasta que un dado de pan se dore en 15 segundos.
4 Enharine los langostinos, y sacúdalos para eliminar el exceso de harina. Rebócelos luego con la masa y fríalos por tandas hasta que queden crujientes y un poco dorados. Déjelos escurrir sobre papel de cocina. Repita la operación con las verduras. Sirva la tempura de inmediato con salsa de soja para acompañar.
NOTA: La tempura debe rebozarse con una masa muy clara y servirse tan pronto esté frita. Asegúrese de que el agua está fría, pues esto ayuda a aclarar la masa. Ante la duda, añada unos cuantos cubitos de hielo. Si utiliza harina común, añada un poco más de agua para aligerar la masa.

ABAJO: Tempura mixta

SAQUITOS DE CERDO

Alise las porciones de masa, dejándola un poco más fina alrededor de los bordes.

Levante los bordes para encerrar el relleno y séllelos presionándolos.

Disponga cada saquito sobre un trozo de papel encerado e introdúzcalos en una vaporera.

ARRIBA: Saquitos de cerdo al vapor

SAQUITOS DE CERDO AL VAPOR

Tiempo de preparación: 40 minutos
Tiempo total de cocción: 15 minutos
Para unas 24 unidades

☆☆

3 tazas (450 g) de harina para saquitos de cerdo char sui
1 taza (250 ml) de leche
1/2 taza (125 g) de azúcar extrafino
1 cucharada de aceite

Relleno
2 cucharaditas de aceite
1 diente de ajo majado
2 cebolletas picadas finas
3 cucharaditas de fécula de maíz
2 cucharaditas de salsa china a base de soja
1 1/2 cucharaditas de salsa de soja
1/2 cucharadita de azúcar extrafino
150 g de cerdo chino a la barbacoa picado fino

1 Reserve dos cucharadas de harina. En un cazo, caliente la leche y el azúcar removiendo a fuego lento hasta que se disuelva el azúcar. Tamice la harina restante en un cuenco grande y forme un hueco en el centro. Vierta poco a poco la leche, removiendo hasta ligarlo todo. Enharine una superficie de trabajo con la harina reservada, vuelque en ella la masa y trabájela 10 minutos, o hasta que quede fina y elástica. Incorpore gradualmente la cucharada de aceite y trabaje la masa tras cada adición durante 10 minutos. Envuélvala en film transparente y refrigérela 30 minutos.
2 Para el relleno, sofría en una sartén el ajo y la cebolleta hasta que se ablanden. Añada una mezcla hecha con la fécula, 1/3 taza (80 ml) de agua, las salsas y el azúcar. Remueva a fuego medio hasta que la mezcla hierva y se espese, apártela del fuego, añada la carne y déjela enfriar.
3 Divida la masa en 24 porciones y alíselas, dejando los bordes más finos que el centro. Coloque cucharaditas del relleno en el centro de cada porción, levante los bordes y séllelos presionándolos. Ponga cada saquito sobre un cuadrado de papel encerado y dispóngalos a una distancia de 3 cm en una vaporera de bambú o de metal. Cuézalos al vapor por tandas sobre una olla de agua hirviendo 15 minutos, o hasta que suban y estén cocidos.
NOTA: La harina para estos saquitos, de venta en tiendas de comida asiática, ofrece una textura más fina y ligera que la común.

TALLARINES SALTEADOS CON MAÍZ Y CACAHUETES

Tiempo de preparación: 25 minutos
Tiempo total de cocción: 10 minutos
Para 35 unidades

☆☆☆

1/2 taza (90 g) de cacahuetes tostados
1/4 taza (60 ml) de leche de coco
2 cucharadas de zumo de lima
1/2 cucharadita de cúrcuma molida
1/4 taza (60 ml) de aceite
3 huevos poco batidos
125 g de tallarines de arroz secos
3 dientes de ajo majados
1 cucharada de jengibre fresco picado fino
2 cucharaditas de concentrado de gamba (blachan)
6 cebolletas cortadas en rodajas finas
400 g de mazorcas enanas de maíz de lata escurridas y cuarteadas a lo largo
150 g de brotes de soja
500 g de col china sin los tallos duros y troceada fina
1/2 pimiento rojo pequeño troceado fino
10 g de hojas de cilantro fresco
1 1/2 cucharadas de salsa de pescado
2 ó 3 hojas de plátano grandes para servir
1/2 taza (90 g) de cacahuetes tostados, adicionales, picados para decorar
trozos de lima para servir

1 Mezcle los cacahuetes, la leche de coco, el zumo de lima y la cúrcuma en un robot de cocina hasta mezclarlo todo bien, sin que los cacahuetes queden demasiado picados.
2 Caliente 1 cucharada del aceite en un wok grande, vierta los huevos batidos y ladee el huevo sin cocer hacia el borde externo del wok. Cuézalo hasta que se cuaje, extraiga la tortilla del wok y enróllela con firmeza. Córtela en tiras finas.
3 Deje los tallarines en remojo en un cuenco con agua hirviendo 5 minutos. Déjelos escurrir y córtelos en trocitos con unas tijeras.
4 Caliente el resto del aceite en el wok y saltee el ajo, el jengibre y el concentrado de gamba durante 30 segundos, o hasta que desprendan su aroma. Añada las verduras y saltéelas hasta que queden tiernas. Incorpore los tallarines y sofríalos hasta que estén calientes. Agregue la mezcla de cacahuete y sofríalo todo hasta que quede bien mezclado y se caliente por completo. Apague el fuego y añada poco a poco la tortilla, las hojas de cilantro y la salsa de pescado.
5 Corte las hojas de plátano en cuadrados de 11 cm y blanquéelas en agua caliente entre 10 y 15 segundos. Sujete con un dedo un cuadrado por una punta sobre una superficie plana, pliegue después un borde de la hoja de plátano por encima, superponiéndolo en forma de cono. Sujete bien el lado pinchando un palillo hacia la base. Repita la operación para formar 35 conos en total.
6 Rellene los conos, espolvoréelos con los cacahuetes adicionales y sírvalos con trozos de lima.
NOTA: Las hojas de plátano se pueden encontrar en la sección de frutas y verduras de la mayoría de las tiendas de comida asiática y de las islas del Pacífico.

ARRIBA: Tallarines salteados con maíz y cacahuetes

TAPAS Y MEZE

Las tapas y los meze son esos deliciosos aperitivos que se sirven en todo el Mediterráneo. Las tapas constituyen el corazón de la vida social española. El término procede de "tapar", pues para eso servían en sus orígenes, ya que se trataba de rebanadas de pan o lonchas de jamón dispuestas sobre los vasos de jerez en los bares para ahuyentar las moscas. Por suerte, las tapas han evolucionado bastante desde entonces y hoy suelen ser el motivo principal para visitar un típico bar de tapas. El término *meze* se traduce literalmente del griego como "sabroso bocado" y rinde homenaje a los sabores de Grecia, Turquía y Oriente Próximo. Si bien antaño se servían antes del plato principal, hoy una fuente de meze constituye todo un banquete.

ARRIBA: *Buñuelos de gamba*

BUÑUELOS DE GAMBA

Tiempo de preparación: 20 minutos
Tiempo total de cocción: 10 minutos
Para unas 30 unidades

☆☆

2/3 taza (85 g) de harina
1/3 taza (40 g) de harina de fuerza
2 cebolletas picadas
2 cucharadas de perejil fresco picado
una pizca de pimienta de Cayena
3/4 taza (185 ml) de soda
125 g de gambas pequeñas cocidas peladas y picadas
aceite de oliva para freír

1 Tamice las harinas en un cuenco grande y añada luego la cebolleta, el perejil, la pimienta y una pizca de sal; mézclelo todo bien. Forme un hueco en el centro y vierta poco a poco la soda, batiendo hasta obtener una masa sin grumos. Agregue suficiente agua para formar una masa que pueda tomarse con una cuchara y verterse con facilidad. Añada las gambas y mézclelo todo bien.
2 Vierta abundante aceite en una sartén honda de fondo pesado y caliéntelo a 180°C, o hasta que un dado de pan se dore en 15 segundos. Vierta medias cucharadas de la masa por tandas y fríalas 1 ó 2 minutos, dándoles la vuelta, hasta que se inflen y se doren. Extraiga los buñuelos con una espumadera y escúrralos sobre papel de cocina. Sírvalos calientes.

ESPIRALES DE ACEITUNAS

Pique finos 1 cucharada de alcaparras y 4 filetes de anchoa y mézclelo todo con 2 cucharadas de pasta de aceitunas, perejil fresco picado y un chorrito de aceite, hasta ligar la mezcla. Extienda la pasta obtenida en 2 láminas de masa de hojaldre y corte éstas de 1,5 cm. Retuerza cada tira 4 veces y hornéelas sobre bandejas forradas con papel parafinado a 200°C de 5 a 10 minutos, o hasta que queden doradas. Para unas 50 unidades.

CROQUETAS DE CHAMPIÑONES Y JAMÓN

Tiempo de preparación: 35 minutos + enfriado + refrigeración
Tiempo total de cocción: 20 minutos
Para 36 unidades

☆☆

90 g de mantequilla
1 cebolla pequeña picada fina
110 g de champiñones picados finos
$^3/_4$ taza (90 g) de harina
1 taza (250 ml) de leche
$^3/_4$ taza (185 ml) de caldo de pollo
110 g de jamón dulce picado fino
$^1/_2$ taza (60 g) de harina, adicional
2 huevos poco batidos
$^1/_2$ taza (50 g) de pan rallado
aceite de oliva para freír

1 Derrita la mantequilla en una sartén a fuego lento y sofría la cebolla durante 5 minutos, o hasta que quede transparente. Agregue los champiñones y rehóguelos, removiendo de vez en cuando, durante 5 minutos. Añada la harina y mézclelo todo a fuego lento durante 1 minuto, o hasta obtener una mezcla seca y grumosa que empiece a cambiar de color.

2 Retire la sartén del fuego y agregue poco a poco la leche y el caldo. Devuelva la sartén al fuego, removiendo constantemente hasta que la mezcla hierva y quede muy espesa. Incorpore el jamón y un poco de pimienta negra, pase la mezcla a un cuenco y déjela enfriar durante 2 horas.

3 Una vez fría, moldee cucharadas de la mezcla en forma de croquetas. Coloque la harina adicional, el huevo batido y el pan rallado en tres cuencos poco profundos. Pase las croquetas por la harina y después por el huevo; sacúdalas para eliminar el exceso de rebozado y, finalmente, empánelas. Póngalas sobre una bandeja de horno forrada con papel y refrigérelas durante unos 30 minutos.

4 Vierta aceite en una sartén honda de fondo pesado hasta llenar un tercio de su capacidad y caliéntelo a 180°C, o hasta que un dado de pan se dore en 15 segundos. Fría las croquetas por tandas durante 3 minutos, hasta que se hagan y queden doradas. Escúrralas sobre papel de cocina y sírvalas calientes o templadas.

ABAJO: Croquetas de champiñones y jamón

BOREK DE ESPÁRRAGOS

Corte las láminas de masa de hojaldre en rectángulos y coloque un trozo de espárrago en cada uno.

Pliegue los bordes cortos y enrolle luego la masa en forma de paquete, de modo que el espárrago quede bien sellado.

CEVICHE DE VIEIRAS

Tiempo de preparación: 20 minutos + maceración
Tiempo total de cocción: ninguno
Para 15 unidades

✯✯

15 vieiras en una de sus valvas
1 cucharadita de ralladura de lima
2 dientes de ajo picados
2 guindillas rojas despepitadas y picadas
1/4 taza (60 ml) de zumo de lima
1 cucharada de perejil fresco picado
1 cucharada de aceite de oliva

1 Extraiga las vieiras de las valvas. Si necesita cortarlas para separarlas, utilice un cuchillo de mondar pequeño y afilado, procurando dejar la menor cantidad posible de carne de vieira pegada. Retire el hilo intestinal negro y el músculo blanco de las vieiras y lave las valvas.
2 En un cuenco, mezcle la ralladura, el ajo, la guindilla, el zumo, el perejil, el aceite y sal y pimienta negra molida. Ponga las vieiras en el aderezo y remuévalas bien. Tápelas con plástico y déjelas macerar en el frigorífico 2 horas para que tomen sabor.
3 Para servir, devuelva las vieiras a las valvas y rocíelas con el aderezo. Sírvalas frías.

BOREK DE ESPÁRRAGOS

Tiempo de preparación: 20 minutos
Tiempo total de cocción: 25 minutos
Para 16 unidades

✯

16 puntas de espárragos frescas
1/2 cucharadita de sal
1/2 cucharadita de pimienta negra
2 cucharadas de ralladura de limón
2 láminas de masa de hojaldre
1 yema de huevo
1 cucharada de semillas de sésamo

1 Precaliente el horno a 200°C.
2 Ponga a cocer los espárragos en una olla grande llena de agua hirviendo con sal durante 3 minutos; escúrralos y aclárelos con agua fría corriente. Córtelos en trozos de 10 cm.
3 Mezcle la sal, la pimienta y la ralladura y reboce las puntas de espárragos.
4 Corte las láminas de masa de hojaldre en rectángulos de 12 x 6 cm y disponga una punta de espárrago sobre cada trozo de masa. En un cuenco, mezcle la yema de huevo con 2 cucharaditas de agua y pinte los lados y las puntas de la masa. Enrolle la masa en forma de paquete, cubriendo los espárragos por los lados para que queden bien sellados. Presione las uniones de la masa con un tenedor.
5 Coloque los paquetes en bandejas de horno engrasadas. Píntelos con el resto del huevo y espolvoréelos con las semillas de sésamo. Hornéelos de 15 a 20 minutos, o hasta que se doren. Estos paquetes están deliciosos fríos o calientes, con tzatziki (vea página 167).

BOREK DE CHAMPIÑONES

Tiempo de preparación: 40 minutos + enfriado
Tiempo total de cocción: 40 minutos
Para 24 unidades

✯

4 lonchas de beicon
250 g de champiñones
1 cucharada de aceite de oliva
1 cebolla picada
1/4 cucharadita de pimentón
6 láminas de masa de hojaldre

1 Pique el beicon y los champiñones en dados de 5 mm. Caliente el aceite de oliva en una sartén a fuego medio y sofría la cebolla y el pimentón durante 3 minutos, sin que lleguen a dorarse. Añada el beicon y sofríalo 3 minutos. Incorpore los champiñones y rehóguelo todo otros 5 minutos, o hasta que todos los ingredientes queden tiernos. Sazone el preparado con sal y pimienta negra, páselo a un cuenco y déjelo enfriar por completo.
2 Con un cortapastas de 10 cm, corte cada lámina de masa en 4 discos. Refrigérelos para poder trabajarlos mejor. Precaliente el horno a 200°C.
3 Rellene cada disco con 1 cucharada de la mezcla de beicon y champiñones. Levante la masa para formar cuatro lados y séllelos uniéndolos con los dedos mojados. Repita la operación con el resto de la masa y el relleno.
4 Hornéelos en bandejas forradas con papel parafinado de 20 a 30 minutos, o hasta que la masa se dore. Sírvalos fríos o calientes.

PÁGINA SIGUIENTE: Ceviche de vieiras (superior); Borek de espárragos

ARRIBA: *Pinchos de carne*

PINCHOS DE CARNE

Tiempo de preparación: 15 minutos + maceración
Tiempo total de cocción: 5 minutos
Para 18–20 unidades

☆☆

1 kg de carne de vaca del cuarto trasero
3 dientes de ajo picados
1 cucharada de perejil fresco picado
1/3 taza (80 ml) de zumo de limón
1/2 cucharadita de pimienta negra
18–20 brochetas de madera pequeñas

Aderezo de pimentón

2 cucharaditas de pimentón
una pizca generosa de pimienta de Cayena
1/2 cucharadita de sal
2 cucharadas de vinagre de vino tinto
1/3 taza (80 ml) de aceite de oliva

1 Elimine el exceso de grasa de la carne y córtela en trozos de 2 cm. Condiméntela con el ajo, el perejil, el zumo de limón y la pimienta en un cuenco, tápela con film transparente y déjela marinar 2 horas en el frigorífico. Mientras tanto, ponga en remojo las brochetas en agua 1 hora aproximadamente para evitar que se quemen durante la cocción.
2 Para preparar el aderezo de pimentón, bata el pimentón, la pimienta de cayena, la sal, el vinagre y el aceite hasta ligar bien la mezcla.
3 Precaliente una barbacoa o parrilla engrasada. Ensarte la carne en las brochetas y ase los pinchos, dándoles la vuelta 4 ó 5 minutos, o hasta que se hagan. Rocíelos con el aderezo y sírvalos calientes con trozos de limón.

HALOUMI

Se trata de un tipo de requesón firme que se cura en salmuera (agua con sal). Tiene un sabor salado e intenso, similar al feta. El haloumi se puede servir como parte de una tabla de quesos, acompañado de fruta fresca, frito con aceite de oliva o aliñado con aceite antes de asarlo. Tiene una textura suave y cremosa una vez fundido.

HALOUMI A LA BARBACOA

Rocíe 10 rebanadas de pan de barra por ambos lados con aceite de oliva y tuéstelas hasta que se doren. Corte 250 g de haloumi en lonchas de 5 mm y rocíelo con una mezcla de aceite y ajo majado. Áselo a la barbacoa 1 minuto o hasta que se ablande y se dore por debajo. Retírelo con una espátula y póngalo sobre las tostadas. Rocíelo con aceite de oliva y espolvoréelo con menta picada y pimienta negra machacada. Para 10 unidades.

BABA GANOUJ
(CREMA DE BERENJENA)

Tiempo de preparación: 15 minutos + reposo
Tiempo total de cocción: 35 minutos
Para 1 taza (250 ml)

☆☆

2 berenjenas medianas
3 ó 4 dientes de ajo majados
2 cucharadas de zumo de limón
2 cucharadas de tahini
1 cucharada de aceite de oliva
un poco de pimentón para decorar

1 Corte las berenjenas por la mitad a lo largo, espolvoréelas con sal y déjelas reposar entre 15 y 20 minutos. Aclárelas y séquelas con papel de cocina. Precaliente el horno a 180°C.
2 Coloque las berenjenas sobre una bandeja de horno y hornéelas durante 35 minutos, o hasta que queden tiernas. Quíteles la piel y deséchela. Pique la carne en un robot de cocina con el ajo, el zumo de limón, el tahini, el aceite de oliva y sal y pimienta entre 20 y 30 segundos. Espolvoree la crema con pimentón y sírvala con trozos de pan libanés.
NOTA: Las berenjenas se salan y se dejan reposar para eliminar de este modo su posible sabor amargo, que es absorbido por la sal. Con los ejemplares más delgados se puede obviar este paso. El tahini es una pasta a base de semillas de sésamo machacadas que puede encontrarse en el supermercado.

TZATZIKI
(CREMA DE PEPINO CON MENTA)

Ralle fino 1 pepino y elimine el exceso de agua. En un cuenco, mezcle 2 dientes de ajo majados, 250 g de yogur natural, 1 cucharadita de vinagre de vino blanco y una cucharadita de eneldo picado y de menta. Sazónelo todo con sal y pimienta negra al gusto. Sirva la crema con pan pitta o turco o con crudités.

ABAJO: Baba ganouj

POLENTA AL HORNO CON SALSA PICANTE

Vierta la polenta poco a poco en la leche hirviendo y remueva hasta que se espese.

Una vez espesa, remueva la mezcla sin parar con una cuchara de madera durante 20 minutos, o hasta que se despegue de las paredes del cazo.

PÁGINA SIGUIENTE: Polenta al horno con salsa picante (superior); Tostadas de tomate y anchoas

POLENTA AL HORNO CON SALSA PICANTE

Tiempo de preparación: 20 minutos + refrigeración
Tiempo total de cocción: 1 hora
Para 48 unidades

✯

600 ml de leche
2/3 taza (100 g) de polenta
25 g de mantequilla cortada en dados
1 cucharada de aceite de oliva
1 cucharada de polenta, adicional

Salsa picante

1 cucharada de aceite
2 cebollas rojas picadas gruesas
500 g de tomates Roma picados gruesos
1 guindilla roja grande picada fina
1/4 cucharadita de chile en polvo o al gusto
1 cucharada de azúcar moreno
1 cucharada de vinagre de vino tinto

1 Engrase ligeramente un molde para pasteles de 30 x 20 cm. Ponga la leche a hervir en un cazo, baje el fuego al mínimo y vierta la polenta lentamente, hasta que se espese. Remueva después continuamente con una cuchara de madera durante 20 minutos, o hasta que la polenta se despegue de las paredes del cazo. Retírela del fuego, incorpore la mantequilla y sazónela al gusto.
2 Extienda la polenta en el molde y alise la superficie. Refrigérela durante 2 horas, o hasta que cuaje.
3 Para preparar la salsa de tomate picante, caliente el aceite en una sartén y fría la cebolla, removiendo, a fuego fuerte durante 3 minutos. Agregue el tomate, la guindilla, el chile en polvo, el azúcar y el vinagre. Deje hervir la salsa, removiendo de vez en cuando, durante 20 minutos, o hasta que se espese. Sazónela con sal.
4 Precaliente el horno a 200°C. Vuelque la polenta sobre una tabla, córtela en cuadrados de 5 cm y luego en triángulos. Dispóngalos sobre una bandeja de horno forrada con papel, rocíelos con aceite de oliva y espolvoréelos con la polenta adicional. Hornéelos durante 10 minutos, o hasta que la polenta quede dorada y crujiente en la superficie. Sírvala caliente o templada con la salsa tibia.
NOTA: También puede utilizar polenta instantánea que se cuece en sólo 3 minutos.

TOSTADAS DE TOMATE Y ANCHOAS

Tiempo de preparación: 10 minutos
Tiempo total de cocción: 5 minutos
Para 16 unidades

✯

16 rebanadas de pan italiano de 1 cm de grosor
3 dientes de ajo partidos por la mitad
8 tomates maduros
1/3 taza (80 ml) de aceite de oliva virgen extra
2 latas de 45 g de filetes de anchoa escurridos y cortados a lo largo

1 Tueste el pan por ambos lados hasta que se dore. Aún calientes, frote las tostadas por ambos lados con un ajo cortado.
2 Corte los tomates por la mitad y páselos por las tostadas, de modo que el jugo y las semillas mojen bien las tostadas pero sin empaparlas en exceso. Pique el tomate restante y dispóngalo sobre las tostadas.
3 Rocíe las tostadas con el aceite y cúbralas con los filetes de anchoa. Espolvoréelas con sal y pimienta negra y sírvalas.

CREMA DE FETA PARA UNTAR

Tiempo de preparación: 10 minutos
Tiempo total de cocción: ninguno
Para 1 taza (250 ml)

✯

175 g de feta desmenuzado
100 g de ricotta
3 cucharadas de aceite de oliva
15 g de menta fresca picada
pan de barra para servir

1 Mezcle el feta, el ricotta y el aceite de oliva en un cuenco y tritúrelo todo con un tenedor hasta que quede bien mezclado. La crema obtenida debería contener aún pequeños grumos de queso.
2 Añada la menta y un poco de pimienta negra machacada al gusto. Refrigere la crema en un recipiente hermético hasta un máximo de 5 días. Tueste el pan de barra y sírvalo para untarlo con la crema de queso.
NOTA: La crema de queso se puede cubrir con rodajas de tomate o pimiento asados.

ARRIBA: *Sardinas a la parrilla con pepino*

SARDINAS A LA PARRILLA CON PEPINO

Tiempo de preparación: 20 minutos + maceración
Tiempo total de cocción: 10 minutos
Para 30 unidades

☆☆

- 30 sardinas abiertas descabezadas (vea nota)
- 2 cucharadas de aceite de oliva
- 2 cucharadas de aceite vegetal
- 2 cucharadas de zumo de limón
- 2 dientes de ajo troceados
- 1 cucharada de orégano fresco
- 1 pepino
- 1/4 cucharadita de azúcar

1 Disponga la mitad de las sardinas en una sola capa en un plato que no sea metálico. Mezcle los aceites, el zumo de limón, el ajo y las hojas de orégano y rocíe las sardinas con la mitad del aderezo. Cúbralas con las sardinas restantes y vierta encima el resto del aderezo. Tápelas con film transparente y déjelas macerar 30 minutos en el frigorífico.

2 Mientras tanto, pele el pepino y córtelo en tiras finas longitudinales, dejando los cuatro bordes uniformes y evitando la parte de las semillas. Debería obtener unas 15 tiras de pepino en total. Córtelas por la mitad para lograr 30 tiras del tamaño de las sardinas.

3 Disponga las tiras de pepino en un colador y espolvoréelas con azúcar y un poco de sal. Coloque encima un cuenco y deje reposar el pepino durante 15 minutos para que el líquido se escurra.

4 Precaliente la parrilla. Lave bien el pepino y séquelo con papel de cocina. Ponga una tira de pepino sobre la parte carnosa de cada sardina, enróllelas a modo de rollito y pínchelas con un palillo.

5 Coloque la mitad de las sardinas en la parrilla y áselas durante 5 minutos, o hasta que queden bien hechas. Repita la operación con el resto de las sardinas. Sírvalas calientes, con tzatziki (vea página 167), si lo desea.

NOTA: Estas sardinas se preparan retirando el hilo intestinal y la raspa y abriéndolas para que queden planas.

CON ANTELACIÓN: Puede enrollar las sardinas con el pepino un día antes y guardarlas tapadas en el frigorífico.

ROLLITOS DE POLLO

Tiempo de preparación: 1 hora 15 minutos
Tiempo total de cocción: 1 hora 5 minutos
Para unas 40 unidades

✯✯

60 g de mantequilla
1 cebolla grande picada
2 dientes de ajo majados
2 cucharadas de harina
1/2 taza (125 ml) de caldo de pollo
1/2 taza (125 ml) de leche
1 pollo grande a la barbacoa, sin piel y con la carne desmenuzada
1/4 taza (25 g) de parmesano rallado
2 cucharaditas de hojas de tomillo fresco
1/4 taza (25 g) de pan rallado
2 huevos poco batidos
13 láminas de pasta filo cortadas en tercios
140 g de mantequilla fundida, adicional

1 Derrita la mantequilla en una sartén y rehogue la cebolla a fuego lento durante 12 minutos, o hasta que quede tierna, removiendo de vez en cuando. Suba el fuego a medio-fuerte y agregue el ajo. Sofríalo removiéndolo todo durante 1 minuto, añada luego la harina y prosiga la cocción otro minuto. Retire la sartén del fuego e incorpore el caldo y la leche. Devuélvala al fuego y remueva constantemente hasta que la salsa hierva y se espese. Hiérvala 1 minuto, retírela del fuego y añada el pollo, el parmesano, el tomillo, el pan rallado, sal y pimienta. Déjelo enfriar todo y agregue los huevos.
2 Precaliente el horno a 220°C. Engrase ligeramente tres bandejas de horno.
3 Coloque un trozo de pasta en la superficie de trabajo con el extremo más corto cerca de usted (cubra los trozos restantes con un paño húmedo). Píntelo con la mantequilla fundida adicional y ponga una cucharada rasa del preparado de pollo en el extremo más próximo a usted. Pliegue los lados, píntelos con mantequilla y enrolle la masa con firmeza para formar un cilindro de 8 cm de longitud. Páselo a la bandeja de horno y pinte la superficie con un poco de mantequilla. Repita la operación con el resto de la pasta, la mantequilla y el preparado de pollo.
4 Hornee los rollos 15 minutos en la mitad superior del horno hasta que se doren. Sírvalos calientes.

ABAJO: Rollitos de pollo

MEJILLONES RELLENOS

Frote los mejillones con un cepillo duro y arranque las barbas. Deseche los mejillones abiertos o rotos.

Rellene las valvas con la mezcla de mejillones, cúbralo todo con la besamel, y alise la superficie con un cuchillo.

ARRIBA: Mejillones rellenos

MEJILLONES RELLENOS

Tiempo de preparación: 40 minutos + enfriado
Tiempo total de cocción: 16 minutos
Para 18 unidades

☆☆

18 mejillones
2 cucharaditas de aceite de oliva
2 cebolletas picadas finas
1 diente de ajo majado
1 cucharada de concentrado de tomate
2 cucharaditas de zumo de limón
3 cucharadas de perejil fresco picado
1/3 taza (35 g) de pan rallado
2 huevos batidos
aceite de oliva para freír

Besamel

40 g de mantequilla
1/4 taza (30 g) de harina
1/3 taza (80 ml) de leche

1 Frote los mejillones y retire las barbas. Deseche los que no se cierren al darles un golpe seco. Ponga a hervir 1 taza (250 ml) de agua en una olla mediana; añada los mejillones, tápelos y cuézalos 5 minutos, agitándolos de vez en cuando. Cuele el líquido hasta obtener 1/3 taza (80 ml). Deseche los mejillones cerrados. Separe los mejillones de las valvas y deseche la mitad de éstas. Pique finos los mejillones.
2 En una sartén, caliente el aceite y sofría la cebolleta 1 minuto. Añada el ajo y, al cabo de 1 minuto, los mejillones, el tomate, el zumo y 2 cucharadas de perejil. Salpimiéntelo todo y apártelo para dejarlo enfriar.
3 Para la besamel, derrita la mantequilla en un cazo a fuego lento y rehogue la harina 1 minuto, o hasta que se aclare y forme espuma. Retire del fuego y añada poco a poco el líquido reservado, la leche y la pimienta. Devuélvalo al fuego y remueva sin parar hasta que la salsa hierva, se espese y se despegue de las paredes del cazo. Déjela enfriar en un cuenco.
4 Rellene las valvas con la mezcla de mejillones, cúbralo todo con la besamel y alise la superficie bien colmada.
5 Mezcle el pan rallado y el perejil restante. Pase los mejillones por el huevo y luego por el pan rallado, rebozando bien la superficie.
6 Caliente abundante aceite en una sartén honda a 180°C, o hasta que un dado de pan se dore en 15 segundos. Fría los mejillones por tandas durante 2 minutos o hasta que se doren. Déjelos escurrir y sírvalos calientes.

CHAMPIÑONES RELLENOS

Tiempo de preparación: 25 minutos + enfriado
Tiempo total de cocción: 25 minutos
Para unas 30 unidades

☆☆

850 g de champiñones grandes
40 g de mantequilla
1 cebolla pequeña picada fina
100 g de carne de cerdo picada
60 g de chorizo picado fino
1 cucharada de concentrado de tomate
2 cucharadas de pan rallado
1 cucharada de perejil fresco picado

1 Retire los tallos de los champiñones, píquelos finos y resérvelos.
2 En una sartén, derrita la mantequilla a fuego lento y sofría la cebolla, removiendo de vez en cuando, durante 5 minutos o hasta que quede tierna. Suba el fuego al máximo, añada la carne picada y sofríalo todo 1 minuto, removiendo sin parar y deshaciendo los grumos. Agregue los tallos de los champiñones y el chorizo y prosiga la cocción 1 minuto o hasta que la mezcla se seque y se dore. Añada el concentrado de tomate y 1/2 taza (125 ml) de agua. Llévelo todo a ebullición, baje el fuego al mínimo y déjelo hervir 5 minutos, o hasta que se espese. Agregue el pan rallado y pase la mezcla a un cuenco para que se enfríe.
3 Precaliente el horno a 210°C y engrase una bandeja. Rellene los sombrerillos con 1 1/2 cucharaditas de la carne fría, alisando la superficie con un cuchillo. Hornéelos en la bandeja situada en la parte superior 10 minutos. Espolvoréelos con perejil.

CREMA DE NUECES Y PIMIENTO

Cuartee y despepite 2 pimientos rojos. Áselos al grill con la piel hacia arriba hasta que ésta se ennegrezca. Déjelos enfriar en una bolsa de plástico y pélelos. En una sartén, caliente 1 cucharada de aceite de oliva y sofría 1 cebolla picada y 1 diente de ajo majado hasta que queden blandos. Añada 1/2 cucharadita de guindilla seca. Pique finas 1/2 taza (60 g) de nueces y añada los pimientos, el sofrito, 3 cucharadas de aceite de oliva, 2 cucharaditas de vinagre de vino tinto y 1/4 cucharadita de sal. Píquelo todo bien fino. Refrigere la crema hasta 5 días en un recipiente hermético. Para 1 taza (250 ml).

ARRIBA: Champiñones rellenos

BUÑUELOS DE COLIFLOR

Tiempo de preparación: 15 minutos + reposo
Tiempo total de cocción: 15 minutos
Para unas 40 unidades

☆☆

600 g de coliflor
1/2 taza de harina besan
2 cucharaditas de comino molido
1 cucharadita de cilantro molido
1 cucharadita de cúrcuma molida
una pizca de pimienta de Cayena
1 huevo poco batido
1 yema de huevo
aceite para freír

1 Corte la coliflor en ramilletes. Tamice la harina y las especias en un bol, añada 1/2 cucharadita de sal y forme un hueco en el centro.
2 Mezcle 1/4 taza (60 ml) de agua con el huevo y la yema y vierta poco a poco la mezcla en el hueco, batiendo para obtener una masa sin grumos. Tápela y déjela reposar 30 minutos.
3 Caliente abundante aceite en una sartén honda a 180°C, o hasta que un dado de pan se dore en 15 segundos. Reboce los ramilletes en la masa, sujetándolos por los tallos, y escurra el exceso sobre el cuenco. Fríalos 3 ó 4 minutos, o hasta que el rebozado se infle y se dore. Escúrralos, sazónelos y sírvalos calientes.

FLORES DE CALABACÍN AL QUESO

Tiempo de preparación: 1 hora 20 minutos + reposo
Tiempo total de cocción: 10 minutos
Para 24 unidades

☆☆

1 1/2 tazas (185 g) de harina
7 g de levadura seca o 15 g de levadura fresca
24 flores de calabacín
50 g de queso kefalotyri o parmesano
8 filetes de anchoa en aceite escurridos
aceite para freír

1 Tamice la harina y 1 1/4 cucharaditas de sal en un cuenco; forme un hueco en el centro. Bata la levadura y 1 1/4 tazas (315 ml) de agua templada en un cuenco hasta que se disuelva y viértala en el hueco, removiendo hasta obtener una masa espesa. Tápela con plástico y déjela reposar en un lugar cálido 1 hora, o hasta que forme espuma. No la remueva.
2 Abra con cuidado las flores, retire los estambres y lávelas. Corte el queso en dados de 1 cm y las anchoas en trozos de 1,5 cm.
3 Ponga un dado de queso y un trozo de anchoa en el centro de cada flor y pliegue los pétalos. Caliente abundante aceite en una sartén honda a 180°C, o hasta que un dado de pan se dore en 15 segundos. Reboce bien las flores con la masa y elimine el exceso. Fríalas por tandas durante 1 ó 2 minutos, o hasta que el rebozado se infle y se dore. Escurra las flores sobre papel de cocina y sírvalas calientes.

TORTILLA DE PATATAS

Tiempo de preparación: 20 minutos
Tiempo total de cocción: 30 minutos
Para 16 porciones

☆☆

1/2 taza (125 ml) de aceite de oliva
2 patatas grandes (600 g) peladas y cortadas en trozos de 5 mm
2 cebollas grandes picadas
3 huevos
1/2 cucharadita de sal

1 Caliente el aceite en una sartén antiadherente de 20 cm de diámetro y 5 cm de profundidad. Deposite la patata y la cebolla, tápela y rehóguela 8 minutos a fuego lento. Vaya girando la patata (no importa que se rompa). Tápelo todo y fríalo 8 minutos, sin dejar que la patata tome color.
2 Ponga un colador sobre un cuenco y escurra la mezcla de patata, reservando 1 cucharada del aceite. (El resto se puede volver a usar para cocinar; tendrá un suave sabor a cebolla.)
3 En un cuenco, bata los huevos con sal y añada la mezcla de patata, presionándola con el dorso de una cuchara para cubrirla por completo con el huevo.
4 Caliente el aceite reservado en la sartén a fuego fuerte. Vierta la mezcla de huevo y alise la superficie. Baje el fuego al mínimo, tape la sartén y deje cocer la tortilla 12 minutos, o hasta que cuaje. Mueva la sartén para comprobar que no se ha pegado. Déjela cocer otros 5 minutos y dele la vuelta. Sírvala caliente.

FILETES DE ANCHOA
La anchoa es un pequeño pescado de agua salada muy apreciado en Italia desde hace siglos. Las reservas en las aguas de la Europa meridional están prácticamente agotadas, por lo que en la actualidad procede de África y Sudamérica. Existe asimismo una variedad australiana. Las anchoas tienen una carne ligeramente grasa y un sabor intenso. Si las encuentra demasiado saladas, puede dejarlas en remojo en leche o agua durante 20 minutos antes de su consumo. Por lo general, se suelen vender en tarros o en lata, y maceradas en aceite, o en salmuera.

PÁGINA ANTERIOR: Buñuelos de coliflor (superior); Flores de calabacín al queso

PIMIENTOS RELLENOS

Ponga el relleno a cucharadas en el borde de cada tira, enróllela y afiance la punta con un palillo.

Enharine los pimientos, páselos después por huevo, escurra el exceso y, por último, empánelos.

ARRIBA: Pimientos rellenos

PIMIENTOS RELLENOS

Tiempo de preparación: 40 minutos + enfriado
Tiempo total de cocción: 25 minutos
Para 20 unidades

☆☆

5 pimientos rojos grandes
60 g de mantequilla
1 cebollita en vinagre picada fina
1 diente de ajo majado
1/4 taza (30 g) de harina
1 taza (250 ml) de leche
3 latas de 100 g de atún en aceite escurrido
1 cucharada de perejil fresco picado
2/3 taza (85 g) de harina, adicional
2 huevos poco batidos
1/2 cucharadita de pimentón
2/3 taza (65 g) de pan rallado
aceite de oliva para freír

1 Precaliente la parrilla. Corte los pimientos en cuatro trozos y áselos al grill con la piel hacia arriba hasta que ésta se ennegrezca y se despegue. Déjelos enfriar dentro de una bolsa de plástico y pélelos.

2 En un cazo, caliente la mantequilla a fuego medio y sofría la cebolla, removiendo de vez en cuando, durante 2 minutos, o hasta que quede tierna. Añada el ajo y sofríalo 1 minuto. Agregue la harina y déjela cocer, removiendo, durante 1 minuto, o hasta que burbujee y empiece a cambiar de color. Retire el cazo del fuego y añada poco a poco la leche. Devuélvalo al fuego y remueva constantemente hasta que la mezcle hierva, se espese y se despegue de las paredes del cazo. Incorpore el atún, la pimienta y un poco de sal. Deje enfriar la mezcla en un cuenco.

3 Rellene cada trozo de pimiento con un par de cucharadas de la masa y ciérrelo después con un palillo. Ponga la harina adicional en un plato llano, los huevos en un cuenco poco profundo y mezcle el pimentón y el pan rallado en otro plato llano.

4 Enharine los pimientos, páselos por huevo, dejando escurrir el exceso, y empánelos.

5 Caliente abundante aceite en una sartén honda de fondo pesado a 180°C, o hasta que un dado de pan se dore en 15 segundos. Fría los pimientos por tandas durante 2 minutos, o hasta que se doren. Extráigalos con una espumadera, escúrralos sobre papel de cocina y retire los palillos. Sírvalos calientes o fríos.

PALMERAS DE TAHINI Y GUINDILLA

Tiempo de preparación: 25 minutos + refrigeración
Tiempo total de cocción: 20 minutos
Para 32 unidades

☆☆

$^1/_2$ taza (135 g) de tahini
1 guindilla roja fresca despepitada y picada fina
$^1/_2$ cucharadita de pimentón
2 láminas de masa de hojaldre descongelada

1 Precaliente el horno a 200°C.
2 Ponga el tahini, la guindilla y el pimentón en un cuenco, añada sal y remueva bien. Distribuya la mitad de esta pasta de manera uniforme sobre cada lámina de masa de hojaldre, extendiéndola bien hasta los bordes.
3 Pliegue hacia dentro las puntas opuestas de la lámina de masa hasta que se encuentren en el centro. Doble luego las dos partes a modo de libro cerrado. Repita la operación con el resto de las láminas de masa y la mezcla de tahini. Llegado este punto, refrigere la masa 30 minutos como mínimo, para que se endurezca y resulte más fácil trabajarla.
4 Corte la masa en rodajas de 1 cm. Forre dos bandejas de horno con papel parafinado y disponga encima las palmeras, dejando suficiente espacio entre ellas para que no se toquen al aumentar de volumen durante la cocción.
5 Hornee las palmeras entre 10 y 12 minutos por un lado, deles la vuelta y hornéelas durante 5 ó 6 minutos más, o hasta que estén doradas y hechas. Resultan deliciosas servidas a temperatura ambiente o frías.
NOTA: Para congelar las palmeras, coloque la masa troceada sin cocer sobre una bandeja y congélela hasta que se endurezca; ciérrela herméticamente en bolsas de plástico. Déjela descongelar sobre bandejas y hornéela según lo indicado anteriormente. Las palmeras horneadas se pueden guardar en un recipiente hermético hasta una semana. Si se reblandecen, hornéelas de nuevo a temperatura baja de 3 a 5 minutos, y déjelas enfriar sobre una rejilla. El tahini es una pasta a base de semillas de sésamo machacadas, de venta en la mayoría de los supermercados y herboristerías.

TAHINI

Esta pasta suave y espesa, elaborada a partir de semillas de sésamo machacadas, es originaria de Oriente Próximo. El tahini se suele emplear en la preparación del hummus y otras cremas y salsas. También se utiliza en la elaboración de dulces como halva, galletas y pasteles.

IZQUIERDA: Palmeras de tahini y guindilla

ACEITUNAS

Todas estas preparaciones aguantan hasta 3 meses en el frigorífico si se guardan en tarros esterilizados. Lave y enjuage los tarros y las tapas en agua hirviendo y séquelos a 150°C en el horno 30 minutos.

ACEITUNAS CON HIERBAS PROVENZALES

Aclare y escurra 500 g de aceitunas niçoise o ligurinas. Mezcle 1 diente de ajo majado, 2 cucharaditas de albahaca fresca picada, 1 cucharadita de tomillo, de romero, de mejorana, de orégano y de menta, todo fresco y picado, 1 cucharadita de semillas de hinojo, 2 cucharadas de zumo de limón y 1/2 taza (125 ml) de aceite de oliva. Pase las aceitunas y la marinada a un tarro esterilizado de boca ancha de 3 tazas (750 ml) de capacidad, y añada más aceite de oliva para cubrir las aceitunas. Cierre el tarro y déjelo macerar en el frigorífico durante 1 semana como mínimo antes de su uso. Sirva las aceitunas a temperatura ambiente.

ACEITUNAS CÍTRICAS A LA MIEL

Mezcle la corteza de 1 limón, de 1 lima y de 1 naranja, 2 cucharadas de zumo de lima, 4 cucharadas de zumo de limón, 1 cucharada de zumo de naranja y 1 de miel, 2 cucharaditas de mostaza de grano entero, 1/2 taza (125 ml) de aceite de oliva virgen, 2 dientes de ajo en láminas, 1/4 cucharadita de orégano seco o 1 cucharada de orégano fresco y 6 rodajas de limón y lima. Añada 1 1/2 tazas (265 g) de aceitunas negras deshuesadas y 2 cucharadas de perejil picado. Refrigere la mezcla en un tarro esterilizado de 3 tazas (750 ml), 1 semana. Sirva a temperatura ambiente.

ACEITUNAS AL LIMÓN CON VERMUT

Mezcle 3 cucharadas de vermut seco, 1 cucharada de zumo de limón, 2 cucharaditas de tiras de corteza de limón y 2 cucharadas de aceite de oliva virgen. Aclare 1 taza (170 g) de aceitunas verdes o rellenas y séquelas. Añádalas a la marinada y remueva bien. Tápelas y refrigérelas durante toda la noche. Sírvalas a temperatura ambiente.

ACEITUNAS CON ENELDO, AJO Y NARANJA

Mezcle 500 g de aceitunas kalamata con 3 cucharadas de eneldo fresco picado grueso, 1 diente de ajo, 4 rodajas finas de naranja cortadas en ocho trozos y 2 hojas de laurel troceadas. Pase la mezcla a un tarro esterilizado de 1 litro y añada 1 3/4 tazas (440 ml) de aceite de oliva o hasta cubrir las olivas. Refrigérelo al menos 2 días.

ACEITUNAS CON LIMÓN Y GUINDILLA

Mezcle 500 g de aceitunas negras curadas con 2 cucharaditas de ralladura de limón, 2 cucharaditas de orégano fresco picado y 3 cucharaditas de guindilla seca. Pase la mezcla a un tarro esterilizado de 3 tazas (750 ml) y cúbrala con aceite de oliva. Refrigérela al menos 2 días. Sirva a temperatura ambiente.

ACEITUNAS CON TOMATES SECADOS AL SOL

Aclare 500 g de aceitunas negras sevillanas y haga un corte. Páselas a un tarro esterilizado de 3 tazas, con 100 g de tomates secados y escurridos (reserve el aceite), 2 dientes de ajo majados, 2 hojas de laurel, 3 cucharaditas de hojas de tomillo fresco y 2 cucharaditas de vinagre de vino tinto. Vierta el aceite reservado y 1 taza de aceite de oliva virgen. Refrigérelas toda la noche.

ACEITUNAS EN VINAGRE

Mezcle 200 g de aceitunas gordal, 4 pepinillos en vinagre cortados en diagonal, 1 cucharada de alcaparras, 2 cebollas pardas en vinagre cuarteadas, 2 cucharaditas de semillas de mostaza y 1 cucharada de ramitas de eneldo fresco. Pase la mezcla a un tarro esterilizado de 2 tazas (500 ml) y vierta 1/2 taza (125 ml) de vinagre de estragón. Cúbralo todo con 1/2 taza (125 ml) de aceite de oliva, o lo bastante para cubrirlo del todo. Cierre el tarro y refrigérelo al menos 2 días. Agite el tarro de vez en cuando. Sirva las aceitunas a temperatura ambiente.

ARRIBA, DE IZQUIERDA A DERECHA: Aceitunas con hierbas provenzales; Aceitunas cítricas a la miel; Aceitunas al limón con vermut; Aceitunas con eneldo, ajo y naranja; Aceitunas con limón y guindilla; Aceitunas con tomates secados al sol; Aceitunas en vinagre

ARRIBA: Dolmades vegetarianas

PIÑONES

El pino piñonero no produce una gran cantidad de piñones hasta alcanzar los 70 años como mínimo. Ésta es en parte la razón por la que son tan caros. Los piñones proceden de pinos originarios de la Europa meridional, México y algunas zonas de Estados Unidos. Estos frutos son ricos en proteínas, hierro, fósforo y tiamina.

DOLMADES VEGETARIANAS

Tiempo de preparación: 1 hora + enfriado
Tiempo total de cocción: 1 hora 15 minutos
Para unas 50 unidades

☆☆☆

1/2 taza (125 ml) de aceite de oliva
6 cebolletas picadas
3/4 taza (150 g) de arroz de grano largo
1/4 taza (15 g) de menta fresca picada
2 cucharadas de eneldo fresco picado
2/3 taza (170 ml) de zumo de limón
1/4 taza (35 g) de pasas de Corinto
1/4 taza (40 g) de piñones
240 g de hojas de parra envasadas (unas 50)
2 cucharadas de aceite de oliva, adicional

1 En una olla mediana, caliente el aceite y sofría la cebolleta a fuego medio 1 minuto. Añada el arroz, la menta, el eneldo, la mitad del zumo, y sazónelo todo al gusto. Agregue 1 taza (250 ml) de agua y llévelo todo a ebullición; reduzca el fuego, tape la olla y déjelo cocer 20 minutos. Destape la olla y esparza las pasas y los piñones, cúbrala con papel de cocina y la tapadera encima y deje enfriar.

2 Aclare las hojas de parra y sepárelas con cuidado. Escúrralas y séquelas con papel de cocina. Corte los tallos gruesos con unas tijeras. Forre la base de una olla de 20 cm de diámetro con las hojas desgarradas o irregulares. Reserve las más grandes para el relleno y las pequeñas para cubrir los posibles huecos.

3 Extienda una hoja con el haz hacia abajo. Coloque en el centro una cucharada del relleno, pliegue los lados y enrolle la hoja desde el tallo. Disponga las dolmades con los pliegues hacia abajo y el extremo del tallo más cercano a usted sobre la base de un cazo en una sola capa, tocándose unas con otras.

4 Rocíelos con el resto del zumo, el aceite adicional y cúbralas con 3/4 taza (185 ml) de agua. Tápelas con un plato colocado al revés y ponga encima un molde para comprimir al máximo las dolmades y evitar que se muevan durante la cocción. Tape el cazo.

5 Llévelas a ebullición, reduzca el fuego y cuézalas durante 45 minutos. Déjelas enfriar en el cazo. Sírvalas a temperatura ambiente.

NOTA: Guárdelas en el frigorífico cubiertas con el líquido de la cocción hasta 2 semanas.

FALAFEL

Tiempo de preparación: 2 horas 15 minutos + toda la noche en remojo
Tiempo total de cocción: 15 minutos
Para unas 16 unidades

☆☆

250 g de garbanzos secos
4 cebolletas picadas
2 dientes de ajo majados
1/2 taza (15 g) de perejil fresco picado
1/4 taza (15 g) de menta fresca picada
1/2 taza (25 g) de cilantro fresco picado
1/4 cucharadita de pimienta de Cayena
2 cucharaditas de comino molido
2 cucharaditas de cilantro molido
1/2 cucharadita de levadura en polvo
aceite para freír

1 Deje en remojo los garbanzos toda la noche en un cuenco con agua fría. Escúrralos.
2 En un robot de cocina, pique por tandas los garbanzos, la cebolleta, el ajo, el perejil, la menta, el cilantro, la pimienta, el comino, la levadura y 1 cucharadita de sal de 30 a 40 segundos, o hasta obtener una pasta fina y compacta. Refrigérela sin tapar 2 horas.
3 Moldee 2 cucharadas de la mezcla en la palma de la mano hasta darle forma de hamburguesa. Vierta aceite en una sartén honda de fondo pesado hasta llenar un tercio de su capacidad y caliéntelo a 180°C, o hasta que un dado de pan se dore en 15 segundos. Fría los falafel por tandas 3 ó 4 minutos, o hasta que se doren. Escúrralos sobre papel de cocina y sírvalos calientes con hummus.

LABNEH

Tiempo de preparación: 20 minutos + 4 días en el frigorífico
Tiempo total de cocción: ninguno
Para 12 unidades

☆☆

2 tazas (500 g) de yogur natural espeso
2 cucharaditas de sal marina
1 cucharada de orégano seco
2 cucharaditas de hojas de tomillo secas
1 1/3 tazas (350 ml) de aceite de oliva
1 hoja de laurel

1 Pliegue por la mitad un trozo de muselina de 60 x 30 cm para formar un cuadrado de 30 cm.
2 En un cuenco, mezcle el yogur, la sal y 1 cucharadita de pimienta negra. Forre un cuenco con la muselina y vierta en el centro la mezcla. Una las puntas y átelas en forma de lazo con una goma lo más cerca posible del yogur. Páselo por el mango de una cuchara y cuélguelo sobre un cuenco para que escurra en el frigorífico 3 días.
3 Mezcle el orégano y el tomillo en un cuenco poco profundo. Vierta la mitad del aceite en un tarro de 2 tazas (500 ml) de capacidad y añada la hoja de laurel.
4 Forme bolas con cucharadas rasas del yogur. Páselas por las hierbas y póngalas en el tarro. Cúbralas con el resto del aceite, cierre el tarro y refrigérelo al menos 1 día. Sírvalas a temperatura ambiente, con pan crujiente.

ARRIBA: Falafel (superior); Labneh

HUMMUS

Hummus quiere decir "garbanzos" en árabe. *Hummus-bi-tahina,* un plato típico de la cocina siria, lleva además tahini. Para elaborar esta preparación tradicional, basta con agregar 2 cucharadas de tahini a la receta de esta página. Añádalo a los garbanzos cocidos antes de picarlos. El tahini, una pasta elaborada con semillas de sésamo machacadas, se puede encontrar en la mayoría de los supermercados.

ARRIBA: Garbanzos fritos

GARBANZOS FRITOS

Tiempo de preparación: 30 minutos + toda la noche en remojo
Tiempo total de cocción: 15 minutos
Para unas 2 1/2 tazas (600 g)

☆☆

300 g de garbanzos secos
aceite para freír
1/2 cucharadita de pimentón dulce o picante
1/4 cucharadita de pimienta de Cayena

1 Deje en remojo los garbanzos toda la noche en un cuenco grande con abundante agua fría. Escúrralos bien y séquelos con papel de cocina.
2 Caliente abundante aceite en una sartén a 180°C, o hasta que un dado de pan se dore en 15 segundos. Fría la mitad de los garbanzos 3 minutos. Extráigalos con una espumadera, escúrralos sobre papel de cocina y repita la operación con el resto de los garbanzos. Tape parcialmente la sartén ya que los garbanzos podrían saltar. No deje de vigilar el fuego.
3 Recaliente el aceite y fría los garbanzos de nuevo por tandas 3 minutos, o hasta que se doren. Escúrralos y, aún calientes, sazónelos con pimentón, sal y pimienta. Déjelos enfriar.

HUMMUS

Tiempo de preparación: 30 minutos + toda la noche en remojo
Tiempo total de cocción: 1 hora
Para unas 2 tazas (500 g)

☆☆

125 g de garbanzos secos
1 cucharada de aceite de oliva
1 cebolla pequeña picada fina
1 1/2 cucharaditas de comino molido
una pizca de pimienta de Cayena
2 cucharadas de zumo de limón
1/2 taza (125 ml) de aceite de oliva, adicional
3 dientes de ajo majados

1 Deje en remojo los garbanzos toda la noche en un cuenco con agua fría. Aclárelos bien y páselos a una olla con agua hirviendo. Cuézalos tapados a fuego medio 1 hora, o hasta que estén tiernos. Escúrralos y devuélvalos a la olla, con la cucharada de aceite, el comino y la pimienta para cocerlos durante 1 minuto. Píquelos en un robot de cocina con el zumo, el resto del aceite, el ajo y sal. Añada agua para obtener una pasta más fina.

CROQUETAS DE CARNE RELLENAS DE HALOUMI

Tiempo de preparación: 25 minutos + refrigeración
Tiempo total de cocción: 10 minutos
Para 24 unidades

☆☆

8 rebanadas (125 g) de pan blanco sin la corteza
700 g de carne picada de cordero o vaca
1 cucharada de perejil fresco picado
3 cucharadas de hojas de menta fresca
1 cebolla rallada
2 huevos poco batidos
140 g de queso haloumi (vea nota)
1/3 taza (40 g) de harina
aceite de oliva para freír

1 Ponga el pan en un cuenco, cúbralo con agua y escúrralo. Páselo a otro cuenco con la carne picada, el perejil, la menta, la cebolla, el huevo, pimienta y 1/2 cucharadita de sal. Amáselo todo 2 ó 3 minutos, desmenuzando la carne y el pan. La mezcla debe quedar homogénea y despegarse de las paredes del cuenco. Refrigérela tapada 30 minutos.

2 Corte el haloumi en 24 rectángulos de 3 x 1 x 1 cm. Ponga la harina en un plato llano. Divida la mezcla de carne en porciones de una cucharada rasa. Enrolle cada porción hasta darle forma alargada y aplánela en la palma de la mano. Coloque el queso en el centro y cúbralo con otra porción de carne. Presione los bordes para unirlos y enrolle la carne en forma de croqueta de 6 cm de largo. Repita la operación con la carne restante.

3 Caliente 2 cm de aceite en una sartén honda de fondo pesado a 180°C, hasta que un dado de pan se dore en 15 segundos. Enharine las croquetas y sacúdalas para eliminar el exceso de harina. Fríalas por tandas de 3 a 5 minutos, o hasta que se doren y queden hechas. Escúrralas y sírvalas calientes.

NOTA: El haloumi es un queso blanco cremoso de leche de oveja que se conserva en salmuera. Se puede adquirir en tiendas especializadas y supermercados.

ABAJO: Croquetas de carne rellenas de haloumi

ARRIBA: *Chanquetes fritos*

CHANQUETES FRITOS

Tiempo de preparación: 10 minutos + refrigeración
Tiempo total de cocción: 10 minutos
Para 6–8 personas

☆☆

500 g de chanquetes
2 cucharaditas de sal marina
1/3 taza (40 g) de harina
1/4 taza (30 g) de fécula de maíz
2 cucharaditas de perejil fresco picado
aceite de oliva para freír
1 limón cortado en trozos para servir

1 En un cuenco, mezcle bien los chanquetes con la sal marina. Tápelos y refrigérelos.
2 Mezcle las harinas tamizadas y el perejil picado en un cuenco y sazónelo todo bien con pimienta machacada. Vierta aceite en una sartén honda de fondo pesado y caliéntelo a 180°C, o hasta que un dado de pan se dore en 15 segundos. Pase un tercio de los chanquetes por la mezcla de harina, sacúdalos bien y fríalos $1^1/2$ minutos, o hasta que queden de color claro y crujientes. Extráigalos con una espumadera y escúrralos bien sobre papel de cocina. Repita la operación con el resto de los chanquetes, friéndolos en dos tandas.
3 Recaliente el aceite y fría los chanquetes una segunda vez en tres tandas durante 1 minuto cada una, hasta que empiecen a dorarse. Escúrralos y sírvalos con trozos de limón.

TARAMASALATA

Retire la corteza de 4 rebanadas de pan blanco. Ponga el pan en un cuenco, cúbralo de agua, escúrralo y exprímalo para eliminar la mayor cantidad de agua posible. Páselo a otro cuenco, ralle encima una cebolla pequeña y añada 100 g de tarama (huevas de bacalao), 2 cucharadas de zumo de limón recién exprimido, 3 cucharadas de aceite de oliva y una pizca de pimienta negra. Mézclelo todo bien con un tenedor o píquelo en un robot de cocina. Esta crema puede prepararse hasta 3 días antes y refrigerarse en un recipiente hermético. Para 1 taza (250 ml).

BUÑUELOS DE BACALAO CON SKORDALIA

Tiempo de preparación: 50 minutos + 8 horas en remojo
Tiempo total de cocción: 55 minutos
Para 24 unidades

✯✯

400 g de bacalao salado seco (vea nota)
300 g de patatas harinosas sin pelar
1 cebollita parda en vinagre rallada
2 cucharadas de perejil fresco picado
1 huevo poco batido
aceite para freír

Skordalia

250 g de patatas harinosas sin pelar
2 dientes de ajo majados
1 cucharada de vinagre de vino blanco
2 cucharadas de aceite de oliva

1 Desale el bacalao dejándolo en remojo de 8 a 12 horas en un cuenco. Cambie el agua tres veces. Escúrralo sobre papel de cocina.

2 Para preparar el skordalia, hierva o cueza al vapor los 250 g de patatas hasta que estén tiernas; pélelas y tritúrelas. Déjelas enfriar y añada el ajo, el vinagre y el aceite. Salpiméntelas, remueva y resérvelas.

3 Ponga el bacalao en una olla y cúbralo de agua. Llévelo a ebullición, reduzca el fuego y déjelo hervir 15 minutos. Escúrralo bien sobre papel de cocina. Cuando esté templado, retire la piel y las espinas del bacalao y desmenúcelo con los dedos en un cuenco. Mientras tanto, hierva o cueza al vapor las patatas hasta que estén tiernas; pélelas y tritúrelas bien.

4 Agregue el puré de patatas al bacalao con la cebolla, el perejil, el huevo y 1/2 cucharadita de pimienta machacada. Mézclelo todo bien con una cuchara de madera hasta obtener una mezcla espesa. Pruébelo antes de salarlo.

5 Caliente abundante aceite en una sartén 180°C, o hasta que un dado de pan se dore en 15 segundos. Vierta cucharadas rasas de la masa en el aceite y fríalas 2 ó 3 minutos, o hasta que se doren bien. Escurra los buñuelos sobre papel de cocina y sírvalos con skordalia.

NOTA: El bacalao salado seco se vende en tiendas especializadas y de pesca salada. El skordalia puede prepararse 4 días antes y refrigerarse tapado hasta su consumo.

PATATAS

La textura de la patata, ya sea cerosa o harinosa una vez cocida, es el factor determinante para decantarse por un tipo u otro en una receta determinada. Las patatas cerosas, como la Desiree y la Bintji, contienen un elevado porcentaje de agua y muy poco almidón. La mayoría tienen una pulpa densa y cremosa, por lo que resultan indicadas para ensaladas y platos gratinados ya que no se desmenuzan, en cambio no son apropiadas para hacer patatas fritas. Las patatas harinosas, como la Russet y la King Edward, contienen menos agua y más almidón, y presentan una carne más gruesa, por lo que son idóneas para preparar purés, platos al horno y patatas fritas. Existen muchas más clases de patata indicadas para todo tipo de preparaciones culinarias.

IZQUIERDA: Buñuelos de bacalao con skordalia

ARRIBA: *Rombos de pastel de espinacas*

ROMBOS DE PASTEL DE ESPINACAS

Tiempo de preparación: 50 minutos + refrigeración
Tiempo total de cocción: 50 minutos
Para unas 15 unidades

☆☆

2 tazas (250 g) de harina
30 g de mantequilla picada
1/4 taza (60 ml) de aceite de oliva
1/2 taza (125 ml) de agua templada

Relleno

420 g de espinacas
1 puerro, sólo la parte blanca, cortado por la mitad a lo largo y en rodajas finas
1/4 cucharadita de nuez moscada molida
2 cucharaditas de eneldo fresco picado
200 g de feta desmenuzado
1 cucharada de pan rallado
3 huevos poco batidos
2 cucharadas de aceite de oliva

1 Engrase ligeramente un molde hondo de 3 cm con una base rectangular de 26 x 17 cm.
2 Tamice la harina y 1/2 cucharadita de sal en un cuenco. Añada la mantequilla y mézclelo todo con los dedos hasta que adquiera el aspecto de migas de pan. Vierta el aceite y mézclelo todo levantando la mezcla de harina con una mano y amasándola con la otra por encima, hasta unir todos los ingredientes. Forme un hueco en el centro y, mientras lo mezcla todo con una mano, añada agua suficiente para obtener una masa firme y flexible. Amásela para que quede compacta; es posible que no quede totalmente homogénea. Tápela con film transparente y refrigérela 1 hora.
3 Corte el cuarto inferior de los tallos de las espinacas. Lave y trocee las hojas y los tallos restantes. Apile las espinacas sobre un paño limpio, retuérzalas y exprímalas para eliminar la mayor cantidad posible de agua. Páselas a un cuenco con el puerro, la nuez moscada, el eneldo, el feta, el pan rallado y 1/2 cucharadita de pimienta negra machacada.
4 Precaliente el horno a 220°C. Extienda la mitad de la masa sobre una superficie enharinada hasta que sea lo suficientemente grande como para cubrir la base y las paredes del molde. Coloque la masa sobre el molde y presiónela sobre la base y las paredes para que quede uniforme.
5 Añada los huevos y el aceite a la mezcla de espinacas, y mézclelo todo a mano, procurando no mezclarlo en exceso pues de lo contrario quedará demasiado acuoso. Vierta el relleno sobre el molde forrado de masa.
6 Extienda la masa restante sobre una superficie enharinada hasta que sea lo suficientemente grande como para cubrir el molde. Tape con ella el molde y presione los bordes para sellarlos. Recorte el exceso de masa con un cuchillo afilado por el borde externo del molde y unte después la superficie con un poco de aceite de oliva. Con un cuchillo afilado, trace tres tiras a lo largo y luego en diagonal para formar rombos. Practique dos o tres cortes pequeños sobre la capa superior de masa para permitir que salga el vapor durante la cocción.
7 Hornee el pastel en el nivel medio del horno entre 45 y 50 minutos, o hasta que se dore. Cúbralo con papel de aluminio si la masa se dora demasiado. El pastel estará cocido si se desliza al mover el molde con cuidado. Vuélquelo sobre una rejilla y déjelo enfriar 10 minutos, páselo luego a una tabla de cortar o al molde para cortarlo en rombos. Sírvalos calientes o fríos.

KIBBEH

Tiempo de preparación: 45 minutos + enfriado + refrigeración
Tiempo total de cocción: 25 minutos
Para 15 unidades

☆☆☆

1 1/3 tazas (235 g) de bulgur (sémola de trigo fina)
150 g de carne magra de cordero troceada
1 cebolla rallada
2 cucharadas de harina
1 cucharadita de pimienta de Jamaica molida

Relleno

2 cucharaditas de aceite de oliva
1 cebolla grande picada fina
100 g de carne magra de cordero picada
1/2 cucharadita de pimienta de Jamaica molida
1/2 cucharadita de canela molida
1/3 taza (80 ml) de caldo de carne
2 cucharadas de piñones
2 cucharadas de menta fresca picada

1 Ponga el bulgur en un cuenco grande, cúbralo con agua hirviendo y déjelo reposar durante 5 minutos. Escúrralo con un colador, presionando para eliminar el agua. Déjelo escurrir del todo sobre papel de cocina.
2 Pique el bulgur, la carne, la cebolla, la harina y la pimienta hasta obtener una pasta fina. Sazónela bien y refrigérela 1 hora.
3 Para el relleno, caliente el aceite y sofría la cebolla a fuego lento 3 minutos, o hasta que esté tierna. Agregue la carne picada, la pimienta y la canela y remuévalo todo a fuego fuerte 3 minutos. Añada el caldo y prosiga la cocción, con la sartén parcialmente tapada, a fuego lento durante 6 minutos, o hasta que la carne picada esté tierna. Pique gruesos los piñones y agregue la menta. Salpimiente el relleno, páselo a un cuenco y déjelo enfriar.
4 Moldee 2 cucharadas de la mezcla de bulgur en forma de salchicha de 6 cm de largo. Mójese las manos con agua fría y con el dedo forme un agujero alargado para después darle forma de caparazón. Rellénelo con 2 cucharaditas de la masa y séllelo en forma de croqueta. Alise los huecos con los dedos. Ponga los kibbeh sobre una bandeja forrada con papel de aluminio y refrigérelos destapados 1 hora.
5 Caliente abundante aceite en una sartén a 180°, o hasta que un dado de pan se dore en 15 segundos. Fría los kibbeh por tandas 2 ó 3 minutos, o hasta que se doren. Escúrralos sobre papel de cocina y sírvalos calientes.

CEBOLLAS
La cebolla, perteneciente a la familia de las liliáceas, es uno de los productos básicos que nunca debe faltar en la cocina. Varía considerablemente el color, la forma y la intensidad de su sabor. La cebolla cruda tiene un sabor penetrante que se suaviza al cocinarla. Muchas preparaciones saladas, incluyendo sopas, salsas, empanadas, guisos y currys, ven resaltados su sabor con una o dos cebollas. Asimismo, se emplea cruda en ensaladas y frita, al horno o hervida, como verdura por sí sola. Si bien existen numerosas variedades, la mayoría de los consumidores se guían por el color, siendo la marrón la más común, seguida de la blanca, la amarilla y la roja.

IZQUIERDA: Kibbeh

ARRIBA: *Galletas de aceite de oliva*

GALLETAS DE ACEITE DE OLIVA

Tiempo de preparación: 30 minutos + reposo
Tiempo total de cocción: 1 hora 30 minutos
Para unas 45 unidades

☆☆☆

7 g de levadura seca o 15 g de levadura fresca
1 cucharadita de azúcar
1 1/2 tazas (185 g) de harina común
1 1/2 tazas (225 g) de harina integral
1 cucharadita de canela molida
1 1/2 cucharadas de semillas de sésamo tostadas
1/2 taza (125 ml) de aceite de oliva

Cobertura
4 tomates maduros cortados en dados
160 g de feta desmenuzado
1/3 taza (80 ml) de aceite de oliva virgen extra
2 cucharadas de vinagre de vino tinto
1 cucharadita de orégano seco

1 Mezcle la levadura, el azúcar, 2 cucharadas de harina y 1/4 taza (60 ml) de agua templada en un cuenco. Cúbralo todo con film transparente y déjelo reposar en un sitio cálido 10 minutos, o hasta que forme espuma.
2 Tamice las harinas restantes y la canela en un cuenco grande, devuelva las cáscaras al cuenco y añada las semillas de sésamo y 1/2 cucharadita de sal. Vierta el aceite y mézclelo todo levantando la mezcla de harina con una mano y amasándola con la otra por encima. Forme un hueco en el centro y añada la mezcla de levadura y 1/4 taza (60 ml) de agua templada, o lo suficiente para obtener una masa blanda sin que llegue a ser pegajosa. Amásela sobre una superficie enharinada durante 2 minutos, o hasta que quede homogénea y elástica. Pásela a un cuenco engrasado y dele la vuelta para que se empape de aceite. Cúbrala con film transparente y déjela reposar en un lugar cálido de 45 a 60 minutos, o hasta que aumente de volumen.
3 Precaliente el horno a 200°C. Engrase una bandeja de horno. Dé un golpe a la masa para permitir que salga el aire, divídala en tres porciones y extiéndala sobre una superficie enharinada en forma de salchicha de 30 cm de largo. Coloque el primer rollo sobre la bandeja del horno. Córtelo hasta llegar casi a la base del rollo en tramos de 2 cm con un cuchillo de sierra (unas 15 porciones). Repita la operación con el resto de los rollos.
4 Tápelos con un paño y déjelos reposar en un lugar cálido durante 30 minutos, o hasta que suban. Hornéelos 30 minutos, o hasta que se doren por debajo y suenen huecos al golpearlos. Reduzca la temperatura a 120°C. Deje enfriar los rollos en la bandeja durante 5 minutos. Páselos a una tabla de cocina y córtelos por las marcas. Disponga las galletas con el corte hacia arriba en bandejas y hornéelas 30 minutos, o hasta que se sequen por arriba. Deles la vuelta y hornéelas otros 30 minutos, o hasta que queden totalmente secas y crujientes. Déjelas enfriar y guárdelas en un recipiente hermético hasta 3 semanas.
5 Humedezca las galletas en agua fría y dispóngalas en una bandeja. Cúbralas con tomate y feta. Rocíelas con un aliño de aceite y vinagre, espolvoréelas con orégano y sazónelas.
NOTA: Para probar otra deliciosa cobertura, mezcle 1 pimiento asado troceado, 10 aceitunas kalamata deshuesadas y cuarteadas y 2 cucharadas de perejil picado. Sazónelo todo y rocíelo con un aliño preparado con 3 cucharadas de aceite de oliva virgen extra y 1 cucharada de vinagre de vino tinto.

CALAMARES A LA ROMANA

Tiempo de preparación: 10 minutos + refrigeración
Tiempo total de cocción: 10 minutos
Para unas 30 unidades

☆☆

350 g de calamares pequeños limpios
1/2 cucharadita de sal
1/3 taza (40 g) de harina
1/4 cucharadita de pimienta negra
aceite para freír
trozos de limón para servir

1 Corte los calamares en anillas de 1 cm de ancho; mézclelas con la sal, tápelas y refrigérelas durante 30 minutos. Déjelas escurrir después sobre papel de cocina.
2 Mezcle la harina y la pimienta en un cuenco. Vierta aceite en una sartén honda de fondo pesado hasta llenar un tercio de su capacidad y caliéntelo a 180°C, o hasta que un dado de pan se dore en 15 segundos. Enharine unas cuantas anillas de calamar y fríalas, dándoles la vuelta con una cuchara de mango largo, durante 3 minutos, o hasta que queden un poco doradas y crujientes. Enharine las restantes en tandas justo antes de freírlas. Escurra los calamares sobre papel de cocina y sírvalos calientes con trozos de limón.

BUÑUELOS DE CALABACÍN

Tiempo de preparación: 20 minutos
Tiempo total de cocción: 15 minutos
Para unas 25 unidades

☆☆

2 calabacines medianos rallados
1 cebolla pequeña rallada
1/4 taza (30 g) de harina de fuerza
1/3 taza (35 g) de queso kefalotyri o parmesano rallado
1 cucharada de menta fresca picada
2 cucharaditas de perejil fresco picado
una pizca de nuez moscada molida
1/4 taza (25 g) de pan rallado
1 huevo
aceite de oliva para freír

1 Ponga el calabacín y la cebolla en el centro de un paño limpio y escúrralos para eliminar la mayor cantidad posible de agua. Mezcle el calabacín, la cebolla, la harina, el queso, la menta, el perejil, la nuez moscada, el pan rallado y el huevo en un cuenco grande. Sazónelo todo con sal y pimienta negra machacada y mézclelo con las manos hasta obtener una masa firme y compacta.
2 Caliente 2 cm de aceite en una sartén a fuego medio. Vierta cucharadas rasas de la mezcla y fríalas 2 ó 3 minutos, hasta que queden bien doradas por cada lado. Escurra los buñuelos sobre papel de cocina y sírvalos calientes. Pueden servirse espolvoreados con sal, aunque resultan deliciosos con tzatziki (vea página 167).
NOTA: El kefalotyri es un queso fuerte de leche de oveja típico de Grecia. En esta receta, se puede sustituir por parmesano o pecorino.
CON ANTELACIÓN: Lo mejor es servir los buñuelos recién hechos. Aun así puede recalentarlos a 180°C en una bandeja de horno cubierta con papel parafinado de 3 a 5 minutos.

ARRIBA: Calamares a la romana

FETA
El feta es un queso de textura inconsistente. No se madura sino que se conserva en un líquido obtenido a partir de una mezcla de suero y salmuera. Este queso típico de Grecia se elabora con leche de cabra o de oveja y constituye un ingrediente básico de la ensalada griega tradicional, además de emplearse para pasteles, tartas y rellenos de verduras.

ARRIBA: Albóndigas de carne

ALBÓNDIGAS DE CARNE

Tiempo de preparación: 25 minutos + refrigeración
Tiempo total de cocción: 20 minutos
Para unas 28 unidades

✯✯

4 rebanadas de pan blanco sin corteza
150 g de carne picada de cerdo
150 g de carne picada de ternera
1 cucharada de perejil fresco picado
1 cucharada de menta fresca picada
1 cebolla rallada
1/2 cucharadita de comino molido
1 huevo
1/4 taza (25 g) de queso kefalotyri o parmesano
1/2 taza (60 g) de harina
aceite de oliva para freír

1 Ponga el pan en remojo y exprímalo después para eliminar el agua. Páselo a un cuenco con la carne picada, el perejil, la menta, la cebolla, el comino, el huevo y el queso. Sazone la mezcla y amásela a mano 2 ó 3 minutos hasta que quede homogénea. Tápela y refrigérela durante 30 minutos.
2 Ponga la harina en un plato llano. Con las manos húmedas, forme bolas con cucharadas rasas de la mezcla de carne. Caliente el aceite a fuego medio. Enharine las albóndigas y fríalas por tandas de 3 a 5 minutos, o hasta que queden doradas y hechas. Escúrralas sobre papel de cocina y sírvalas calientes.

HOJALDRES DE QUESO

Tiempo de preparación: 40 minutos
Tiempo total de cocción: 20 minutos
Para 16 unidades

✯

160 g de feta rallado
60 g de ricotta
2 cucharadas de menta fresca picada
1 huevo poco batido
2 cebolletas picadas finas
2 cucharadas de pan rallado
4 láminas de masa de hojaldre
1 huevo poco batido, adicional
1 cucharada de semillas de sésamo

1 Precaliente el horno a 220°C. Engrase ligeramente dos bandejas de horno.
2 En un cuenco mezcle bien con un tenedor el feta, el ricotta, la menta, el

huevo, la cebolleta, el pan rallado y 1/2 cucharadita de pimienta negra machacada.
3 Con un cortapastas, corte las láminas de masa en discos de 10 cm. Coloque cucharadas rasas de la mezcla de queso en el centro de cada disco y moje los bordes. Pliegue la masa sobre el relleno, sin que se formen bolsas de aire, y selle los bordes con la punta de un tenedor para darle forma de media luna. Pinte la superficie con huevo y esparza por encima las semillas de sésamo.
4 Ponga las medias lunas en bandejas y hornéelas de 15 a 20 minutos, o hasta que se doren y se inflen. Sírvalas calientes.

CODORNICES ASADAS

Tiempo de preparación: 40 minutos + refrigeración
Tiempo total de cocción: 10 minutos
Para 24 unidades
☆☆☆

6 codornices
1 taza (250 ml) de vino tinto seco
2 tallos de apio picados, puntas incluidas
1 zanahoria picada
1 cebolla pequeña picada
1 hoja de laurel troceada
1 cucharadita de pimienta de Jamaica
1 cucharadita de hojas de tomillo secas
2 dientes de ajo majados
2 cucharadas de aceite de oliva
2 cucharadas de zumo de limón
trozos de limón para servir

1 Para preparar las codornices, use unas tijeras para aves y corte el espinazo por ambos lados; deséchelo. Retire las tripas y el cuello, lave el interior y séquelo con papel de cocina. Colóquelas con el pecho hacia arriba, extiéndalas y presiónelas para aplanarlas. Corte el pecho en canal con las tijeras y después cada mitad en dos para obtener cuatro piezas (2 muslos y 2 pechugas).
2 En un cuenco que no sea metálico, mezcle el vino, el apio, la zanahoria, la cebolla, la hoja de laurel y la pimienta de Jamaica. Introduzca las codornices en este preparado. Tápelas y refrigérelas 3 horas, o toda la noche, removiendo de vez en cuando. Escúrralas y espolvoréelas con tomillo, sal y pimienta.
3 Mezcle el ajo, el aceite y el zumo de limón en un cuenco pequeño.
4 Caliente al máximo una parrilla o una bandeja de barbacoa engrasada. Reduzca el fuego, ase las pechugas 4 ó 5 minutos y los muslos 3 minutos por lado, hasta que queden tiernos y hechos. Rocíelos a menudo con la mezcla de limón. Sírvalo todo con trozos de limón.

CODORNICES ASADAS

Con unas tijeras para aves corte el espinazo de las codornices por ambos lados.

Apoye las aves sobre la superficie de trabajo y presiónelas para aplanarlas.

Abra el pecho de las codornices en canal y corte cada mitad en dos.

ARRIBA: Codornices asadas

ORÉGANO

Esta hierba crece en largos tallos que enraízan en contacto con el suelo. Tiene una hoja diminuta de sabor intenso muy apreciada en la cocina italiana y griega. Combina a la perfección con el tomate, la berenjena y otras verduras, además de la carne de vaca, cordero y pescado, y nunca falta en la preparación de numerosas salsas, así como en las pizzas. El orégano se puede cultivar con facilidad en casa. Si no dispone de orégano fresco, puede utilizarlo seco, pues de esta forma conserva también todo su sabor.

ARRIBA: Queso rebozado

QUESO REBOZADO

Tiempo de preparación: 10 minutos
Tiempo total de cocción: 5 minutos
Para unas 12 unidades

☆

250 g de kefalograviera (vea nota)
2 cucharadas de harina
1/4 taza (60 ml) de aceite de oliva
1/2 cucharadita de orégano seco
1/2 limón cortado en trozos para servir

1 Corte el queso en lonchas de 1 cm de ancho y la longitud que desee, pues para servir se podrá cortar en trozos más pequeños.
2 Ponga la harina en un plato llano y sazónela bien con pimienta machacada. Enharine el queso. Caliente el aceite a fuego fuerte en una sartén y fría el queso durante 1 minuto, o hasta que quede dorado y crujiente por debajo. Dele la vuelta para freírlo por el otro lado. Póngalo en una fuente de servir y espolvoréelo con orégano. Sírvalo caliente con trozos de limón y pan del día.
NOTA: El kefalograviera y el kefalotyri son quesos blancos y fuertes de leche de oveja elaborados en Grecia.

BOREK DE TOMATE Y BERENJENA

Tiempo de preparación: 50 minutos + refrigeración
Tiempo total de cocción: 1 hora
Para 30 unidades

☆☆

75 g de mantequilla fundida
1/3 taza (80 ml) de aceite de oliva
1 1/2 tazas (185 g) de harina

Relleno
250 g de tomates
2 cucharaditas de aceite de oliva
1 cebolla pequeña picada
1/2 cucharadita de comino molido
300 g de berenjenas cortadas en dados de 2 cm
2 cucharaditas de concentrado de tomate
1 cucharada de cilantro fresco picado
1 huevo poco batido

1 Ponga la mantequilla, el aceite y 1/3 taza (80 ml) de agua en un cuenco. Sazónelo todo con sal y añada poco a poco la harina, removiendo con una cuchara de madera hasta obtener una masa aceitosa y firme que se despegue de las paredes del cuenco. Amásela para ligarla, envuélvala en film transparente y refrigérela durante 1 hora.

2 Descorazone los tomates y corte una pequeña cruz en la base. Escáldelos en una olla de agua hirviendo durante 1 minuto. Escúrralos, sumérjalos en agua fría y pélelos. Corte los tomates por la mitad, extráigales las semillas sobre un cuenco y pique la pulpa fina.
3 Caliente el aceite en una sartén y sofría la cebolla, removiendo, a fuego lento durante 2 ó 3 minutos, o hasta que quede tierna. Añada el comino, rehóguelo 1 minuto, y agregue después la berenjena para freírla, removiendo, entre 8 y 10 minutos, o hasta que empiece a quedar blanda. Incorpore el tomate y el concentrado de tomate y prosiga la cocción a fuego medio 15 minutos, o hasta que el sofrito quede seco. Remueva de vez en cuando. Sazónelo y agregue el cilantro. Déjelo enfriar.
4 Precaliente el horno a 180°C. Engrase ligeramente dos bandejas de horno.
5 Extienda la mitad de la masa sobre una superficie enharinada hasta que tenga 2 mm de grosor. Con un cortapastas, corte la masa en discos de 8 cm. Coloque 2 cucharaditas rasas del sofrito en el centro de cada disco, moje los bordes con agua y pliegue la masa sobre el relleno, sin que se formen bolsas de aire. Selle los bordes con un tenedor. Pinte las empanadillas con huevo batido y hornéelas en bandejas durante 25 minutos, o hasta que queden doradas y crujientes.

EMPANADILLAS DE JAMÓN DULCE Y ACEITUNAS

Tiempo de preparación: 45 minutos + enfriado
Tiempo total de cocción: 25 minutos
Para unas 15 unidades

✯

2 huevos duros picados gruesos
40 g de aceitunas rellenas picadas
95 g de jamón dulce picado fino
30 g de cheddar rallado
3 láminas de masa de hojaldre
1 yema de huevo poco batida

1 Precaliente el horno a 220°C. Engrase dos bandejas de horno. Mezcle los huevos con las aceitunas, el jamón y el cheddar en un cuenco.
2 Corte las láminas de hojaldre en discos de 10 cm (unos cinco discos de cada una). Ponga una cucharada de la mezcla en el centro de cada disco, pliegue la masa para encerrar el relleno y ondule los bordes para sellarlos.
3 Disponga las empanadillas en bandejas con 2 cm de separación. Píntelas con yema de huevo y hornéelas 15 minutos, o hasta que se doren y se inflen. Cambie las bandejas a los 10 minutos. Cúbralas con papel de aluminio si se doran demasiado. Sírvalas calientes.

BERENJENAS
Las berenjenas se cultivan en toda la cuenca mediterránea y se emplean en numerosas recetas. El color de la piel va de morado oscuro (casi negro) a muy claro, llegando incluso al blanco. La pulpa del interior es de color crema, tirando a veces a verde claro. La forma de las berenjenas varía de manera considerable, desde alargada y fina, hasta rechoncha y redonda. En algunos casos no sobrepasa el tamaño de un grano de uva. Al comprarlas, deben estar firmes. Las más grandes pueden tener un gusto un poco más amargo; para eliminar los jugos amargos antes de usarlas para cocinar, córtelas o trocéelas según lo indicado en la receta, espolvoréelas con abundante sal y déjelas reposar una media hora antes de aclararlas, secarlas y cocerlas. Las menos gruesas no necesitan salarse antes.

IZQUIERDA: Empanadillas de jamón dulce y aceitunas

TEX-MEX

Si bien la frontera entre México y Texas separa dos países muy diferentes, en lo que se refiere a la gastronomía la línea se desdibuja. La cocina Tex-Mex es tan vistosa y pintoresca como el soleado paisaje de Texas y México donde se originó. Mientras que una fuente de antipasto o una bandeja de canapés puede significar una reunión en la que reina la calma y la sofisticación, un surtido de picantes platos Tex-Mex llama a la "fiesta". Su presencia no se concibe sin jarana, gente alegre y copas de Margaritas bien frías –aunque tal vez prefiera persuadir a sus invitados de que dejen los sombreros en casa–. Así que ya sabe, si desea darle un poco de chispa a la fiesta, no se olvide de sacar los jalapeños.

EMPANADAS
Este plato se puede elaborar con distintas formas. En ocasiones, se venden en porciones cortadas de grandes empanadas planas, aunque también suelen prepararse en forma de empanadillas. Los rellenos van de salados a dulces, o una mezcla de ambos. Las empanadas se fríen con poco aceite o se hornean.

ARRIBA: Empanadas de patata

EMPANADAS DE PATATA

Tiempo de preparación: 1 hora
Tiempo total de cocción: 40 minutos
Para 32 unidades

☆☆

3 cucharadas de aceite de oliva
1 cebolla pequeña cortada en dados pequeños
2 cebolletas cortadas en aros finos
1 diente de ajo majado
100 g de carne picada de vaca
1 cucharadita de comino molido
1 cucharadita de orégano seco
125 g de patatas cortadas en dados
4 láminas de masa de hojaldre
50 g de aceitunas negras deshuesadas, en cuartos
1 huevo duro picado fino
1 huevo, yema y clara por separado
una pizca de pimentón
una pizca de azúcar

1 En una sartén de fondo pesado, caliente 1 cucharada del aceite y sofría después la cebolla y la cebolleta, removiendo, durante 5 minutos. Añada el ajo y rehóguelo todo 3 minutos. Retire el sofrito y resérvelo.

2 Caliente otra cucharada de aceite en la sartén y sofría la carne, removiendo a fuego medio hasta que se dore y deshaciendo los grumos con un tenedor. Incorpore el sofrito de cebolla y remueva bien.

3 Agregue el comino, el orégano y 1/2 cucharadita de sal y de pimienta, y remuévalo todo 2 minutos más. Pase la carne a un cuenco y deje que se enfríe. Limpie la sartén.

4 Caliente la otra cucharada de aceite y sofría la patata, removiendo a fuego fuerte 1 minuto. Baje el fuego al mínimo y remueva 5 minutos, o hasta que quede tierna. Déjela enfriar un poco y mézclela con cuidado con la carne.

5 Precaliente el horno a 200°C. Con un cortapastas, corte la masa en discos de 8 cm. Engrase dos bandejas de horno.

6 Coloque cucharaditas colmadas de la mezcla de carne en un lado de cada disco (dejando un margen para plegar la masa). Ponga encima unos cuantos trozos de aceitunas y de huevo picado. Pinte el margen con clara de huevo y pliegue la masa en forma de media luna. Presione bien los bordes con un tenedor para sellarlos y decorarlos y ponga las empanadas en las bandejas. Píntelas con una mezcla de yema de huevo, pimentón y azúcar. Hornéelas 15 minutos, o hasta que se hinchen y se doren.

CON ANTELACIÓN: Prepare las empanadas 2 días antes o congélelas hasta 2 meses.

TRIÁNGULOS PICANTES DE TORTILLA

Tiempo de preparación: 20 minutos
Tiempo total de cocción: 5 minutos
Para 24 unidades

☆☆

2 tortillas de harina de 23 cm de diámetro
1/4 taza (60 ml) de aceite

Cobertura

1 cebolla picada fina
2 dientes de ajo majados
2 guindillas rojas picadas finas
425 g de frijoles en conserva, escurridos y ligeramente triturados
1 taza (250 ml) de salsa espesa embotellada
2 cucharadas de hojas de cilantro fresco picadas
90 g de cheddar rallado

1 Corte las tortillas en cuartos y cada cuarto en tres triángulos.
2 Caliente 2 cucharadas del aceite en una sartén y sofría algunos triángulos 30 segundos por cada lado o hasta que queden crujientes y dorados. Déjelos escurrir sobre papel de cocina. Repita la operación con el resto de los triángulos, añadiendo más aceite si fuera necesario.
3 Para la cobertura, caliente 1 cucharada de aceite en una sartén mediana y sofría la cebolla, el ajo y la guindilla, removiendo a fuego fuerte 3 minutos, o hasta que la cebolla quede tierna. Añada los frijoles, la salsa y el cilantro. Retírelo del fuego y déjelo enfriar.
4 Extienda la cobertura sobre los triángulos, dejando un margen alrededor de los bordes y espolvoréelos con cheddar. Gratínelos 1 minuto, o hasta que el queso se haya derretido.

NOTAS: Los triángulos de tortilla pueden hornearse en lugar de freírse o gratinarse. Dispóngalos sobre una bandeja y hornéelos a 180°C durante 5 minutos o hasta que queden crujientes. Añada la cobertura y hornéelos entre 3 y 5 minutos más, o hasta que el queso se haya derretido.

Puede sustituir los frijoles por judías pintas.

CON ANTELACIÓN: Prepare los triángulos un día antes y guárdelos en un recipiente hermético. La cobertura puede prepararse con un día de antelación y refrigerarse. Cubra los triángulos 1 hora antes y gratínelos justo antes de servirlos.

TORTILLAS

Las tortillas de harina mexicanas son pequeñas tortas planas elaboradas con masa harina (harina de maíz). Se cuecen por ambos lados y constituyen la base de platos tradicionales como tacos, burritos, enchiladas y tostadas. En el caso de todas estas preparaciones, las tortillas se presentan enrolladas o plegadas sobre un relleno, o bien fritas y crujientes ya sea cubiertas o rellenas con los sofritos típicos a base de carnes, verduras y especias.

ARRIBA: Triángulos picantes de tortilla

ARRIBA: *Miniperritos rebozados*

MINIPERRITOS REBOZADOS

Tiempo de preparación: 10 minutos
Tiempo total de cocción: 8–10 minutos
Para 16 unidades

✯✯✯

8 salchichas de frankfurt grandes
8 brochetas de madera
fécula de maíz
aceite para freír
salsa de tomate para acompañar

Rebozado

1 3/4 tazas (220 g) de harina de fuerza
1/4 taza (35 g) de harina de maíz
1 huevo poco batido
1 cucharada de aceite

1 Corte las salchichas en dos. Parta las 8 brochetas por la mitad y ensarte en ellas las salchichas, dejando un trozo a modo de mango. Espolvoree las salchichas con un poco de fécula de maíz.

2 Para el rebozado, tamice la harina en un cuenco, añada la harina de maíz y forme un hueco en el centro. Añada poco a poco el huevo, el aceite y 1 1/2 tazas (375 ml) de agua, batiendo hasta obtener una masa sin grumos.

3 Caliente abundante aceite en una sartén a 180°C, o hasta que un dado de pan se dore en 15 segundos. Reboce por tandas las salchichas y escurra el exceso de rebozado. Con unas pinzas, sumerja poco a poco las salchichas en el aceite y fríalas a fuego medio-fuerte 1 ó 2 minutos, o hasta que se hagan y queden doradas y crujientes. Extráigalas con cuidado y escúrralas sobre papel de cocina. Repita la operación con el resto de las salchichas. Sírvalas con salsa de tomate.

NOTA: Puede añadir una cucharadita de guindilla fresca picada o una pizca de guindilla en polvo al rebozado.

COSTILLAS DE CERDO CON AJO Y MIEL AL HORNO

Tiempo de preparación: 20 minutos + maceración
Tiempo total de cocción: 55 minutos
Para unas 30 unidades

✯

1,5 kg de costillas cortadas al estilo americano
1/2 taza (175 g) de miel
6 dientes de ajo majados
1 trozo de 5 cm de jengibre fresco rallado fino
1/4 cucharadita de salsa Tabasco
3 cucharadas de salsa de guindilla
2 cucharaditas de ralladura de naranja

1 Corte las costillas en trozos pequeños, incluyendo 1 hueso por trozo, y póngalas en un plato grande. Mezcle el resto de los ingredientes y vierta la mezcla sobre las costillas. Remuévalas bien para que queden empapadas. Refrigérelas varias horas o toda la noche.

2 Precaliente el horno a 200°C. Escurra las costillas y pase el adobo a un cazo. Disponga las costillas en una sola capa sobre uno o dos platos llanos grandes resistentes al fuego.

3 Lleve el adobo a ebullición y déjelo hervir 3 ó 4 minutos, o hasta que se haya espesado y reducido un poco.

4 Unte las costillas con la salsa y hornéelas 50 minutos, regándolas regularmente. Hornéelas hasta que queden doradas y tiernas. Sírvalas calientes con el resto del adobo.

COSTILLAS A LA BARBACOA

Tiempo de preparación: 30 minutos + toda la noche en maceración
Tiempo total de cocción: 15 minutos
Para unas 30 unidades

☆

- 1/2 cucharadita de mostaza en polvo o inglesa
- 1/2 cucharadita de pimentón dulce
- 1/4 cucharadita de orégano molido
- 1/4 cucharadita de comino molido
- 1 1/2 cucharadas de aceite de cacahuete
- 1 cucharadita de salsa Tabasco
- 1 diente de ajo majado
- 1/2 taza (125 ml) de salsa de tomate
- 2 cucharadas de concentrado de tomate
- 2 cucharadas de azúcar moreno
- 1 cucharada de salsa Perrin's
- 2 cucharaditas de vinagre
- 1,5 kg de costillas cortadas al estilo americano

1 Para la salsa, mezcle en una sartén la mostaza, el pimentón, el orégano, el comino y el aceite. Agregue el resto de los ingredientes, salvo las costillas. Rehóguelo todo, removiendo, a fuego medio durante 3 minutos, o hasta mezclarlo todo bien. Déjelo enfriar.

2 Riegue las costillas con la salsa y déjelas macerar toda la noche. Áselas en una barbacoa, dándoles la vuelta con frecuencia, hasta que queden firmes y bien hechas. Córtelas en costillas individuales antes de servirlas.

NOTA: Elija costillas de cerdo muy magras pues si tienen mucha grasa prenden rápido y se queman. Si emplea costillas de vaca hiérvalas antes hasta que queden tiernas y escúrralas.

POLLO FRITO

En un cuenco, mezcle 1 kg de trocitos de pollo con 2 tazas (500 ml) de suero de leche. Tape el pollo y refrigérelo durante 2 horas, dándole la vuelta de vez en cuando. Llene hasta la mitad una sartén honda de fondo pesado con aceite y caliéntelo a 180°C, o hasta que un dado de pan se dore en 15 segundos. Ponga 1 1/2 tazas (185 g) de harina en un plato llano y sazónela. Escurra el pollo, sacuda el exceso de suero de leche, y enharínelo. Fríalo por tandas de 6 a 8 minutos, procurando que el aceite no esté demasiado caliente o el pollo no se hará bien. Escúrralo sobre papel de cocina. Para unas 20 unidades.

TOMATES

Los tomates se venden frescos, en conserva, triturados y también en forma de salsas y concentrados de diversas consistencias, a menudo con aromatizantes añadidos. El concentrado de tomate se obtiene a partir de tomates que previamente se han cocido durante varias horas hasta formar una pasta espesa y oscura a la que se añade sal, y en ocasiones azúcar. Debido a su intenso sabor se utiliza con moderación para condimentar guisos, caldos, salsas y sopas. Hay algunos más concentrados que otros, por lo que se recomienda probar unos cuantos para dar con el que más se adapte a su gusto. La salsa de tomate tiene una consistencia mucho más ligera que el concentrado y se suele mezclar con azúcar, sal, especias y otros condimentos.

IZQUIERDA: Costillas a la barbacoa

PÁGINA SIGUIENTE: Tortitas de maíz picantes con aguacate y gambas (izquierda); Tortillas con salsa de chorizo

TORTITAS DE MAÍZ PICANTES CON AGUACATE Y GAMBAS

Tiempo de preparación: 25 minutos
Tiempo total de cocción: 15–20 minutos
Para 32 unidades

✯

- 3/4 taza (110 g) de maíz en grano congelado
- 1 1/2 de chiles chipotle en conserva, picados gruesos y 2 cucharaditas de la salsa
- 1/2 taza (60 g) de harina
- 1/3 taza (50 g) de polenta (o harina de maíz)
- 1/2 cucharadita de levadura en polvo
- 1/4 cucharadita de bicarbonato sódico
- 1 cucharadita de sal
- 1/2 cucharadita de azúcar
- 1 taza (250 ml) de suero de leche
- 20 g de mantequilla fundida
- 1 huevo
- 32 gambas medianas cocidas, peladas y sin hilo intestinal
- 32 hojas de cilantro fresco para decorar

Salsa de aguacate

- 1 aguacate maduro picado grueso
- 2 cucharadas de zumo de lima
- 1 chile chipotle en conserva con la salsa
- 1/2 taza (15 g) de hojas de cilantro fresco
- 1 diente de ajo picado
- 1/2 cucharadita de sal
- 1 cucharadita de comino molido
- 2 cucharadas de nata agria

1 Descongele y pique grueso el maíz y los chiles chipotle con el robot de cocina.
2 Mezcle los ingredientes secos en un cuenco grande y forme un hueco. Bata el suero de leche, la mantequilla y el huevo en una jarra y añada poco a poco los ingredientes secos, mezclando bien hasta añadirlo todo. Incorpore el maíz y el chile chipotle picados. (El preparado debería tener la consistencia de la masa para tortitas.) Agregue una cucharada de agua para aclarar la masa si es preciso. Resérvela.
3 En un robot de cocina, reduzca a un puré fino los ingredientes de la salsa y sazónelo.
4 Caliente una sartén engrasada a fuego medio y fría por tandas cucharadas de la masa para formar tortitas de 5 cm. Fríalas 1 minuto por cada lado, hasta que se doren. Retírelas del fuego y repita la operación con el resto de la masa. Mantenga las tortitas calientes hasta servirlas. También puede prepararlas hasta con 2 días de antelación, envolverlas en plástico y refrigerarlas. Dispóngalas en una sola capa sobre una lámina de papel parafinado y recaliéntelas en el horno a 170°C 5 minutos, o hasta que se calienten del todo. (Las tortitas de maíz se pueden servir a temperatura ambiente.)
4 Para servirlas, ponga una cucharadita colmada de la salsa de aguacate sobre las tortitas templadas y coloque encima una gamba cocida. Decórelas con hojas de cilantro.

TORTILLAS CON SALSA DE CHORIZO

Tiempo de preparación: 25 minutos
Tiempo total de cocción: 12–15 minutos
Para unas 30 unidades

✯

- 4 tortillas de harina de 20 cm de diámetro
- 2 cucharadas de aceite de oliva
- 250 g de chorizo
- 1/3 taza (90 g) de yogur natural griego
- 20 g de cilantro fresco picado fino
- 1 aguacate maduro
- 1 tomate grande despepitado
- 1/4 cebolla roja
- 2 cucharaditas de vinagre balsámico
- 1 cucharada de aceite de oliva virgen
- 30 hojas de cilantro fresco para decorar

1 Precaliente el horno a 180°C. Con un cortapastas, corte cada tortilla en 7 u 8 discos de 5,5 cm o en triángulos. En una sartén antiadherente grande, caliente 1 cucharada del aceite y fría un tercio de las tortillas dispuestas en una sola capa, dándoles la vuelta, hasta que queden doradas y crujientes. Escúrralas sobre papel de cocina. Repita la operación con el resto del aceite y las tortillas.
2 Pique el chorizo en dados y hornéelo unos 10 minutos, o hasta que se caliente. Déjelo enfriar y escúrralo sobre papel de cocina.
3 Mientras tanto, mezcle el yogur y el cilantro picado en un cuenco pequeño; resérvelo.
4 Pique el aguacate, el tomate y la cebolla en dados pequeños y mézclelo todo en un cuenco. Añada el chorizo, el vinagre, aceite, sal y pimienta y remueva para mezclarlo todo.
5 Para presentar las tortillas, cúbralas con dados de chorizo, yogur y hojas de cilantro.

ARRIBA: Gambas asadas con mayonesa de pimiento

GAMBAS ASADAS CON MAYONESA DE PIMIENTO

Tiempo de preparación: 20 minutos + maceración
Tiempo total de cocción: 40 minutos
Para 24 unidades

☆☆

1 kg de gambas grandes crudas
4 dientes de ajo majados
3 cucharadas de zumo de limón
1 cucharadita de comino molido
3 cucharadas de cilantro fresco picado
trozos de lima para servir

Mayonesa de pimiento
1 pimiento rojo pequeño
6 dientes de ajo sin pelar
1 cucharada de aceite de oliva
1/3 taza (90 g) de mayonesa de huevo entero
1 cucharada de zumo de lima

1 Pele las gambas y quíteles el hilo intestinal, dejando las colas intactas. Mezcle el ajo, el zumo de lima, el comino y el cilantro en un cuenco; incorpore las gambas con la marinada y mézclelo todo bien. Tápelas y refrigérelas durante al menos 2 horas.
2 Para preparar la mayonesa, precaliente el horno a 190°C. Corte el pimiento en cuartos y retire las semillas y la membrana. Dispóngalo sobre una bandeja de horno con el ajo y rocíelo con aceite de oliva. Áselo entre 20 y 30 minutos, o hasta que la piel del pimiento se despegue y el ajo se ablande sin que llegue a quemarse. Deje enfriar el pimiento en una bolsa de plástico y pélelo junto con el ajo.
3 Pique el pimiento y el ajo en un robot de cocina con la mayonesa hasta que quede todo homogéneo. Páselo a un cuenco y agregue el zumo de lima. Sálelo al gusto.
4 Precaliente una parrilla engrasada o una sartén de fondo pesado hasta que empiece a humear. Escurra las gambas, desechando la marinada y áselas por tandas durante 2 minutos por cada lado, hasta que se cuezan. Sírvalas con la mayonesa y un trozo de lima.

EMPANADAS

Tiempo de preparación: 45 minutos + enfriado
Tiempo total de cocción: 1 hora
Para 48 unidades

☆☆

aceite para freír
1 cebolla pequeña picada fina
1 pimiento verde pequeño picado fino
1 diente de ajo majado
350 g de carne picada de vaca
200 g de carne picada de cerdo
3/4 taza (185 ml) de puré de tomate o tomate picado en conserva
110 g de aceitunas verdes deshuesadas picadas
8 láminas de pasta quebrada descongeladas

1 Caliente un poco de aceite en una sartén y sofría la cebolla a fuego lento 3 minutos, o hasta que quede blanda. Añada el pimiento, rehóguelo 3 minutos, agregue el ajo y sofríalo un minuto más. Incorpore los dos tipos de carne picada y rehóguela, deshaciendo los grumos con un tenedor hasta que se dore.
2 Añada el puré de tomate y las aceitunas y llévelo todo a ebullición. Reduzca el fuego y déjelo hervir todo 10 minutos, removiendo de vez en cuando, o hasta que el líquido se haya evaporado. Retírelo todo del fuego, sazónelo al gusto y déjelo enfriar por completo.
3 Corte seis discos de 8 cm de cada lámina de pasta. Coloque 2 cucharaditas colmadas del relleno en cada disco y pliéguelos. Presione los bordes con un tenedor para sellarlos.
4 Caliente 2 cm del aceite en una sartén honda a 180°C, o hasta que un dado de pan se dore en 15 segundos. Fría las empanadas por tandas hasta que queden doradas y crujientes y escúrralas sobre papel de cocina. También puede hornearlas a 200°C de 20 a 25 minutos, o hasta que se hinchen y se doren.
CON ANTELACIÓN: Prepare estas empanadas hasta 2 días antes, o congélelas sin freír.

CEBOLLAS
Las cebollas marrones, que se conservan durante tiempo, tienen un sabor intenso y son apropiadas para freír, mientras que las blancas son más suaves, por lo que se pueden emplear tanto crudas en ensaladas como cocidas. Las cebollas rojas y las amarillas, que no aguantan tanto como las otras variedades, resultan ideales en ensaladas por su color y dulzor. La cebolla picada o troceada debe cocerse a fuego lento para que se ablande y adquiera un sabor dulce.

IZQUIERDA: Empanadas

CEVICHE

El ceviche es un plato típico peruano cuya base la constituye un pescado crudo en pequeños trozos marinado o "cocido" en una mezcla que incluye zumo de lima o limón, el cual reblandece y aromatiza el pescado. Este plato suele servirse frío con tostadas, o sobre tazas de lechuga con boniato y mazorcas de maíz.

PÁGINA SIGUIENTE, DE ARRIBA ABAJO, EN EL SENTIDO DE LAS AGUJAS DEL RELOJ: Ceviche; Flautas de tortilla; Delicias de queso

CEVICHE

Tiempo de preparación: 20 minutos + toda la noche en el frigorífico
Tiempo total de cocción: ninguno
Para unos 48 dados

☆

600 g de pescado blanco muy fresco, sin piel y de carne firme, como filetes de pargo
1/3 taza (80 ml) de zumo de lima
1/2 cebolla roja picada en dados muy pequeños
1 cucharadita de guindilla roja picada fina
1 cucharadita de guindilla verde picada fina
1 tomate despepitado y picado en dados muy pequeños
2 cucharadas de perejil fresco picado fino

1 Retire las espinas del pescado, córtelo en trozos pequeños y páselo a un cuenco de vidrio poco profundo. Rocíelo con el zumo de lima, tápelo con film transparente y refrigérelo durante toda la noche.
2 Extienda sobre el pescado la cebolla picada, la guindilla, el tomate y el perejil picado.
3 Disponga el pescado sobre una fuente y sírvalo enseguida, con palillos para que los comensales puedan tomarlo con facilidad.

DELICIAS DE QUESO

Tiempo de preparación: 20 minutos + refrigeración
Tiempo total de cocción: 12 minutos
Para 80 unidades

☆

1 3/4 tazas (215 g) de harina
1 cucharadita de guindilla en polvo
1 cucharadita de sal de ajo
1/2 cucharadita de pimentón
200 g de mantequilla picada
1 huevo poco batido
200 g de cheddar rallado

1 Precaliente el horno a 210°C. Engrase dos bandejas de horno con mantequilla fundida.
2 Tamice la harina, la guindilla en polvo, la sal de ajo y el pimentón en un cuenco grande. Mezcle la mantequilla con la harina ayudándose con los dedos hasta obtener una mezcla similar a las migas de pan. Agregue el huevo y el queso y remueva hasta unir la mezcla. Pásela a una superficie enharinada y forme con ella una bola. Tape la masa con film transparente y refrigérela 20 minutos.
3 Extienda la masa sobre una superficie enharinada hasta que tenga 3 mm de grosor. Córtela con un molde estrellado de 6 cm. Disponga las tortas sin cocer sobre las bandejas, dejando espacio entre ellas. Hornéelas 12 minutos, o hasta que queden crujientes y doradas. Déjelas en las bandejas 2 minutos antes de pasarlas a una rejilla para que se enfríen.

FLAUTAS DE TORTILLA

Tiempo de preparación: 25 minutos
Tiempo total de cocción: 15 minutos
Para 24 unidades

☆☆

1/4 taza (60 ml) de aceite de oliva
2 cebollas pequeñas picadas finas
2 dientes de ajo majados
1/2 cucharadita de guindilla en polvo
2 cucharaditas de comino molido
1 kg de pollo cocido picado fino
2 cucharadas de cilantro fresco picado fino
24 tortillas de harina común o harina de maíz
aceite para freír
salsa de guindilla roja o verde para servir
1 aguacate cortado en rodajas para servir

1 Caliente el aceite en una sartén y sofría la cebolla y el ajo a fuego medio durante 2 ó 3 minutos, o hasta que la cebolla quede tierna pero no blanda. Agregue la guindilla en polvo y el comino y remuévalo todo 1 minuto.
2 Añada el pollo y remueva bien. Rehóguelo a fuego medio hasta que se caliente del todo. Añada el cilantro y retire el pollo del fuego.
3 Reblandezca las tortillas, una a una, calentándolas en una sartén seca de fondo pesado a fuego fuerte 30 segundos por cada lado.
4 Extienda una tortilla y coloque en el centro una cucharada de la mezcla de pollo. Enróllela con cuidado en forma de flauta.
5 Vierta aceite en una sartén honda hasta llenar 5 cm de su capacidad y caliéntelo a 180°C, o hasta que un dado de pan se dore en 15 segundos. Tome las flautas de tortilla con unas pinzas (o afiáncelas con palillos), y fríalas una a una hasta que queden crujientes. Escúrralas sobre papel de cocina. Sírvalas con salsa de guindilla y rodajas de aguacate.

GUINDILLAS REBOZADAS

Tiempo de preparación: 40 minutos + refrigeración
Tiempo total de cocción: 2 ó 3 minutos por tanda
Para 24 unidades

☆☆

660 g de guindillas suaves enteras en conserva
125 g de cheddar rallado
200 g de queso para untar reblandecido
2/3 taza (85 g) de harina
4 huevos poco batidos
1 1/4 tazas (185 g) de harina de maíz
1 1/4 tazas (125 g) de pan rallado
aceite para freír
nata agria para servir

1 Elija 24 guindillas grandes y uniformes. Escúrralas bien y déjelas secar sobre papel de cocina. Con un cuchillo afilado, practique un corte a lo largo de un lado de cada una. A continuación, retire las semillas y la membrana blanca.
2 Mezcle el cheddar y la nata agria y rellene con la mezcla las guindillas. Ponga la harina en un plato grande y el huevo batido en un cuenco pequeño. Mezcle la harina de maíz y el pan rallado en un plato llano. Enharine las guindillas, sacudiendo el exceso de harina, y páselas después por el huevo y el pan rallado. Refrigérelas durante 1 hora. Rebócelas de nuevo con el huevo y el pan rallado y refrigérelas una hora más.
3 Vierta aceite en una sartén honda de fondo pesado hasta llenar un tercio de su capacidad y caliéntelo a 180°C. El aceite estará caliente cuando un dado de pan se dore en 15 segundos. Fría una pequeña cantidad de guindillas por tandas hasta que se doren. Déjelas escurrir sobre papel de cocina y sírvalas luego con nata agria.
CON ANTELACIÓN: Puede preparar las guindillas rebozadas con 3 horas de antelación.

ARRIBA: Guindillas rebozadas

PASTAS DE MAÍZ Y GAMBAS CON MAYONESA DE LIMA

Tiempo de preparación: 40 minutos + refrigeración
Tiempo total de cocción: 10 minutos
Para 30 unidades

★★★

500 g de gambas cocidas
1 cucharada de aceite de oliva
2 chiles jalapeños despepitados y picados finos
1 cucharadita de cilantro molido
4 cebolletas picadas finas
20 g de hojas de cilantro fresco picadas
130 g de maíz en grano de lata escurrido
130 g de puré de maíz en conserva
1 huevo poco batido
1/3 taza (90 g) de nata agria
2 1/2 tazas (200 g) de pan recién rallado
aceite para freír

Mayonesa de lima
2 yemas de huevo
1 diente de ajo majado
1/3 taza (80 ml) de aceite vegetal
1/3 taza (80 ml) de aceite de oliva
2 cucharadas de zumo de lima
1 guindilla verde pequeña picada fina

1 Pele las gambas, quíteles el hilo intestinal y píquelas finas. Caliente el aceite en una sartén a fuego medio y sofría la guindilla, el cilantro molido y la cebolleta 2 ó 3 minutos, hasta que la mezcla desprenda su aroma y quede blanda. Retírela del fuego y añada el cilantro fresco, las gambas, el maíz en grano y el puré de maíz. Remueva y pase la mezcla a un cuenco.
2 Agregue el huevo, la nata agria y 1 taza (80 g) de pan rallado; remueva y sazónelo todo al gusto. Refrigere la mezcla tapada 2 horas.
3 Moldee cucharadas rasas de la mezcla en forma de hamburguesas. Rebócelas con el pan rallado restante y refrigérelas otros 30 minutos.
4 Caliente 2 cm de aceite en una sartén y fría las hamburguesas 3 ó 4 minutos por cada lado, o hasta que se doren. Escúrralas.
5 Para la mayonesa de lima, mezcle las yemas de huevo y el ajo en un cuenco. Añada poco a poco el aceite vegetal, gota a gota, batiendo sin parar hasta ligar la mezcla. Cuando haya incorporado todo el aceite, agregue el aceite de oliva en un chorro fino, sin dejar de batir. Incorpore el zumo de lima y la guindilla y remueva bien. Salpimiente la mayonesa y refrigérela tapada hasta su uso. Sírvala con las pastas de maíz y gambas con guindilla.
NOTA: La mezcla para las pastas es muy blanda y debe manejarse con cuidado. Para darle más consistencia, refrigérela 1/2 hora. Ahorrará tiempo si compra mayonesa de huevo entero y la mezcla con ralladura de lima, guindilla y ajo.

GAMBAS
Las gambas enteras cocidas sin pelar pueden congelarse en un bloque grande. Introdúzcalas en un recipiente de plástico –por ejemplo en una heladera– y guárdelas en el congelador. Cuando las necesite, descongele las gambas en un cuenco grande en el frigorífico.

IZQUIERDA: Pastas de maíz y gambas con mayonesa de lima

QUESADILLAS

Elija tortillas de harina de la sección de pan del supermercado para elaborar estos aperitivos mexicanos fáciles y rápidos de preparar, con los que siempre sorprenderá a sus invitados.

ROLLITOS DE GUACAMOLE

Mezcle 450 g de frijoles refritos de lata con 90 g de cheddar rallado. Con un cortapastas, corte 7 tortillas en discos de 8 cm. Envuélvalos en papel de aluminio y cuézalos en el horno a 180°C 2 ó 3 minutos, hasta que se calienten. Para preparar el guacamole, triture 2 aguacates y mézclelos con 1 cebolla roja picada, 1 cucharada de mayonesa, 1 guindilla roja picada, 1 cucharada de zumo de lima y 1 cucharada de cilantro fresco. Extienda un poco de mezcla de frijoles sobre la base de las tortillas y enróllelas en forma de cono. Póngalas hacia abajo en una bandeja y hornéelas otros 5 minutos, o hasta que queden crujientes. Ponga 1 cucharadita de guacamole en la punta abierta y sirva los rollitos. Para 42 unidades.

QUESADILLAS DE QUESO

Ase 2 chiles jalapeños sujetándolos con unas pinzas sobre una llama hasta que se ennegrezcan y se despegue la piel. También puede asarlos al grill. Déjelos enfriar en una bolsa de plástico y pélelos. Pique la pulpa y mézclela con 250 g de cheddar rallado y 75 g de mozzarella rallada. Extienda la mezcla sobre 3 tortillas y cúbralas con otras tres. Con un cortapastas, córtelas en discos de 6 cm. Fríalos en un poco de aceite 1 ó 2 minutos o hasta que se doren. Sírvalos con salsa casera. Para entre 25 y 30 unidades.

QUESADILLAS DE POLLO

En una sartén, caliente 1 cucharada de aceite y sofría 1 cebolla roja y 1 pimiento rojo picados, hasta que la cebolla quede blanda. Añada 2 dientes de ajo majados, $^{1}/_{4}$ cucharadita de pimentón y 1 cucharadita de comino y de cilantro molidos; rehóguelo 2 minutos. Agregue 400 g de carne picada de pollo y sofríala de 5 a 8 minutos, hasta que se dore, deshaciendo los grumos. Añada 400 g de tomate picado en conserva y déjelo hervir 20 minutos, o hasta que la salsa se espese. Corte 7 tortillas en discos de 8 cm con un cortapastas. Coloque una cucharadita de la mezcla en la mitad de los discos. Espolvoréelos con 220 g de cheddar rallado y hornéelos a 180°C 1 minuto, o hasta que se derrita el queso. Pliegue los discos y sujételos unos segundos para que se peguen. Decórelos con cebolleta troceada. Para 42 unidades.

QUESADILLAS DE MAÍZ, TOMATE Y FRIJOLES

Mezcle 1 cebolla roja picada fina, 2 tomates picados, 310 g de maíz en grano de lata escurrido y aclarado y 1 pimiento rojo en dados. Escurra y aclare 425 g de frijoles de lata y tritúrelos con un tenedor. Coloque 3 tortillas sobre la superficie de trabajo, deposite encima los frijoles, cúbralos con el maíz y la mezcla de tomate y espolvoréelo todo con 90 g de cheddar rallado. Cúbralo con 3 tortillas más. Caliente 2 cucharaditas de aceite en una sartén de 25 cm y fría las quesadillas 3 ó 4 minutos por cada lado, hasta que se doren. Retírelas del fuego y córtelas en 12 triángulos. Para 36 unidades.

QUESADILLAS PICANTES

Caliente 1 cucharada de aceite en una sartén y sofría 1 cebolla picada y 2 dientes de ajo majados 2 ó 3 minutos. Añada 400 g de carne picada de vaca y rehóguela de 5 a 7 minutos, hasta que se dore, deshaciendo los grumos. Agregue 325 g de salsa de frijoles mexicana embotellada. Llévelo todo a ebullición, reduzca el fuego y déjelo hervir 3 ó 4 minutos, o hasta que la mezcla se reduzca y se espese. Sazónela. Coloque 3 tortillas sobre la superficie de trabajo y espolvoréelas con 125 g de cheddar rallado. Deposite la carne encima del queso y cúbrala con otras 3 tortillas. Caliente 2 cucharaditas de aceite en una sartén de 25 cm y fría las quesadillas 3 ó 4 minutos por cada lado o hasta que se doren. Retírelas del fuego, recorte los bordes y córtelas en cuadrados de 5 cm. Para 36 unidades.

DE IZQUIERDA A DERECHA: Rollitos de guacamole; Quesadillas de queso; Quesadillas de pollo; Quesadillas de maíz, tomate y frijoles; Quesadillas picantes

FRIJOLES REFRITOS
En México las judías reciben el nombre de frijoles. En este caso, se trata de judías secas (pintas o negras) que se cuecen hasta que quedan tiernas, y se fríen después para darles una consistencia cremosa.

ARRIBA: Pan de maíz con frijoles

PAN DE MAÍZ CON FRIJOLES

Tiempo de preparación: 1 hora
Tiempo total de cocción: 30 minutos
Para 24 unidades

✯✯

- 1 guindilla verde grande
- 1 guindilla roja grande
- 1 taza (150 g) de harina de maíz (o polenta)
- 1 taza (125 g) de harina de fuerza
- 1/2 taza (60 g) de cheddar rallado
- 1 huevo poco batido
- 3/4 taza (185 ml) de leche
- 310 g de puré de maíz en conserva
- salsa Tabasco para servir
- hojas de cilantro fresco para decorar

Cobertura

- 1 taza (230 g) de frijoles refritos
- 2 cucharadas de nata agria
- 1/2 cucharadita de comino molido
- 1/2 cucharadita de cilantro molido
- 1/2 cucharadita de pimentón

1 Precaliente el horno a 200°C. Engrase un molde llano de 20 x 30 cm. Ase las guindillas sujetándolas con unas pinzas (una a una) sobre el fuego hasta que se ennegrezcan. También puede partir las guindillas, quitarles las semillas y la membrana, aplanarlas bien y asarlas al grill con la piel hacia arriba hasta que ésta se despegue. Déjelas enfriar en una bolsa de plástico, pélelas, córtelas en dos y píquelas finas.
2 Mezcle la harina de maíz, la harina de fuerza, el cheddar, la pulpa de guindilla y 1 cucharadita de sal en un cuenco. Forme un hueco en el centro y vierta el huevo, la leche y el puré de maíz. Remueva bien hasta mezclar los ingredientes, sin batir en exceso.
3 Vierta la mezcla en el molde y hornéela 20 minutos, o hasta que cuaje y esté firme al tacto. Deje enfriar el pan sobre una rejilla.
4 Para preparar la cobertura, mezcle bien todos los ingredientes en un cuenco pequeño.
5 Con un cuchillo de sierra, recorte los bordes del pan y córtelo en cuadrados de 3 cm. Póngalos en una fuente y cúbralos con una cucharadita de frijoles. Rocíelos con una gota de Tabasco y decórelos con cilantro.
CON ANTELACIÓN: Puede preparar los frijoles un día antes y refrigerarlos tapados.

ALBÓNDIGAS MEXICANAS

Tiempo de preparación: 30 minutos
Tiempo total de cocción: 35 minutos
Para unas 28 unidades

★

2 rebanadas de pan blanco sin corteza
3 cucharadas de leche
250 g de carne picada de ternera o vaca
250 g de carne picada de cerdo
1 cebolla pequeña rallada
1 huevo poco batido
1 cucharadita de semillas de comino
2 cucharadas de cilantro fresco picado
1 litro de caldo de carne
2 cucharadas de concentrado de tomate

Salsa de chile con tomate
3 ó 4 chiles serranos rojos (o al gusto)
1 cebolla pequeña picada fina
2 dientes de ajo majados
400 g de tomate picado en conserva
2 cucharaditas de azúcar

1 Trocee el pan en un cuenco y remójelo en la leche 2 minutos. Exprímalo y trocéelo después en trozos pequeños. Mézclelo con la carne picada, la cebolla, el huevo, el comino y el cilantro fresco, y sazónelo todo. La mezcla quedará casi líquida. Mézclela bien con las manos y amásela en unas 28 bolitas.
2 Lleve a ebullición el caldo y el concentrado de tomate en una olla. Añada las albóndigas y deles otro hervor; reduzca el fuego y déjelas cocer a fuego lento 20 minutos, o hasta que estén hechas. Extraiga las albóndigas con una espumadera, páselas a un cuenco caliente y acompáñelas con palillos de cóctel para servir. Decórelas con cilantro. Cuele y reserve el caldo para otros usos, o congélelo.
3 Para preparar la salsa, corte los chiles en dos, deseche las semillas y píquelos finos. Caliente un poco de aceite y sofría la cebolla a fuego lento 3 minutos, hasta que quede blanda y dorada. Agregue el ajo y el chile y rehóguelo todo 1 minuto. Añada el tomate y déjelo hervir todo 15 minutos. Déjelo enfriar un poco y tritúrelo en un robot de cocina. Salpimiente la salsa y sírvala con las albóndigas.
NOTA: Mójese los dedos al amasar las albóndigas, para evitar que se le peguen a las manos.

IZQUIERDA: Albóndigas mexicanas

TAMALES DE POLLO

Tiempo de preparación: 45 minutos
Tiempo total de cocción: 1 hora 15 minutos
Para 12 unidades

☆☆

Masa

100 g de mantequilla reblandecida
1 diente de ajo majado
1 cucharadita de comino molido
1 1/2 tazas (210 g) de masa harina
1/3 taza (80 ml) de nata
1/3 taza (80 ml) de caldo de pollo

Relleno

1 mazorca de maíz
2 cucharadas de aceite
150 g de filetes de pechuga de pollo
2 dientes de ajo majados
1 guindilla roja despepitada y picada
1 cebolla roja picada
1 pimiento rojo picado
2 tomates pelados y picados

1 Para la masa, bata la mantequilla con una batidora hasta que quede cremosa. Añada el ajo, el comino, 1 cucharadita de sal y remueva. Agregue la masa harina y la nata con el caldo intercalándolos, y ligue la mezcla.
2 Para el relleno, lleve a ebullición el maíz en una olla de agua hirviendo de 5 a 8 minutos, o hasta que quede tierno. Déjelo enfriar y separe los granos con un cuchillo afilado. Caliente el aceite en una sartén y sofría el pollo hasta que se dore. Déjelo enfriar y desmenúcelo fino. Añada a la olla el ajo, la guindilla y la cebolla y rehóguelo todo hasta que quede blando. Incorpore el pimiento rojo y el maíz y remueva 3 minutos. Agregue el pollo, el tomate y 1 cucharadita de sal y déjelo hervir 15 minutos, o hasta que el líquido se haya reducido.
3 Ponga a hervir una olla grande llena de agua y coloque encima una vaporera de bambú, asegurándose de que no toque el agua.
4 Corte 12 trozos de papel parafinado de 20 x 15 cm. Extienda una capa gruesa de masa sobre cada trozo, dejando un margen por los extremos. Coloque el relleno en el centro, enrolle los trozos y sujete ambos extremos con un cordel. Cuézalos en la vaporera durante 35 minutos o hasta que queden firmes.
CON ANTELACIÓN: Prepare el relleno un día antes y monte los tamales el día de servirlos.

TARTALETAS DE FRIJOLES Y CARNE

Tiempo de preparación: 1 hora
Tiempo total de cocción: 50 minutos
Para 30 unidades

☆☆

1 cucharada de aceite
1 cebolla pequeña picada fina
250 g de carne picada de vaca
1 diente de ajo majado
1/4 cucharadita de guindilla en polvo
200 g de tomate triturado en conserva
1 1/2 tazas (375 ml) de caldo de carne
300 g de frijoles de lata escurridos
2 1/2 tazas (360 g) de masa harina
1 cucharadita de levadura en polvo
125 g de mantequilla fría en dados
125 g de cheddar rallado

1 En una sartén, caliente el aceite y sofría la cebolla a fuego lento durante 3 ó 4 minutos, o hasta que quede blanda. Suba el fuego, añada la carne picada y rehóguela hasta que se dore. Agregue el ajo, la guindilla, el tomate y 1/2 taza (125 ml) de caldo. Llévelo todo a ebullición, reduzca el fuego y déjelo hervir durante 35 minutos, o hasta que el líquido se haya evaporado y quede una salsa espesa. Incorpore los frijoles y déjelo enfriar todo.
2 Engrase ligeramente 30 huecos hondos de moldes para minimagdalenas. Tamice la masa harina, la levadura en polvo y 1/2 cucharadita de sal en un cuenco. Mezcle la mantequilla y la harina con los dedos hasta obtener una mezcla similar a las migas de pan. Forme un hueco en el centro, vierta el caldo restante y remueva bien con un cuchillo; amase después la mezcla para formar una bola. Divídala en tres partes y extienda dos entre 2 láminas de papel parafinado para cortarlos después en discos de 7 cm con un cortapastas. Forre los moldes con la masa, recorte los extremos y reserve los restos de masa.
3 Precaliente el horno a 200°C. Rellene las tartaletas y espolvoréelas con el cheddar. Extienda la masa restante según el paso anterior. Córtela en discos de 4 cm para cubrir las tartaletas. Moje los bordes con agua y ponga los discos sobre el relleno. Recorte los bordes y presiónelos para sellarlos. Hornee las tartaletas de 20 a 25 minutos, hasta que queden crujiente y doradas. Sírvalas con nata agria.

TAMALES DE POLLO

Mezcle los ingredientes de la masa y bátalos hasta obtener una masa homogénea.

Extienda una capa gruesa de masa sobre cada trozo de papel parafinado.

Ponga un poco de relleno en el centro y enrolle los tamales con firmeza.

Ate bien los extremos del papel con un cordel.

PÁGINA ANTERIOR: Tamales de pollo (superior); Tartaletas de frijoles y carne

ARRIBA: *Tostadas con huevo y chorizo*

TOSTADAS CON HUEVO Y CHORIZO

Tiempo de preparación: 15 minutos
Tiempo total de cocción: 10 minutos
Para 28 unidades

☆

- 4 tortillas de harina
- 25 g de mantequilla fundida
- 1 cucharadita de aceite de oliva
- 1 chorizo pelado y picado fino
- 25 g de mantequilla
- 5 huevos poco batidos
- 3 cucharadas de leche
- 1 cucharada de cilantro fresco picado para decorar

1 Para preparar las tostadas, precaliente el horno a 200°C. Con un cortapastas, corte las tortillas en 28 discos de 6 cm. Forre dos bandejas de horno con papel parafinado y unte los discos de tortilla con mantequilla fundida. Hornéelos en las bandejas durante 5 ó 6 minutos, o hasta que queden dorados y crujientes. Vigílelos para que no se quemen. Páselos a una fuente de servir.

2 Mientras tanto, caliente el aceite en una sartén pequeña y fría el chorizo hasta que quede crujiente. Déjelo escurrir sobre papel de cocina. Limpie la sartén con papel de cocina y derrita en ella poco a poco la mantequilla. Vierta los huevos mezclados con la leche y déjelos cocer a fuego lento, removiendo sin parar hasta que queden blandos y cremosos.

3 Retire la mezcla del fuego y pásela a un cuenco caliente. (Con ello evitará que el huevo siga cociéndose.) Mézclelo con el chorizo y sazónelo todo con sal y pimienta negra. Disponga 2 ó 3 cucharaditas de la mezcla de huevo y chorizo sobre cada tostada, espolvoree encima cilantro fresco y sirva las tostadas de inmediato.

CON ANTELACIÓN: Puede cocer las tostadas con bastante tiempo de antelación. Justo antes de servirlas, caliéntelas en el horno, envueltas en papel de aluminio, durante unos minutos. La mezcla de huevo y chorizo debe prepararse en el último instante.

MUSLOS DE POLLO CON SALSA RANCHERA

Tiempo de preparación: 25 minutos + maceración
Tiempo total de cocción: 10 minutos
Para 32 unidades

✯

32 muslitos de pollo
1 cucharada de pimienta negra machacada
1 cucharada de sal de ajo
1 cucharada de cebolla en polvo
aceite de oliva para freír
1 taza (250 ml) de salsa de tomate
1/3 taza (80 ml) de salsa Perrin's
40 g de mantequilla fundida
1 cucharada de azúcar
salsa Tabasco

Salsa ranchera
1 taza (250 g) de mayonesa de huevo entero
1 taza (250 g) de nata agria
1/3 taza (80 ml) de zumo de limón
1/3 taza (20 g) de cebollino fresco picado

1 Retire la piel del pollo y con un cuchillo de carnicero o de gran tamaño corte la articulación. Lávelo bien y séquelo con papel de cocina. Frote los trozos con una mezcla de pimienta, sal de ajo y cebolla en polvo.
2 Caliente abundante aceite en una sartén honda de fondo pesado a 180°C, o hasta que un dado de pan se dore en 15 segundos. Fría el pollo por tandas durante 2 minutos, extráigalo con unas pinzas o una espumadera y déjelo escurrir sobre papel de cocina.
3 Pase el pollo a un cuenco que no sea metálico o a un plato llano. Mezcle las salsas, la mantequilla, el azúcar y el Tabasco, vierta el aderezo sobre el pollo y remuévalo para que quede bien aliñado. Refrigérelo tapado varias horas o toda la noche. Prepare y caliente la barbacoa 1 hora antes de asar el pollo.
4 Ase el pollo en una barbacoa o parrilla engrasada y caliente de 20 a 25 minutos, o hasta que esté bien hecho. Dele la vuelta y úntelo regularmente con el aderezo. Sírvalo con la salsa ranchera.
5 Para preparar la salsa ranchera, mezcle la mayonesa, la nata agria, el zumo, el cebollino y sal y pimienta al gusto.

TABASCO
Se trata de una salsa roja muy picante elaborada con guindillas rojas cultivadas especialmente en Luisiana, en Estados Unidos. Las guindillas se muelen con vinagre y sal para someterse después a un proceso de maduración en barricas de roble durante 3 años. El resultado es una salsa picante que se emplea como condimento en la cocina Tex-Mex entre otras, así como para aderezar ciertos cócteles.

IZQUIERDA: Muslos de pollo con salsa ranchera

DELICIAS DE FIESTA

Muy bien; ya ha escrito las invitaciones y no hay vuelta atrás... no se trata de una "reunión", ni de una sencilla "velada entre amigos", sino de una fiesta en toda regla. Y sólo con mencionar la palabra "fiesta" siente la emoción y el nerviosismo por los preparativos. Que no cunda el pánico, ni la comida: una selección de cinco o seis de las siguientes sugerencias (duplique o triplique las recetas a su conveniencia) le reportará más satisfacciones que un delirio de veinte platos distintos. Rompa moldes sirviendo versiones en miniatura de preparaciones que los invitados esperan a lo grande. Tire la casa por la ventana y sirva sólo el mejor champán con un sofisticado surtido de marisco servido en su propio caparazón.

HIERBAS
Dado que las hierbas secas tienen un aroma mucho más intenso que las frescas, se emplean con mayor moderación. Si una receta requiere el uso de hierbas frescas que no tiene a mano, en muchos casos podrá utilizarlas secas si adapta la cantidad. Sustituya cada cucharada de hierbas frescas picadas por 1 cucharadita de secas. Guarde las hierbas secas en un recipiente hermético en un sitio fresco y oscuro. Si dispone de una gran cantidad de hierbas frescas, puede picarlas y congelarlas después en bandejas de cubitos con un poco de agua. Puede usar los cubitos helados para elaborar salsas.

ARRIBA: Tartaletas de carne

TARTALETAS DE CARNE

Tiempo de preparación: 20 minutos
Tiempo total de cocción: 25 minutos
Para 24 unidades

☆☆

6 láminas de masa de hojaldre
2 tomates pequeños cortados en rodajas
1/2 cucharadita de hojas de orégano seco

Relleno
1 cucharada de aceite
1 cebolla picada
2 dientes de ajo majados
500 g de carne picada de vaca
2 cucharadas de harina
1 1/2 tazas (375 ml) de caldo de carne
1/3 taza (80 ml) de salsa de tomate
2 cucharaditas de salsa Perrin's
1/2 cucharadita de hierbas mixtas secas

1 Precaliente el horno a 200°C. Corte la masa en 48 discos para preparar tartaletas tapadas (24 discos para tartaletas sin tapar) con un cortapastas de 7 cm. Introduzca 24 discos en dos moldes engrasados para 12 tartaletas.
2 Para preparar el relleno, caliente el aceite en una sartén de fondo pesado y sofría la cebolla y el ajo a fuego medio 2 minutos, o hasta que la cebolla esté tierna. Agregue la carne picada y sofríala a fuego fuerte durante 3 minutos, o hasta que se dore bien y se haya evaporado todo el líquido. Sírvase de un tenedor para deshacer los posibles grumos de la carne.
3 Añada la harina, remueva para mezclarla con los otros ingredientes, y sofríalo todo a fuego medio 1 minuto. Agregue el caldo, las salsas y las hierbas y remuévalo todo al fuego hasta que hierva. Baje el fuego al mínimo y déjelo hervir 5 minutos, o hasta que la mezcla se haya reducido y espesado; remueva de vez en cuando. Deje enfriar el preparado.
4 Reparta el relleno entre los discos, cúbralos con una rodaja de tomate partida por la mitad y espolvoréelos con orégano. Hornéelos unos 25 minutos o hasta que la masa se dore y quede crujiente. Para las tartaletas tradicionales, tape la cobertura de tomate y orégano con los discos restantes y selle los bordes con huevo batido antes de hornearlas. Sírvalas calientes.

BOCADOS DE POLLO Y MAÍZ

Tiempo de preparación: 15 minutos
Tiempo total de cocción: 15 minutos
Para 50 unidades

★

1 1/2 tazas (185 g) de harina de fuerza
2 cucharaditas de pastilla de caldo de pollo
1/2 cucharadita de sal condimentada para pollo
60 g de mantequilla picada
50 g de triángulos de maíz machacados finos
2 huevos poco batidos
sal condimentada para pollo, adicional

1 Precaliente el horno a 180°C. Forre una bandeja de horno con papel parafinado.
2 Tamice la harina, la pastilla de caldo y la sal en un cuenco grande. Añada la mantequilla y mézclela con la harina con los dedos hasta obtener una mezcla similar a las migas de pan. Incorpore los triángulos de maíz. Forme un hueco en el centro, agregue los huevos y remuévalo todo con un cuchillo, realizando un movimiento cortante hasta que la mezcla forme grumos.
3 Junte la masa y trabájela sobre una superficie enharinada para formar una bola. Extiéndala hasta que tenga 4 mm de grosor. Córtela en distintas formas con un cortapastas.
4 Pase las galletas a la bandeja y espolvoréelas con sal condimentada. Hornéelas 15 minutos, o hasta se doren. Déjelas enfriar en la bandeja.
CON ANTELACIÓN: Guárdelas en un recipiente hermético hasta 2 días o congélelas.

CUADRADOS DE POLENTA CON PAVO AHUMADO Y SALSA DE ARÁNDANOS

Tiempo de preparación: 25 minutos + refrigeración
Tiempo total de cocción: 20 minutos
Para 35 unidades

★★

1 litro de caldo de pollo
1 1/2 tazas (250 g) de polenta instantánea
150 g de pechuga de pavo ahumado cortada en lonchas y desmenuzada fina
3/4 taza (185 g) de mayonesa de huevo entero
2 cucharadas de salsa de arándanos
1 diente de ajo majado
1/2 cucharadita de ralladura de lima

2 cucharaditas de zumo de lima
1 cucharadita de tomillo fresco picado fino
aceite para freír
hojas de tomillo para decorar, adicionales

1 Engrase ligeramente un molde poco profundo de 20 x 30 cm. Ponga a hervir el caldo de pollo en una olla grande; reduzca el fuego y añada poco a poco la polenta. Prosiga la cocción 2 minutos a fuego medio, hasta que la polenta se espese. Viértala sobre el molde y refrigérela 30 minutos, o hasta que cuaje.
2 Mezcle el pavo, la mayonesa, la salsa de arándanos, el ajo, la ralladura de lima, el zumo y el tomillo en un cuenco, y salpimiéntelo todo al gusto.
3 Corte la polenta en 35 cuadrados. Caliente abundante aceite en una sartén honda de fondo pesado a 180°C, o hasta que un dado de pan se dore en 15 segundos. Fría la polenta por tandas hasta que quede dorada y crujiente. Déjela escurrir sobre papel de cocina. Cubra la polenta con la mezcla de pavo y decórela con hojas de tomillo. Sírvala caliente.
CON ANTELACIÓN: Puede preparar la cobertura y la polenta sin freír un día antes.

ARRIBA: Bocados de pollo y maíz

ROLLITOS DE CABANOSSI PICANTES

Tiempo de preparación: 20 minutos
Tiempo total de cocción: 20 minutos
Para unas 25 unidades

☆

2 láminas de masa de hojaldre congeladas
2 cucharadas de mostaza francesa
5 cabanossi
1 yema de huevo batida

1 Precaliente el horno a 200°C. Parta en dos cada lámina de masa y córtela en triángulos que tengan una base de 6 cm. Ponga un poco de mostaza en la base de cada trozo de masa. Corte el cabanossi en porciones de 7 cm y colóquelos sobre la mostaza.
2 Humedezca las puntas de los triángulos con un poco de agua. Enróllelos desde la base alrededor del trozo de cabanossi, presionando para que la punta se adhiera al resto de la masa.
3 Disponga los rollitos en una bandeja engrasada y píntelos con una mezcla de yema y 2 cucharaditas de agua fría. Hornéelos de 15 a 20 minutos, o hasta que se doren un poco.
CON ANTELACIÓN: Puede preparar los rollitos hasta 2 días antes, refrigerarlos y recalentarlos en el horno cuando vaya a servirlos.

ALITAS DE POLLO GLASEADAS

Tiempo de preparación: 30 minutos + maceración
Tiempo total de cocción: 45 minutos
Para unas 40 unidades

☆

2 kg de alitas de pollo
1/2 taza (125 ml) de salsa barbacoa
1/2 taza (160 g) de mermelada de albaricoque
2 cucharadas de vinagre de vino blanco
2 cucharadas de salsa de soja
2 cucharadas de salsa de tomate
1 cucharada de aceite de sésamo
2 dientes de ajo majados

1 Elimine el exceso de grasa de las alitas. Ponga en un cazo a fuego lento las salsas, la mermelada, el vinagre, el aceite y el ajo, removiendo hasta ligar la mezcla. Déjela enfriar y rocíe con ella las alitas. Déjelas macerar tapadas en el frigorífico al menos 2 horas.
2 Precaliente el horno a 180°C. Escurra el exceso de marinada de las alitas y resérvelo. Hornee las alitas en una bandeja engrasada durante 45 minutos. Añádales un poco de agua para evitar que se peguen. Deles la vuelta en mitad de la cocción y riéguelas de vez en cuando con la marinada reservada.

DERECHA: Rollitos de cabanossi picantes (izquierda); Alitas de pollo glaseadas; Barquitas de calabacín

BARQUITAS DE CALABACÍN

Tiempo de preparación: 20 minutos
Tiempo total de cocción: 10 minutos
Para 30 unidades

★

5 calabacines grandes
1 tomate grande picado fino
2 cebolletas picadas finas
1 cucharada de perejil fresco picado
2 rodajas de salami picadas finas
1/2 taza (60 g) de cheddar rallado

1 Corte los calabacines en tres trozos iguales, de unos 4 cm de largo, y después por la mitad a lo largo.
2 Con una cucharita vacíe la pulpa. Cueza el calabacín en una olla de agua hirviendo durante 3 minutos, o hasta que quede tierno; escúrralo. A continuación, enfríe el calabacín bajo el grifo y séquelo bien con papel de cocina.
3 Mezcle el tomate, la cebolla, el perejil, el salami y el cheddar en un cuenco pequeño. Rellene con esta mezcla las barquitas de calabacín y gratínelas en el horno precalentado hasta que el cheddar se haya fundido y las barquitas estén calientes. Sírvalas de inmediato.

LANGOSTINOS PICANTES CON VIRUTAS DE COCO

Tiempo de preparación: 40 minutos + maceración
Tiempo total de cocción: 8–10 minutos
Para unas 48 unidades

★

1 taza (250 ml) de salsa de tomate
3 dientes de ajo majados
1 cucharadita de guindilla en polvo
1/4 taza (60 ml) de zumo de limón
2 cucharaditas de ralladura de limón
2 cucharadas de salsa de soja
2 cucharadas de miel
1 cucharada de aceite
2 kg de langostinos pelados y sin hilo intestinal
1 taza (60 g) de virutas de coco

1 En un cuenco grande, mezcle la salsa de tomate, el ajo, la guindilla, el zumo de limón, la ralladura, la salsa de soja y la miel. Agregue los langostinos crudos y déjelos macerar en el frigorífico durante al menos 2 horas. Escúrralos y reserve la marinada.
2 Caliente el aceite en una sartén grande y fría los langostinos hasta que se vuelvan rosados. Añada la marinada y sofríalos 2 minutos más. Agregue el coco. Sírvalos en una fuente.

COCO

El coco, utilizado con profusión en las cocinas india y asiáticas, entre muchas otras, se puede comprar en leche, en crema, en aceite, en virutas, en copos y desecado o en polvo. Debido a su elevado contenido en grasas concentradas, no se recomienda su consumo si se quiere mantener la línea.

ARRIBA: Langostinos picantes con virutas de coco

RÖSTI DE BONIATOS

Tiempo de preparación: 30 minutos
Tiempo total de cocción: 45 minutos
Para 30 unidades

✯

3 boniatos sin pelar
2 cucharaditas de fécula de maíz
40 g de mantequilla
150 g de queso mozzarella cortado en 30 dados

1 Hierva u hornee los boniatos hasta que estén casi hechos, pero aún queden firmes. Resérvelos hasta que se enfríen, pélelos y rállelos gruesos en un cuenco. Añada la fécula de maíz y 1/2 cucharadita de sal y remueva bien hasta mezclarlo todo.
2 Derrita un poco de mantequilla en una sartén, vierta en ella cucharaditas de boniato y coloque un dado de queso en el centro de cada montoncito. Cúbralo con otra cucharadita de boniato y aplane los montoncitos con cuidado para formar discos gruesos. Suba el fuego y tuéstelos unos 3 minutos por cada lado, o hasta que se doren. Repita la operación con el resto de la mezcla de boniato y los dados de mozzarella.
CON ANTELACIÓN: Puede cocer y rallar los boniatos 2 horas antes y reservarlos tapados hasta la hora de servir. Prepare y fría el rösti poco antes de servirlo.

TARTALETAS DE MAÍZ Y PIMIENTO ROJO

Tiempo de preparación: 20 minutos
Tiempo total de cocción: 25 minutos
Para unas 36 unidades

✯

3 láminas de masa de hojaldre descongeladas
310 g de maíz en grano en lata escurrido
150 g de queso leicester rojo rallado
1 pimiento rojo pequeño picado fino
2 huevos poco batidos
1/4 taza (60 ml) de suero de leche
2/3 taza (170 ml) de nata doble
1 cucharadita de mostaza de Dijon
un chorrito de salsa Tabasco

1 Precaliente el horno a 200°C. Engrase tres moldes para 12 tartaletas. Con un cortapastas, corte las láminas de masa en discos de 6 cm. Introdúzcalos en los moldes y pinche las bases con un tenedor.
2 Mezcle el maíz, el queso y el pimiento en un cuenco y sazónelo todo con sal y pimienta recién molida. Bata los huevos, el suero de leche, la nata, la mostaza y la salsa Tabasco en una jarra. Reparta el relleno de verduras entre las bases de masa y vierta encima la mezcla de huevo hasta casi llenar las tartaletas. Hornéelas de 20 a 25 minutos, o hasta que cuajen y suban. Puede servirlas calientes o frías. Decórelas si lo desea con hierbas a su elección.
CON ANTELACIÓN: Puede preparar las tartaletas un día antes y refrigerarlas tapadas en un recipiente hermético hasta 2 meses.

HUEVOS CON SALMÓN Y ALCAPARRAS

Tiempo de preparación: 20 minutos
Tiempo total de cocción: 10 minutos
Para 24 unidades

✯

12 huevos
1 cucharada de alcaparras escurridas picadas finas
1 cucharada de eneldo fresco picado fino
1/2 taza (125 g) de mayonesa de huevo entero
200 g de salmón ahumado troceado
eneldo para decorar, adicional

1 Ponga los huevos en un cazo, cúbralos con agua fría y llévelos a ebullición a fuego lento. Remuévalos con cuidado mientras hierven para centrar la yema. Cuézalos 7 minutos, aclárelos con agua fría corriente y pélelos. Pártalos por la mitad a lo largo.
2 Retire las yemas de las mitades de huevo y páselas por un tamiz o rállelas finas en un cuenco; mezcle después con un tenedor las alcaparras, el eneldo y la mayonesa. Sazone la mezcla al gusto.
3 Con una boquilla en forma de estrella de 1 cm, ponga una roseta de la mezcla de huevo en el hueco de cada clara.
4 Desmenuce los trozos de salmón y dispóngalos sobre las mitades de huevo. Sírvalas decoradas con ramitas de eneldo y pimienta negra al gusto.

PÁGINA ANTERIOR: Rösti de boniatos (superior); Tartaletas de maíz y pimiento rojo

SANDWICHES

Los sandwiches no tienen por qué ser insulsos pedazos de pan con crema de salmón o queso de untar. Descubra el mundo de los sandwiches sofisticados y conviértalos en la estrella de la fiesta.

TIRAS DE SALSA DE MAÍZ Y JAMÓN DULCE

Mezcle 1 taza (250 g) de nata agria con 1/2 taza (140 g) de salsa de maíz y unte 8 rebanadas de pan de molde con la mezcla. Cúbralas con una rebanada de pan moreno integral, una loncha de jamón dulce y otra rebanada de pan de molde untada con mantequilla. Retire la corteza y corte los sandwiches en tres. Para 24 unidades.

TRIÁNGULOS VEGETALES

Trocee 500 g de calabaza vinatera, rocíela con aceite y hornéela a 200°C 1 hora, o hasta que quede tierna. Déjela enfriar y tritúrela. Unte 4 rebanadas de pan de linaza y soja con 1 cucharada de salsa de tomate. Cúbralas con rodajas de berenjena marinada, cilantro y cebolleta. Unte 4 rebanadas más con la calabaza y póngalas encima. Retire la corteza y corte los sandwiches en triángulos. Para 16 unidades.

CUADRADOS DE GUACAMOLE Y POLLO

Triture 2 aguacates, 1 cucharada de mayonesa, 1 cucharadita de guindilla picada, 1 cucharada de zumo de limón, 1 tomate pequeño picado y 1/2 cebolla roja picada. Unte 8 rebanadas de pan integral con la mezcla y cúbralas con 250 g de pechuga de pollo ahumada, brotes de tirabeques y más rebanadas. Retire la corteza y corte los sandwiches en cuadrados. Para 32 unidades.

TRIÁNGULOS DE PAVO Y BRIE

Retire la corteza de 8 rebanadas de pan. Úntelas con salsa de arándanos. Rellene los sandwiches con 120 g de pechuga de pavo, 120 g de brie y 4 hojas de lechuga Iceberg. Para 16 unidades.

VARITAS DE ROSBIF, PATÉ Y ORUGA

Retire la corteza de 16 rebanadas de pan. Unte la mitad con 160 g de paté a la pimienta. Rellene los sandwiches con 250 g de rosbif poco hecho en rodajas, 160 g de tomates semisecos y hojas de oruga. Corte los sandwiches en tres varitas. Para 24 unidades.

SANDWICHES AL LIMÓN CON LANGOSTINOS

Lave y seque 1 1/2 limones de piel gruesa y trocéelos finos. Rellene 10 rebanadas de pan de cereales con el limón. Córtelas en 8 triángulos. Retire la corteza y sírvalos con 500 g de langostinos cocidos pelados, dejando las colas intactas. Para 40 unidades.

SANDWICHES DE POLLO, ORUGA Y NUECES

Fría 250 g de pechuga de pollo y 500 g de muslo de pollo. Deje enfriar la carne y píquela fina. Mézclela con 1 taza (250 g) de mayonesa, apio picado fino y nueces picadas. Sazone la mezcla y prepare los sandwiches con 20 rebanadas de pan, el relleno y una hoja de oruga. Retire la corteza y córtelos en varitas. Para 30 unidades.

***DE IZQUIERDA A DERECHA, EN EL SENTIDO DE LAS AGUJAS DEL RELOJ:** Cuadrados de guacamole y pollo; Triángulos vegetales; Tiras de salsa de maíz y jamón dulce; Triángulos de pavo y brie; Varitas de rosbif, paté y oruga; Sandwiches de pollo, oruga y nueces; Sandwiches al limón con langostinos*

ARRIBA: Crema de verduras asadas y marinadas

CREMA DE VERDURAS ASADAS Y MARINADAS

Tiempo de preparación: 55 minutos + maceración
Tiempo total de cocción: 50 minutos
Para 8 personas

☆☆

1 berenjena pequeña cortada en rodajas
2 calabacines cortados en rodajas
3 pimientos rojos
1/2 taza (125 ml) de aceite de oliva virgen extra
2 dientes de ajo troceados
2 tomates Roma
200 g de corazones de alcachofa en conserva escurridos
7 g de hojas de orégano fresco
250 g de queso ricotta
45 g de aceitunas negras deshuesadas troceadas

1 Coloque la berenjena y el calabacín en un colador sobre un cuenco, espolvoree con abundante sal y deje reposar de 15 a 20 minutos. Corte los pimientos rojos en trozos grandes y planos y retire las semillas y la membrana. Áselos con la piel hacia arriba al grill hasta que ésta se ennegrezca y se despegue. Déjelos enfriar en una bolsa de plástico y pélelos. Reserve un cuarto para decorar y pase el resto a un cuenco que no sea metálico.

2 En un cuenco, vierta la mitad del aceite de oliva y añada 1 diente de ajo y una pizca de sal; remuévalo todo. Aclare la berenjena y el calabacín y séquelos con papel de cocina. Disponga la berenjena en una bandeja antiadherente o forrada de papel de aluminio y rocíela con el aceite de ajo. Ásela al grill muy caliente de 4 a 6 minutos por cada lado, o hasta que se dore, regándola con el aceite de vez en cuando. Déjela enfriar mientras asa el calabacín del mismo modo. Mezcle ambos con el pimiento rojo en el cuenco.

3 Trocee los tomates a lo largo, dispóngalos sobre una bandeja antiadherente o forrada con papel de aluminio y rocíelos con el aceite de ajo. Baje un poco la temperatura del grill y áselos de 10 a 15 minutos o hasta que queden tiernos. Mézclelos con la verdura.

4 Cuartee las alcachofas y páselas al cuenco. Rocíelo todo con el aceite de ajo y el aceite de oliva restantes. Añada el orégano y el resto del ajo. Tape el cuenco con una tapadera que cierre bien o con film transparente y guárdelo en el frigorífico durante al menos 2 horas.

5 Escurra las verduras y páselas a un robot de cocina. Reserve el pimiento y unas aceitunas para decorar. Añada el ricotta y accione el robot unos 20 segundos, o hasta obtener una mezcla homogénea. Agregue el resto al robot y acciónelo un par de veces rápidamente. Pase la crema a un cuenco no metálico y tápela con plástico. Refrigérela al menos 2 horas.
6 Trocee el pimiento en tiras y dispóngalo sobre la crema con las aceitunas reservadas.

BROCHETAS DE VIEIRAS

Tiempo de preparación: 1 hora + remojo
Tiempo total de cocción: 10 minutos
Para 24 unidades

✯✯

24 vieiras
6 cebolletas grandes (sólo la parte verde)
2 calabacines
2 zanahorias
20 g de mantequilla fundida
2 cucharaditas de zumo de limón
1 cucharada de vino blanco
2 cucharaditas de mezcla de hierbas secas
1/4 cucharadita de cebolla en polvo

1 Deje en remojo 24 brochetas de madera en agua fría 30 minutos. Lave las vieiras, retire el músculo blanco y séquelas. Parta las cebolletas a lo largo y luego en tiras de 8 cm. Forre una bandeja de horno con papel de aluminio.
2 Con un pelador de verduras, corte el calabacín y la zanahoria a lo largo en cintas finas. Escáldelas 1 minuto y escúrralas. Sumérjalas en un cuenco de agua helada hasta que se enfríen. Escúrralas y séquelas con papel de cocina.
3 Envuelva las vieiras en tiras de cebolla, zanahoria y calabacín y pínchelas con las brochetas.
4 Rocíe las vieiras con una mezcla de mantequilla, zumo y vino en un cuenco pequeño. Espolvoréelas con las hierbas y la cebolla en polvo. Gratínelas de 5 a 10 minutos o áselas a la parrilla hasta que queden tiernas y hechas.
CON ANTELACIÓN: Puede preparar las vieiras con varias horas de antelación y refrigerarlas tapadas hasta su consumo.

VIEIRAS
Existen más de 400 especies de este popular molusco bivalvo en todo el mundo. Toda la carne, incluso el músculo que abre y cierra el caparazón, es comestible. Las vistosas valvas acanaladas en forma de abanico, de distintos colores, resultan ideales para servir en ellas las vieiras.

IZQUIERDA: Brochetas de vieiras

CHAMPIÑONES RELLENOS DE CANGREJO

Tiempo de preparación: 25 minutos
Tiempo total de cocción: 6 minutos
Para 24 unidades

☆

- 24 champiñones de sombrerillo grande
- 30 g de mantequilla reblandecida
- 4 cebolletas picadas
- 200 g de carne de cangrejo en conserva
- 2 cucharadas de zumo de limón
- 1/2 cucharadita de guindilla en polvo
- 1 taza (250 g) de nata agria
- 25 g de parmesano rallado
- 125 g de cheddar rallado
- una pizca de pimentón

1 Precaliente el horno a 180°C. Retire los tallos de los champiñones y píquelos finos; resérvelos. Disponga los sombrerillos de los champiñones en una bandeja de horno.
2 En un cuenco, mezcle la mantequilla, la cebolleta, el cangrejo, el zumo de limón, la guindilla y la pimienta recién molida al gusto.
3 Agregue los tallos de los champiñones, la nata agria y el parmesano. Rellene los sombrerillos con la mezcla y espolvoréelos con el cheddar y el pimentón.
4 Hornéelos 5 ó 6 minutos, o hasta que el cheddar se haya derretido y los champiñones estén calientes. Sírvalos inmediatamente.

CAVIAR
El auténtico caviar, que resulta muy caro, se obtiene de las huevas de esturión y otros peces de la misma familia. El tamaño de las huevas varía en función del tipo de pez, y el color va de gris claro a negro. El caviar rojo se obtiene de las huevas del salmón o del lumpus. Las huevas de este último, diminutas y rosadas, se tiñen de negro o de rojo y se venden como caviar danés o alemán.

HUEVOS CON CAVIAR

Tiempo de preparación: 20 minutos
Tiempo total de cocción: 7 minutos
Para 40 unidades

☆

- 20 huevos (de gallina o de codorniz)
- 1 cucharada de curry en polvo
- 1 1/2 tazas (375 g) de mayonesa de huevo entero
- 45 g de caviar rojo en conserva
- 45 g de caviar negro en conserva

1 Ponga a hervir los huevos en una olla con agua fría a fuego lento. Remuévalos con cuidado para centrar la yema. Cuézalos durante 7 minutos, aclárelos con agua fría y pélelos.
2 Córtelos por la mitad a lo largo, retire las yemas y páselas por un tamiz fino. Deposítelas en un cuenco. Añada el curry en polvo y la mayonesa, y remueva hasta ligar la mezcla.
3 Pase el relleno a una manga pastelera con una boquilla en forma de estrella de 1 cm. Rellene la cavidad de los huevos con la mezcla y decórelos con caviar rojo y negro justo antes de servirlos.
CON ANTELACIÓN: Puede preparar los huevos unas horas antes y refrigerarlos tapados. Decórelos con el caviar justo antes de servirlos.

PÁGINA SIGUIENTE, DE IZQUIERDA A DERECHA: Champiñones rellenos de cangrejo; Huevos con caviar; Tiras de pollo con sésamo

TIRAS DE POLLO CON SÉSAMO

Tiempo de preparación: 25 minutos + toda la noche en maceración
Tiempo total de cocción: 25 minutos
Para unas 32 unidades

☆☆

- 4 filetes de pechuga de pollo cortados en tiras
- 1/4 taza (60 ml) de salsa teriyaki
- 1 cucharada de salsa de guindilla
- 1 cucharada de yogur natural
- 2 cucharaditas de curry en polvo
- 2 tazas (100 g) de copos de maíz machacados
- 1/4 taza (40 g) de semillas de sésamo
- 35 g de parmesano rallado

Salsa agridulce
- 1 cucharada de fécula de maíz
- 1/2 taza (125 ml) de vinagre de vino blanco
- 1/2 taza (125 g) de azúcar extrafino
- 1/4 taza (60 ml) de salsa de tomate
- 1 cucharadita de pastilla de caldo de pollo

1 Mezcle las tiras de pollo en un cuenco con la salsa teriyaki, el yogur y el curry. Remuévalo bien y refrigérelo tapado toda la noche.
2 Precaliente el horno a 190°C. Mezcle los copos de maíz, las semillas de sésamo y el parmesano en un cuenco llano. Escurra el exceso de marinada del pollo y reboce las tiras con la mezcla de copos de maíz.
3 Disponga el pollo en una bandeja y hornéelo de 20 a 25 minutos, o hasta que quede crujiente y dorado. Sírvalo caliente con la salsa.
4 Para preparar la salsa, mezcle la fécula de maíz con el vinagre. Añada luego el resto de los ingredientes y 1 taza (250 ml) de agua en un cuenco pequeño. Caliente la mezcla a fuego medio hasta que hierva y se espese.
CON ANTELACIÓN: Congele las tiras de pollo rebozadas en una sola capa hasta 2 meses.

ARRIBA: Frutos secos dulces y salados

FRUTOS SECOS DULCES Y SALADOS

Tiempo de preparación: 20 minutos
Tiempo total de cocción: 15 minutos
Para 6–8 personas

☆

250 g de almendras blanqueadas
250 g de pacanas
1/4 taza (60 g) de azúcar
1 cucharadita de sal
1 cucharadita de canela molida
una pizca de clavo molido
1/2 cucharadita de curry en polvo
1/4 cucharadita de comino molido
1/2 cucharadita de pimienta negra molida

1 Precaliente el horno a 180°C. Esparza las almendras y las pacanas sobre una bandeja de horno grande y hornéelas de 5 a 10 minutos, o hasta que queden crujientes y empiecen a tomar color. Retírelas y déjelas enfriar.
2 En un cuenco pequeño, mezcle bien el azúcar, la sal y las especias.
3 Caliente una sartén antiadherente grande y saltee las almendras y las pacanas. Espolvoree la mezcla de especias sobre los frutos secos y remuévalos a fuego medio 5 minutos, o hasta que se doren. Cuando el azúcar comience a derretirse agite con suavidad la sartén para caramelizar los frutos secos de manera uniforme. Si se pegan entre sí, sepárelos con una cuchara de madera. Una vez hechos, retírelos del fuego y déjelos enfriar sobre una bandeja de horno ligeramente engrasada.
NOTA: Si emplea una sartén pequeña, saltee los frutos secos por tandas. También puede utilizar anacardos, macadamias o cacahuetes o, si lo prefiere, una sola variedad.
CON ANTELACIÓN: Una vez fríos, guarde los frutos secos en tarros o en recipientes herméticos. Se conservarán durante un par de semanas.

TARTALETAS DE QUESO DE CABRA CON PIMIENTO Y CEBOLLA CARAMELIZADA

Tiempo de preparación: 20 minutos + refrigeración
Tiempo total de cocción: 55 minutos
Para unas 48 unidades

☆

2 tazas (250 g) de harina
125 g de mantequilla picada
1 pimiento rojo
150 g de queso de cabra duro rallado
1 taza (250 g) de nata agria o crème fraîche
2 huevos
1 diente de ajo majado
2 cucharaditas de tomillo limonero fresco picado fino
30 g de mantequilla
1 cebolla roja grande cortada en aros finos
2 cucharaditas de azúcar moreno
1 cucharadita de vinagre balsámico

1 Precaliente el horno a 190°C. Engrase dos moldes redondos para 12 tartaletas.
2 En un cuenco grande, tamice la harina con una pizca de sal. Añada la mantequilla y

trabájela con los dedos hasta obtener una mezcla similar a las migas de pan. Forme un hueco en el centro y vierta 4 cucharadas de agua para formar una masa firme. Líguela con cuidado y pásela a una superficie enharinada. Forme con ella una bola y aplánela para obtener un disco. Envuélvalo en film transparente y refrigérelo 30 minutos.

3 Aplane la mitad de la masa sobre una superficie enharinada hasta que tenga 2 mm de grosor y córtela en 24 discos con un cortapastas de 5 cm. Introduzca los discos en los moldes y refrigérelos durante 10 minutos.

4 Cuartee el pimiento y retire las semillas y la membrana. Áselo con la piel hacia arriba al grill hasta que ésta se ennegrezca y se despegue. Déjelo enfriar en una bolsa de plástico y pélelo. Corte la pulpa en tiras finas.

5 Mezcle el queso de cabra, la nata agria, los huevos, el ajo, el tomillo y sal y pimienta y reserve la mezcla.

6 Derrita la mantequilla en una sartén y sofría la cebolla 5 minutos, o hasta que se dore. Añada el azúcar y el vinagre y rehóguelo todo otros 5 minutos para caramelizarlo.

7 Reparta la mitad del relleno de queso de cabra entre los discos de masa y cúbralos con la mitad de las tiras de pimiento y la mitad de la cebolla caramelizada. Hornéelos 20 minutos, o hasta que se doren. Repita la operación con el resto de la masa y el relleno. Sirva las tartaletas de inmediato.

DIABLOS A CABALLO

Tiempo de preparación: 10 minutos + remojo
Tiempo total de cocción: 6 minutos
Para 24 unidades

✯

8 lonchas de beicon
12 ciruelas deshuesadas
12 ostras en las valvas o de conserva
2 cucharadas de salsa Perrin's
salsa Tabasco al gusto

1 Deje en remojo 24 brochetas de madera en agua durante 30 minutos. Recorte la corteza del beicon y corte las lonchas en tres trozos. Envuelva cada ciruela con una porción de beicon y pínchela con una brocheta.

2 Separe las ostras de las valvas, o escúrralas del líquido. Rocíelas con un poco de salsa Perrin's y pimienta negra molida al gusto. Envuelva cada ostra en un trozo de beicon y pínchela con una brocheta como en el paso anterior.

3 Ase las ciruelas y las ostras al grill o a la parrilla, previamente precalentada y un poco engrasada, dándoles la vuelta de vez en cuando, hasta que el beicon quede crujiente. Sírvalo todo caliente, rociado con un chorrito de salsa Tabasco.

DIABLOS A CABALLO
Existen dos versiones de estos bocados de fiesta. Una se compone de ostras que se envuelven en beicon antes de asarlas a la parrilla, mientras que en la otra se emplean ciruelas en lugar de ostras. En ocasiones, las ciruelas se asan al vino y se rellenan luego con chutney de mango o una almendra. Al añadir unas gotas de salsa Tabasco los *ángeles a caballo* se convierten en diablillos.

ARRIBA: Diablos a caballo

PIZZETTAS DE PATATA Y ROMERO

Tiempo de preparación: 25 minutos + reposo
Tiempo total de cocción: 12–15 minutos
Para 48 unidades

✯✯

1 cucharadita de levadura
1/2 cucharadita de azúcar
2 1/2 tazas (310 g) de harina
1/3 taza (80 ml) de aceite de oliva
400 g de patatas Pontiac sin pelar
2 cucharadas de aceite de oliva, adicional
1 cucharada de hojas de romero fresco

1 En un cuenco pequeño, mezcle la levadura, el azúcar y 1/3 taza (80 ml) de agua; tápelo y déjelo reposar en un lugar cálido hasta que la mezcla forme espuma.
2 Tamice la harina y 1/4 cucharadita de sal en un cuenco grande. Forme un hueco en el centro y agregue la mezcla de levadura, el aceite y 1/3 taza (80 ml) de agua; mézclelo todo hasta obtener una masa blanda. Pásela a una superficie enharinada y trabájela durante 5 minutos, o hasta que la masa quede homogénea y elástica. Póngala en un cuenco untado de aceite, tápela y déjela reposar en un lugar cálido durante 1 hora, o hasta que la masa doble su volumen.
3 Precaliente el horno a 220°C. Golpee la masa para expulsar el aire. Amásela en la superficie de trabajo 1 minuto, o hasta que quede homogénea. Divídala en 48 porciones y forme con cada trozo un disco de 5 cm. Dispóngalos en bandejas de horno engrasadas.
4 Corte las patatas en rodajas y cubra cada disco de masa con un trozo, dejando un borde de 1 cm. Unte las pizzettas con el aceite de oliva adicional y espolvoréelas con hojas de romero y sal. Hornéelas en la parte superior del horno de 12 a 15 minutos, o hasta que la masa quede crujiente y ligeramente dorada. Sirva las pizzettas de inmediato.
CON ANTELACIÓN: Se recomienda servir estas pizzetas recién hechas. Puede preparar la masa un día antes y refrigerarla tapada hasta el paso del segundo amasado. Llegado este punto también puede congelarla. Una vez dura, retírela de las bandejas y guárdela en bolsas de plástico. Dispóngala en bandejas de horno engrasadas para descongelarla. Puede hornear las pizzas varias horas antes y recalentarlas a 180°C 5 minutos, o hasta que estén calientes.

CESTITAS DE PATATA CON QUESO

Tiempo de preparación: 15 minutos
Tiempo total de cocción: 55 minutos
Para unas 40 unidades

✯

20 patatas nuevas pequeñas
250 g de queso ricotta
35 g de cheddar rallado
25 g de parmesano en virutas
aceite para rociar o untar
15 g de cebollino fresco picado fino para decorar

1 Precaliente el horno a 200°C. Hierva o cueza al vapor las patatas durante 10 minutos, o hasta que estén tiernas al pincharlas con una brocheta (no las cueza en exceso o se desharán mientras las prepara). Escúrralas bien y déjelas enfriar por completo.
2 Mientras tanto, mezcle el ricotta, el cheddar y el parmesano en un cuenco pequeño. Sazónelo todo al gusto y resérvelo.
3 Corte las patatas frías por la mitad y vacíelas con una cuchara para formar bolas de melón, dejando un borde de 5 mm. Deseche la pulpa de las patatas.
4 Rocíe las patatas con aceite y hornéelas de 30 a 45 minutos, o hasta que queden crujientes y doradas. Caliente el grill al máximo.
5 Rellene las patatas con una cucharadita de la mezcla de queso y gratínelas de 5 a 8 minutos, o hasta que queden doradas por arriba y el queso se funda. Sírvalas sobre una fuente decoradas con el cebollino picado.
CON ANTELACIÓN: Puede cocer las patatas y rellenarlas con antelación, para gratinarlas después justo antes de servirlas.

BOCADOS DE PEPINO

Corte el pepino en rodajas de 1 cm. Puede dejarlas tal cual o darles forma con un cortapastas. Cubra el pepino con un poco de taramasalata (vea página 184) o crema de salmón (vea página 236). Espolvoréelo con eneldo fresco picado y decórelo con trocitos de rodajas de limón. Cúbralo con gambas cocidas, peladas y sin hilo intestinal o con trocitos de salmón ahumado. Refrigérelo hasta su consumo.

ROMERO
Esta hierba aromática es originaria de la región mediterránea. Las hojas puntiagudas de color gris plateado combinan bien con muchos alimentos como el cordero, el pescado, el tomate y las verduras. Dado su intenso sabor, esta hierba debe emplearse con moderación. Las hojas también se comercializan secas o molidas.

PÁGINA ANTERIOR:* *Pizzettas de patata y romero (superior); Cestitas de patata con queso

CREMAS

Son un plato básico en cualquier ocasión. Sírvalas con crudités, galletas saladas o crujientes rebanadas de pan y verá cómo sus invitados revolotean alrededor del cuenco intentando disimular su avidez.

CREMA DE SALMÓN

Mezcle 200 g de queso fresco con 100 g de salmón ahumado picado y 5 cucharadas de nata en un robot de cocina hasta obtener una mezcla fina. Sázonela con pimienta y espolvoréela con cebollino picado. Guárdela en el frigorífico hasta su consumo. Para 1 1/2 tazas.

CHUTNEY PICANTE DE MANZANA

Bata 1/4 taza (60 g) de nata agria, 1/2 taza (125 g) de yogur natural, 1/4 taza (70 g) de chutney picante de manzana y 1 cucharada de jarabe de arce hasta ligar la mezcla. Salpimiéntela al gusto y refrigérela hasta su consumo. Para 1 1/2 tazas.

QUESO AZUL Y NATA

Mezcle 250 g de queso azul en un robot de cocina con 1/2 taza (125 ml) de nata hasta obtener una mezcla fina. Pásela a un cuenco, añada otra 1/2 taza (125 ml) de nata y 2 cucharaditas de vinagre de sidra de manzana y remueva. Salpimiente la mezcla y refrigérela tapada hasta su consumo. Para 1 1/2 tazas.

AGRIDULCE

Bata 1 taza (250 g) de yogur natural y 1/3 taza (80 ml) de salsa agridulce embotellada hasta obtener una mezcla fina. Añada 1 cucharada de cebollino fresco picado y salpimiente la mezcla al gusto. Refrigérela tapada hasta su consumo. Para 1 1/2 tazas.

PEPINO Y PERA

Bata 2 cucharadas de mayonesa de huevo entero, 2 cucharadas de yogur natural, 1 cucharada de nata agria y 1 cucharadita de mostaza de Dijon hasta obtener una mezcla homogénea. Trocee en dados pequeños media pera y 1/4 de pepino pequeño y añádalo todo a la mezcla con 1 cucharadita de zumo de limón. Sazónela con sal y pimienta negra recién molida. Refrigérela tapada hasta su consumo. Para 1 taza.

FRIJOLES REFRITOS

Mezcle 460 g de frijoles refritos en conserva y 1/4 taza (60 g) de nata agria en un robot de cocina hasta ligar la mezcla; salpimiéntela al gusto. Déjela reposar tapada a temperatura ambiente hasta su consumo. Para 1 1/2 tazas.

AGUACATE Y HIERBAS

Mezcle 1 aguacate, 1 cucharada de nata agria, de zumo de limón y de aceite de oliva claro, 1 tomate pequeño despepitado y 3/4 taza (25 g) de hojas de cilantro en un robot de cocina hasta ligar la mezcla. Salpimiéntela al gusto y pásela a un cuenco de cristal. Cubra la superficie de la crema con film transparente (para evitar que se forme una capa) y refrigérela hasta su consumo. Prepare la salsa poco antes de servir para que no se descolore. Para 2 tazas.

MAÍZ Y BEICON

Separe los granos de maíz de 2 mazorcas y cuézalos en agua hirviendo, tapados, durante unos 10 minutos; escúrralos. Mientras tanto, sofría 250 g de beicon magro picado fino en una sartén antiadherente hasta que quede crujiente y escúrralo sobre papel de cocina. En un robot de cocina, pique el maíz con 1 diente de ajo majado. Añada 250 g de queso de untar y píquelo todo hasta ligar la mezcla. Déjela enfriar a temperatura ambiente en un plato y sírvala con cebollino y maíz por encima. Para 2 tazas.

DE IZQUIERDA A DERECHA, EN EL SENTIDO DE LAS AGUJAS DEL RELOJ: Crema de salmón; Queso azul y nata; Pepino y pera; Aguacate y hierbas; Maíz y beicon; Frijoles refritos; Agridulce; Chutney picante de manzana

ARRIBA: Huevos de codorniz a la escocesa

HUEVOS DE CODORNIZ A LA ESCOCESA

Tiempo de preparación: 30 minutos
Tiempo total de cocción: 20 minutos
Para 24 huevos enteros o 48 mitades

☆☆

24 huevos de codorniz
600 g de carne picada de pollo
2 cucharaditas de jengibre fresco rallado
2 cucharadas de cebollino fresco picado
2 cucharaditas de mostaza de Dijon
1/2 taza (60 g) de harina
2 huevos poco batidos
1 taza (100 g) de pan rallado
aceite para freír

1 Ponga los huevos en un cazo y cúbralos con agua. Remuévalos con cuidado a fuego medio hasta que el agua hierva (esto permite centrar la yema). Cuézalos durante 5 minutos desde que rompa a hervir el agua. Escúrralos, páselos a un cuenco con agua fría y déjelos enfriar.
2 Mezcle la carne picada de pollo, el jengibre, el cebollino y la mostaza en un cuenco pequeño. Pele los huevos y rebócelos ligeramente con la harina.
3 Divida la mezcla de pollo en 24 porciones iguales. Con las manos húmedas, envuelva cada huevo con una porción de la mezcla de pollo. Páselos por el huevo batido y rebócelos con el pan rallado, sacudiendo el exceso.
4 Vierta aceite en una sartén honda de fondo pesado hasta llenar un tercio de su capacidad y caliéntelo a 180°C, o hasta que un dado de pan se dore en 15 segundos. Fría los huevos rebozados hasta que queden bien dorados. Escúrralos sobre papel de cocina y sírvalos calientes, enteros o partidos por la mitad.
CON ANTELACIÓN: Puede rebozar los huevos hasta 4 horas antes y refrigerarlos tapados hasta su consumo. Fríalos justo antes de servirlos y decórelos con ramitas de hierbas frescas.

TRIÁNGULOS DE RATATOUILLE

Tiempo de preparación: 45 minutos + refrigeración
Tiempo total de cocción: 40 minutos
Para 18 unidades

☆

3 cucharadas de aceite
1 cebolleta picada fina
1 ó 2 dientes de ajo majados
1 berenjena cortada en dados
1 pimiento rojo cortado en dados
2 calabacines cortados en dados
6 champiñones pequeños cortados en dados
1 tomate pelado, despepitado y picado
1 cucharada de alcaparras picadas
2 cucharadas de perejil fresco picado
50 g de parmesano rallado
2 láminas de masa de hojaldre

1 Caliente el aceite en una sartén de fondo pesado y sofría la cebolleta y el ajo 2 minutos. Añada la berenjena, el pimiento, el calabacín y los champiñones y rehóguelo todo durante 10 minutos, o hasta que quede blando.
2 Retire el sofrito del fuego y añada el tomate, las alcaparras y el perejil. Déjelo enfriar y agregue el parmesano. Corte cada lámina de masa en 3 tiras iguales y cada tira en 3 triángulos. Enrolle un borde fino por cada lado del triángulo y retuerza las esquinas

para sellarlas. Dispóngalos sobre bandejas de horno y pínchelos con un tenedor. Refrigérelos tapados entre 10 y 15 minutos.
3 Precaliente el horno a 190°C y hornee los triángulos 15 minutos, o hasta que queden crujientes. Ponga una cucharada del relleno encima y recaliéntelos de 5 a 10 minutos.
CON ANTELACIÓN: Puede preparar estos triángulos de ratatouille hasta 2 días antes. Guarde los triángulos y el relleno por separado, tapados en el frigorífico hasta su consumo. Rellene entonces los triángulos y recaliéntelos en bandejas de horno engrasadas a 180°C.

DELICIAS DE PATATA

Tiempo de preparación: 30 minutos + enfriado
Tiempo total de cocción: 40 minutos
Para 6 personas
✯✯

450 g de patatas harinosas, peladas y picadas
40 g de mantequilla reblandecida
2 cucharadas de parmesano rallado o pecorino
100 g de besan (harina de garbanzos)
2 cucharaditas de comino molido
2 cucharaditas de garam masala
1 cucharadita de cilantro molido
1 cucharadita de guindilla en polvo
1 cucharadita de pimienta de Cayena
1 1/2 cucharaditas de cúrcuma molida
aceite para freír

1 Hierva o cueza al vapor las patatas hasta que estén tiernas. Escúrralas y déjelas enfriar de 15 a 20 minutos; tritúrelas después con la mantequilla y el queso. Añada la harina besan, el comino, el garam masala, el cilantro, la guindilla, la cayena, la cúrcuma y 3/4 cucharadita de sal y mézclelo todo con una cuchara de madera hasta obtener una masa blanda y clara. Amásela sobre la superficie de trabajo de 10 a 12 veces, hasta que quede homogénea.
2 Caliente abundante aceite en una sartén honda de fondo pesado a 180°C. El aceite estará caliente si al verter un poco de masa ésta sube a la superficie de inmediato.
3 Mediante una manga pastelera con una boquilla estrellada de 1 cm, eche trozos de masa en el aceite, cortándola con un cuchillo. Fríala por tandas. La masa subirá a la superficie y se dorará con rapidez. Deje escurrir las delicias de patata y sírvalas al cabo de 2 horas.

ROLLITOS DE SALMÓN AHUMADO Y ORUGA

Tiempo de preparación: 20 minutos
Tiempo total de cocción: ninguno
Para 36 unidades
✯

200 g de queso ricotta
1/4 taza (60 g) de crème fraîche o nata agria
2 cucharaditas de pasta de wasabi
1 cucharada de zumo de lima
12 rebanadas de pan moreno sin corteza
300 g de salmón ahumado
100 g de oruga enana sin los extremos

1 Mezcle el ricotta, la crème fraîche, el wasabi y el zumo de lima.
2 Aplane el pan con un rodillo.
3 Unte el pan con el ricotta y cúbralo luego con el salmón ahumado y las hojas de oruga, dejando un borde. Enrolle las rebanadas a lo largo y envuelva después los rollos con film transparente apretando bien para que no se deformen. Refrigérelos durante 30 minutos.
4 Desenvuélvalos, recorte los extremos y córtelos en rodajas de 2 cm. Decórelos con hojas de oruga.

DELICIAS DE PATATA

Pase la mezcla a una manga pastelera con una boquilla de estrella y eche trozos pequeños de masa en el aceite, en tandas. Corte la masa con un cuchillo.

ARRIBA: Delicias de patata

ENELDO
El eneldo es una hierba anual de gran altura con hojas delgadas, delicadas y alargadas de intenso aroma y sabor característico. Las hojas se suelen servir picadas con pescado, patatas y otras verduras, o para aromatizar mantequillas y salsas. Asimismo, se utiliza para condimentar sopas y ensaladas. Las semillas, de sabor anisado, también se utilizan en cocina.

PÁGINA SIGUIENTE: Minipatatas (centro); Rollitos de carne

MINIPATATAS

Tiempo de preparación: 10 minutos
Tiempo total de cocción: 40 minutos
Para 30 unidades

✯

- 30 patatas nuevas enanas (vea nota)
- 1 taza (250 g) de nata agria
- 2 cucharadas de caviar

1 Precaliente el horno a 200°C. Pinche las patatas con un tenedor y hornéelas en una bandeja 40 minutos, o hasta que estén tiernas. Déjelas enfriar a temperatura ambiente.
2 Corte una cruz grande en la parte superior de cada patata, separe un poco la pulpa y cúbralas con un poco de nata agria y de caviar.
CON ANTELACIÓN: Ase las patatas un máximo de 4 horas antes. Cúbralas con la mezcla hasta 30 minutos antes de servir.
NOTA: Elija patatas muy pequeñas y de tamaño uniforme, ya que requieren el mismo tiempo en el horno y son fáciles de comer. Use caviar rojo o negro o, si lo prefiere, una mezcla de ambos. Existen distintas variedades de caviar; pruebe la que más le apetezca para esta receta.

ROLLITOS DE CARNE

Tiempo de preparación: 30 minutos
Tiempo total de cocción: 30 minutos
Para unas 20 unidades

✯

- 1 filete de vaca de 500 g y 8 cm de largo
- 3 cucharadas de aceite de oliva
- 1 1/2 cucharadas de crema de rábano
- 1 1/2 cucharadas de mostaza de grano entero
- 1 calabacín cortado en tiras finas
- 1 zanahoria pequeña cortada en tiras finas
- 1 pimiento rojo pequeño cortado en tiras finas
- 60 g de tirabeques cortados en tiras finas

1 Precaliente el horno a 200°C. Elimine el exceso de grasa o tendones del filete y úntelo con un poco de aceite. Caliente una sartén de fondo pesado a fuego fuerte y dore el filete rápidamente por ambos lados, para conservar el jugo de la carne. Ponga el filete en una bandeja de horno y hornéelo 20 minutos. Retírelo del horno y déjelo enfriar.
2 Corte el filete frío en lonchas muy finas. Mezcle la crema de rábano y la mostaza y extienda una pequeña cantidad de la mezcla sobre cada loncha de carne.
3 Caliente el resto del aceite en una sartén y saltee el calabacín, la zanahoria, el pimiento y los tirabeques a fuego fuerte; deje enfriar el salteado. Coloque un pequeño manojo de tiras de hortalizas sobre un extremo de cada loncha de carne y enróllelas. Disponga los rollitos en una fuente y sírvalos.
CON ANTELACIÓN: Puede hornear la carne y preparar las hortalizas hasta 2 horas antes. Pero no saltee las verduras ni rellene los rollitos hasta 30 minutos antes de servir.

BOLLITOS DE MAÍZ CON MAYONESA DE ENELDO Y GAMBAS

Tiempo de preparación: 15 minutos
Tiempo total de cocción: 40 minutos
Para unas 50 unidades

✯

- 2 tazas (250 g) de harina común tamizada
- 3/4 taza (110 g) de harina de maíz
- 1 cucharada de levadura en polvo
- 1/4 taza (60 g) de azúcar
- 2 huevos poco batidos
- 125 g de mantequilla fundida
- 1 taza (250 ml) de leche
- 3 cucharadas de eneldo fresco picado fino
- 1 cucharada de zumo de limón
- 1 cucharadita de crema de rábano
- 1 1/2 tazas (375 g) de mayonesa de huevo entero
- 300 g de gambas pequeñas cocidas

1 Precaliente el horno a 200°C y engrase o rocíe con aceite dos moldes para 12 bollitos. En un cuenco, tamice la harina y mézclela con la harina de maíz, la levadura en polvo, el azúcar y 1/2 cucharadita de sal. Añada los huevos, la mantequilla y la leche. Remueva para mezclarlo todo. Reparta la mezcla entre los moldes, llenándolos hasta tres cuartos de su capacidad. Hornéelos de 15 a 20 minutos, hasta que se doren un poco. Vuélquelos sobre una rejilla para que se enfríen. Repita la operación hasta haber utilizado toda la mezcla.
2 Añada a la mayonesa el eneldo, el zumo y la crema de rábano y salpimiéntela.
3 Corte un círculo en la parte superior de los bollitos y rellénelos con mayonesa de eneldo. Cúbralos con una gamba y pimienta negra.

PEREJIL DE HOJA RIZADA

El perejil es con toda probabilidad la hierba más utilizada en la cocina. Se cultivan dos tipos distintos. La variedad rizada es una planta de jardín y tiene un sabor más suave que el perejil de hoja plana. Se emplea para aromatizar numerosas salsas, verduras, sopas y guisos, además de servir como vistoso adorno. Esta hierba constituye una extraordinaria fuente de vitaminas y minerales.

ARRIBA: Galletas de queso a las hierbas

GALLETAS DE QUESO A LAS HIERBAS

Tiempo de preparación: 40 minutos
Tiempo total de cocción: 8 minutos cada bandeja
Para 20 unidades

☆

Masa para galletas

1 taza (125 g) de harina
1/2 cucharadita de levadura en polvo
60 g de mantequilla
1 huevo poco batido
60 g de cheddar rallado
1 cucharadita de cebollino fresco picado
1 cucharadita de perejil fresco picado

Relleno de queso

80 g de queso fresco reblandecido
20 g de mantequilla
1 cucharada de cebollino fresco picado
1 cucharada de perejil fresco picado
1/4 cucharadita de pimienta al limón
90 g de cheddar rallado

1 Precaliente el horno a 190°C. Forre dos bandejas de horno con papel parafinado.
2 Para preparar la masa para las galletas, tamice la harina y la levadura en polvo en un cuenco grande y añada la mantequilla picada. Mézclelo todo con los dedos hasta obtener una mezcla similar a las migas de pan.
3 Forme un hueco en el centro y llénelo con el huevo, el queso, las hierbas y 1 cucharada de agua helada. Mézclelo todo con un cuchillo realizando un movimiento cortante hasta que la mezcla forme grumos. Líguelos con cuidado y pase la masa a una superficie enharinada. Trabájela hasta obtener una bola.
4 Aplane la masa entre láminas de papel parafinado hasta que tenga 3 mm de grosor. Retire la lámina de papel superior y corte la masa en discos con un cortapastas de 5 cm. Dispóngalos sobre bandejas. Extienda de nuevo la masa restante y córtela en discos. Hornéelos 8 minutos, o hasta que empiecen a dorarse. Déjelos enfriar sobre una rejilla.
5 Para preparar el relleno, bata el queso fresco y la mantequilla en un cuenco pequeño con una batidora eléctrica hasta obtener una mezcla clara y cremosa. Añada las hierbas, la pimienta y bátalo todo hasta ligar la mezcla. Extienda una cucharadita del relleno sobre la mitad de las galletas y cúbralas con las demás.

NOTA: Puede utilizar tomillo limonero recién picado en lugar de perejil.

CON ANTELACIÓN: Prepare las galletas hasta 2 días antes y guárdelas en un recipiente hermético o congélelas. El relleno puede prepararse un día antes y refrigerarse tapado.

CREMA DE HUEVO Y CAVIAR

Tiempo de preparación: 1 hora + refrigeración
Tiempo total de cocción: 7 minutos
Para 8–12 personas

☆☆

7 huevos
3 cucharadas de perejil fresco picado fino
3 cucharadas de mayonesa de huevo entero
80 g de cebollino picado fino
500 g de queso de untar reblandecido a temperatura ambiente
90 g de caviar negro
300 g de nata agria
cebollino adicional cortado en trozos y caviar negro para servir

1 Llene una olla de agua fría y añada con cuidado los huevos. Llévelos a ebullición, reduzca el fuego y déjelos hervir durante 7 minutos. Escúrralos y sumérjalos en agua fría para interrumpir la cocción. Déjelos enfriar por completo y escúrralos.
2 Forre una tartera acanalada profunda (de unos 18 cm de diámetro) con film transparente, dejando un borde ancho para extraer la crema con facilidad.
3 Pele y triture los huevos, añada el perejil y la mayonesa y salpimiente la mezcla.
4 Divida la mezcla de huevo en dos. Vierta la mitad en el molde forrado. Presiónela hacia abajo y alise la superficie con una espátula o con el dorso de una cuchara, apretando bien hacia las paredes de la tartera. Espolvoree el relleno con la mitad del cebollino, introduciéndolo en la crema. Con una espátula limpia y caliente, unte encima la mitad del queso de untar para formar otra capa y cúbrala con la mitad del caviar, presionando con cuidado.
5 Repita la operación con el resto de la mezcla de huevo, el cebollino, el queso de untar y el caviar. Cubra la crema con film transparente y presione bien para que las capas se unan entre sí; refrigérela 2 horas.
6 Retire el film transparente de la parte superior y coloque un plato sobre el molde. Vuelque la crema sobre el plato mientras sujeta el molde y lo sacude hacia abajo. Retire con cuidado el plástico, procurando no deformar los bordes acanalados.
7 Decore la superficie con un poco de nata agria, untada en ondas, y con cebollino y caviar. Sirva la crema con galletas saladas.

CREMA DE HUEVO Y CAVIAR

Extienda la mitad del queso reblandecido sobre la capa de huevo con una espátula.

Una vez cuajada, separe con cuidado la crema de las paredes del molde.

ARRIBA: Crema de huevo y caviar

PATÉS

Aunque no se trate de un bocado que se pueda comer directamente con los dedos, pues se necesita un cuchillo para untarlo sobre tostadas, ninguna fiesta estaría completa sin el toque distinguido de un exquisito paté.

PATÉ AL GRAND MARNIER

Derrita 90 g de mantequilla en una sartén y sofría 1 cebolla picada y 1 diente de ajo majado hasta que la cebolla esté tierna. Añada 250 g de hígado de pato o de pollo troceado y rehóguelo todo de 5 a 10 minutos. Pase el preparado a un robot de cocina con 2 cucharadas de zumo de naranja, 1 cucharada de Grand Marnier (de oporto o de su licor preferido), 1 cucharada de nata agria y pimienta recién molida al gusto. Píquelo todo hasta obtener una mezcla homogénea. Para preparar la cobertura, disponga 2 rodajas de naranja (cortadas en cuartos si lo desea) y cebollino o perejil fresco en la base de una fuente de servir de 2 tazas (500 ml) de capacidad. Espolvoree $1^{1}/_{2}$ cucharaditas de gelatina sobre $^{1}/_{2}$ taza (125 ml) de caldo de pollo caliente y bata bien con un tenedor para disolver la mezcla. Viértala sobre la naranja hasta cubrir 1 cm de la fuente y refrigérela hasta que cuaje. Distribuya el paté sobre la capa de gelatina, presiónelo ligeramente y alise la superficie. Refrigérelo hasta que cuaje. Desmoldee el paté sobre una fuente. Sírvalo con galletas saladas o tostadas Melba. (Puede preparar el paté sin la cobertura de gelatina, y servirlo sobre galletas saladas.) Para 12–15 personas.

PATÉ DE TRUCHA AHUMADA

Pique 250 g de trucha ahumada sin piel ni espinas, 125 g de mantequilla y 125 g de queso de untar en un robot de cocina 20 segundos, o hasta obtener una pasta fina. Añada 1 cucharada de zumo de limón, 1 cucharadita de crema de rábano y 15 g de perejil fresco picado y de cebollino fresco. Píquelo todo 10 segundos. Salpimiente y añada más zumo de limón si lo desea. Sirva el paté en un platito con tostadas de pan moreno. Para 8–10 personas.

PATÉ DE GAMBAS AL LIMÓN

Derrita 100 g de mantequilla en una sartén y sofría 3 dientes de ajo majados y 750 g de gambas crudas peladas y limpias; remueva 3 ó 4 minutos, o hasta que las gambas se vuelvan rosadas y estén cocidas. Déjelas enfriar y píquelas con 1 cucharadita de ralladura de limón, 3 cucharadas de zumo de limón y 1/4 cucharadita de nuez moscada en un robot de cocina 20 segundos o hasta obtener un puré no muy fino. Sazónelo y añada 2 cucharadas de mayonesa y de cebollino fresco picado; píquelo todo 20 segundos. Refrigere el paté durante 1 hora. Para 6–8 personas.

PATÉ DE CHAMPIÑONES

Derrita 40 g de mantequilla y 1 cucharada de aceite en una sartén y sofría 400 g de champiñones silvestres picados y 2 dientes de ajo majados, hasta que queden tiernos y el líquido se haya evaporado. Añada 3 cebolletas picadas. Déjelo enfriar todo y píquelo con 1 cucharada de zumo de limón, 100 g de ricotta, 100 g de queso fresco y 2 cucharadas de cilantro fresco picado. Sazone la mezcla al gusto y refrigérela tapada 2 horas. Para 8–10 personas.

PATÉ DE QUESO FRESCO

Pique gruesos 150 g de piñones tostados en un robot de cocina. Añada 500 g de feta desmenuzado, 3/4 taza (185 ml) de nata y 2 cucharaditas de pimienta molida gruesa y píquelo todo hasta obtener una pasta fina. Agregue 30 g de menta, de eneldo y de perejil fresco picado y píquelo todo hasta que quede fino. Forre un cuenco de 3 tazas (750 ml) de capacidad con film transparente. Pase la mezcla al cuenco y presiónela bien. Refrigérela tapada al menos 1 hora o hasta que cuaje. Vuelque el paté sobre un plato y alise la superficie con un cuchillo. Sírvalo con triángulos de tostadas. Para 12–15 personas.

PATÉS, DE IZQUIERDA A DERECHA, EN EL SENTIDO DE LAS AGUJAS DEL RELOJ: Grand Marnier; Trucha ahumada; Gambas al limón; Queso fresco; Champiñones

ARRIBA: Varitas de pollo con salsa agridulce

VARITAS DE POLLO CON SALSA AGRIDULCE

Tiempo de preparación: 30 minutos + refrigeración
Tiempo total de cocción: 30 minutos
Para 35–40 unidades

☆☆

1/2 taza (60 g) de harina
1 cucharada de sal condimentada para pollo
4 filetes de pechuga de pollo cortados en tiras anchas de 2 cm
2 huevos
1 1/2 tazas (150 g) de pan rallado
aceite para freír

Salsa agridulce
1 taza (250 ml) de zumo de piña
3 cucharadas de vinagre de vino blanco
2 cucharaditas de salsa de soja
2 cucharadas de azúcar moreno
2 cucharadas de salsa de tomate
1 cucharada de fécula de maíz

1 Mezcle la harina y el condimento en una bolsa de plástico y reboce con la mezcla las tiras de pollo; sacuda el exceso de harina.
2 Bata los huevos ligeramente en un cuenco poco profundo y prepare el pan rallado.
3 Pase las tiras de pollo primero por el huevo batido y por el pan rallado en tandas. Dispóngalas sobre una bandeja de horno forrada con papel parafinado y refrigérelas 30 minutos.
4 Caliente 3 cm de aceite en una sartén grande a 180°C, o hasta que un dado de pan se dore en 15 segundos. Fría las varitas de pollo por tandas entre 3 y 5 minutos, o hasta que se doren. Escúrralas y sírvalas con la salsa.
5 Para preparar la salsa, mezcle el zumo, el vinagre, la salsa de soja, el azúcar y la salsa de tomate en un cazo. Remueva a fuego lento hasta que se disuelva el azúcar. Mezcle la fécula de maíz con 1 cucharada de agua, vierta la mezcla en el cazo y remueva constantemente, hasta que la salsa hierva y se espese. Reduzca el fuego y déjela hervir 2 minutos.

ROLLITOS DE SALCHICHA

Tiempo de preparación: 30 minutos
Tiempo total de cocción: 15 minutos
Para 36 unidades

☆

3 láminas de masa de hojaldre
2 huevos poco batidos
750 g de carne picada de salchicha
1 cebolla picada fina
1 diente de ajo majado
1 taza (80 g) de pan recién rallado
3 cucharadas de perejil fresco picado
3 cucharadas de tomillo fresco picado
1/2 cucharadita de salvia molida, de nuez moscada, de pimienta negra y de clavos de especia

1 Precaliente el horno a 200°C. Corte las láminas de masa por la mitad y pinte los bordes con un poco de huevo batido.
2 Mezcle la mitad del huevo restante con los demás ingredientes en un cuenco grande, y divida la mezcla en seis porciones iguales. Reparta el relleno sobre los trozos de masa, pinte los bordes con huevo y pliegue la masa sobre el relleno, superponiendo los bordes y dejando la unión hacia abajo. Pinte los rollitos con huevo y córtelos en 6 trozos pequeños.

3 Realice dos cortes en la parte superior de cada rollito, dispóngalos sobre bandejas engrasadas y hornéelos 15 minutos; baje la temperatura del horno a 180°C y prosiga la cocción 15 minutos más, o hasta que suban y se doren.

Para probar con diferentes sabores, escoja entre los rellenos sugeridos a continuación.

CERDO Y TERNERA AL CURRY

Deje en remojo 3 setas chinas secas en agua caliente 30 minutos, escúrralas y píquelas finas. Saltee con 1 cucharada de aceite 4 cebolletas picadas finas, 1 diente de ajo majado, 1 guindilla roja pequeña picada fina y 2 ó 3 cucharaditas de curry en polvo. Pase el preparado a un cuenco y mézclelo con 750 g de carne picada de cerdo y de ternera, 1 taza (90 g) de pan recién rallado, las setas secas, 1 huevo poco batido, 3 cucharadas de cilantro picado y 1 cucharada de salsa de soja y de ostras.

CORDERO PICANTE

Mezcle 750 g de carne picada de cordero, 1 taza (90 g) de pan rallado, 1 cebolla pequeña rallada, 1 cucharada de salsa de soja, 2 cucharaditas de jengibre fresco rallado y de azúcar moreno, 1 cucharadita de cilantro molido, 1/2 cucharadita de comino molido y de sambal oelek. Esparza semillas de amapola sobre los rollos después del glaseado y antes de hornear.

BUEY CON SALSA

Sofría 1 cebolla picada y 1 ó 2 dientes de ajo majados en 20 g de mantequilla hasta que la cebolla quede blanda. Mezcle bien 750 g de carne magra de buey picada, la cebolla y el ajo, 3 cucharadas de perejil fresco picado, 3 cucharadas de harina, 3 cucharadas de salsa de tomate, 1 cucharada de salsa de soja y de Perrin's y 2 cucharaditas de pimienta de Jamaica.

POLLO CON CHUTNEY

Mezcle 750 g de carne picada de pollo, 4 cebolletas picadas finas, 1 taza (80 g) de pan rallado, 1 zanahoria rallada fina, 2 cucharadas de chutney de frutas y 1 cucharada de salsa de guindilla dulce y de jengibre rallado. Esparza semillas de sésamo sobre la masa, después del glaseado con huevo y antes de hornear.

ABAJO: Rollitos de salchicha (izquierda); Rollitos rellenos de pollo con chutney

SATAY DE SALMÓN CON MAYONESA DE LIMA AL JENGIBRE

Tiempo de preparación: 30 minutos + refrigeración
Tiempo total de cocción: 4 minutos
Para 24 brochetas

★

500 g de filete de salmón (o trucha asalmonada)
24 brochetas de madera pequeñas
aceite de oliva ligero

Mayonesa de lima al jengibre
1 taza (250 g) de mayonesa de huevo entero
1/4 taza (60 g) de yogur natural
1 cucharadita de jengibre fresco rallado fino
1 cucharadita de ralladura de lima
2 cucharaditas de zumo de lima

1 Retire la piel del salmón y quítele las espinas con unas pinzas de cocina. Envuelva después el pescado en film transparente y refrigérelo durante 1 hora. Deje en remojo pequeñas brochetas de madera en agua fría durante 30 minutos (esto impedirá que se quemen durante la cocción).
2 Corte los filetes de salmón en tiras de 5 cm y ensártelas con cuidado en las brochetas. Dispóngalas sobre una bandeja engrasada, rocíelas con aceite y sazónelas al gusto con sal y pimienta al gusto. Áselas en dos tandas 2 minutos, vigilando que no queden demasiado hechas. Sírvalas con mayonesa de lima al jengibre.
3 Para preparar la mayonesa de lima al jengibre, ponga la mayonesa en un cuenco pequeño y remuévala hasta que quede homogénea. Añada el yogur, el jengibre, la ralladura y el zumo de lima. Salpimiéntelo todo al gusto y remueva bien hasta ligar por completo la mezcla. Refrigérela 1 hora.
CON ANTELACIÓN: Puede preparar los pinchos con 1 hora de antelación y refrigerarlos. Áselos justo antes de servirlos. Prepare la mayonesa con un máximo de 2 horas de antelación y guárdela tapada en el frigorífico. Puede congelar las brochetas preparadas en una sola capa hasta un máximo de 2 horas.

HAMBURGUESAS DE LENTEJAS CON SALSA DE TOMATE

Tiempo de preparación: 40 minutos
Tiempo total de cocción: 55 minutos
Para 32 unidades

★

1 taza (185 g) de lentejas pardinas
1 cebolla picada gruesa
1 diente de ajo majado
1 puerro pequeño troceado fino
1 zanahoria pequeña rallada fina
1 taza (80 g) de pan recién rallado
2 yemas de huevo
2 cucharadas de cilantro fresco picado
2 cucharadas de aceite
8 rebanadas de pan en cuadrados de 4 cm
salsa de tomate preparada para servir

1 Ponga a hervir las lentejas con una hoja de laurel en abundante agua y déjelas cocer de 20 a 30 minutos, o hasta que estén tiernas; escúrralas bien y deseche la hoja de laurel.
2 Mezcle la mitad de las lentejas cocidas con la cebolla y el ajo en un robot de cocina hasta obtener una pasta homogénea. Pase el puré a un cuenco y mézclelo con el resto de las lentejas, el puerro, la zanahoria, el pan rallado, las yemas y el cilantro; sazone la mezcla al gusto. Forme hamburguesas pequeñas con cucharadas rasas de la masa.
3 Caliente parte del aceite en una sartén antiadherente y fría las hamburguesas por tandas hasta que se doren por ambos lados, añadiendo más aceite si es necesario. Escúrralas y sírvalas calientes sobre los cuadrados de pan (o tostadas) cubiertas con salsa de tomate. Decórelas con hierbas frescas.

OSTRAS CON HUEVAS DE SALMÓN

Llene una fuente grande con sal marina y disponga encima 1 docena de ostras recién extraídas de la valva. Cúbralas con 1 cucharadita de crème fraîche y 1/2 cucharadita de huevas de salmón (unos 60 g en total). Sazónelas con pimienta negra y decórelas con eneldo fresco. Sírvalas con trozos de limón.

LENTEJAS PARDINAS
Existen lentejas de distintos colores, incluyendo pardas, verdes y rojas según la variedad; también varían ligeramente de tamaño. Esta legumbre, empleada desde hace miles de años, es un alimento rico en proteínas, fibra, potasio, magnesio y zinc, así como en algunas de las vitaminas B. Para prepararlas, es preciso examinarlas con detenimiento para eliminar la arenilla que puedan llevar. Después dependiendo de la variedad, deben dejarse en remojo para que se ablanden antes de la cocción o bien bastará con cocerlas hasta que queden tiernas. Las lentejas se emplean en numerosas recetas, incluyendo sopas, cocidos, dhal y ensaladas.

PÁGINA ANTERIOR: Satay de salmón con mayonesa de lima al jengibre (superior); Hamburguesas de lentejas con salsa de tomate

ARRIBA: Croquetas de cecina, chirivía y menta

CROQUETAS DE CECINA, CHIRIVÍA Y MENTA

Tiempo de preparación: 20 minutos
Tiempo total de cocción: 25 minutos
Para 24 unidades

☆☆

2 chirivías picadas
1 taza (100 g) de pan rallado
200 g de cecina (carne de vaca salada y curada) picada fina
1 yema de huevo
1/4 cebolla pequeña picada fina
20 g de hojas de menta fresca picadas finas
1 cucharada de zumo de limón
3 cucharaditas de mostaza de grano entero
2 cucharadas de harina
1 huevo
1 cucharada de leche
1/4 taza (60 ml) de aceite de oliva
1/2 taza (140 g) de chutney picante de tomate
24 hojas pequeñas de menta fresca para decorar

1 Ponga a cocer la chirivía en una olla grande con agua hirviendo durante 10 minutos, o hasta que quede tierna. Escúrrala y redúzcala a un puré fino. Déjela enfriar.

2 Mezcle la chirivía con 1/3 taza (35 g) de pan rallado, la cecina, la yema de huevo, la cebolla, la menta, el zumo de limón, la mostaza y sal y pimienta negra recién molida.

3 Forme 24 croquetas con la mezcla, presionándolas bien. Enharínelas y sacúdalas para eliminar el exceso de harina. A continuación, páselas por el huevo mezclado con la leche y después por el pan rallado restante.

4 Caliente el aceite en una sartén grande a fuego medio-lento y fría las croquetas por tandas durante 2 ó 3 minutos por cada lado, o hasta que queden bien doradas y hechas. Déjelas escurrir sobre papel de cocina. Cúbralas con 1 cucharadita de salsa de tomate y una hoja de menta. Sírvalas de inmediato.

CON ANTELACIÓN: Puede preparar las croquetas un día antes y guardarlas en el frigorífico hasta el momento de freírlas.

CHULETAS DE CORDERO CON SALSA VERDE

Tiempo de preparación: 30 minutos + maceración
Tiempo total de cocción: 20–25 minutos
Para 24 unidades

☆☆

2 limones
4 cucharadas de aceite de oliva virgen
1 cucharada de mostaza de Dijon
3 tiras de 8 chuletas pequeñas de cordero (1,1 kg aproximadamente), sin la grasa
40 g de perejil
3 filetes de anchoa escurridos y picados finos
1 diente de ajo majado
1 cucharada de aceite de oliva
1 1/2 cucharadas de alcaparras escurridas

1 Ralle fina la corteza de los limones y exprima el zumo de la fruta. Mezcle 1 cucharadita de la ralladura y 2 cucharadas del zumo con la mitad del aceite de oliva y la mostaza en un cuenco grande. Pase las tiras de chuletas por la marinada y empápelas bien. Refrigérelas tapadas al menos 3 horas o toda la noche.

2 Para preparar la salsa verde, mezcle el perejil, las anchoas, el ajo, 1 cucharada del zumo de limón restante y 1 cucharadita de la ralladura en un robot de cocina hasta que quede todo bien picado. Con el motor en funcionamiento, añada el aceite de oliva restante y píquelo todo hasta que la mezcla se ligue y quede espesa. Pásela a un cuenco y refrigérela tapada al menos 2 1/2 horas.

3 Precaliente el horno a 200°C. Escurra el cordero y deseche la marinada. Caliente el aceite de oliva en una fuente de horno grande a fuego medio-fuerte y fría las chuletas, dándoles la vuelta de vez en cuando, 5 minutos, o hasta que la carne se dore por completo. Pase la fuente al horno y ásela de 15 a 20 minutos, o hasta que el cordero quede tierno. Déjelo reposar al menos 10 minutos antes de separar las costillas. Dispóngalas en una sola capa sobre una fuente, cúbralas con la salsa verde y esparza por encima las alcaparras.

NOTA: Al comprar las tiras de cordero, pida que corten las costillas por la base para que le resulte más fácil separar luego las chuletas.

CON ANTELACIÓN: Puede preparar el cordero un día antes, refrigerarlo y dejarlo a temperatura ambiente antes de trincharlo y servirlo. Prepare la salsa verde y refrigérela.

ACEITE DE OLIVA

El aceite de oliva se obtiene del prensado de las aceitunas del olivo. Existen dos métodos de prensado. El prensado en frío, que consiste simplemente en machacar las aceitunas, produce el aceite sin refinar, mientras que el prensado por la acción del calor y la aplicación de otras técnicas, como el uso de conservantes, da como resultado el aceite refinado. El aceite de oliva se vende con diferentes graduaciones para distintos usos. El aceite de oliva virgen extra, considerado uno de los mejores, se elabora con aceitunas selectas prensadas en frío. Se usa principalmente para aderezar ensaladas y aromatizar. El aceite de oliva virgen se elabora con aceitunas más maduras y sirve para cocinar y aliñar. El aceite de oliva normal se obtiene del prensado en caliente, a veces con aceitunas que quedan tras elaborar aceite de oliva virgen extra.

IZQUIERDA: Chuletas de cordero con salsa verde

MOLUSCOS

Hay alimentos que apenas necesitan adornos, pues parecen haber nacido para la fiesta. Los moluscos son un ejemplo inigualable, aderezados con una salsa y servidos en sus propias valvas.

OSTRAS CON JAMÓN Y VINAGRE BALSÁMICO

Disponga 24 ostras frescas sobre una bandeja de horno y rocíelas con 2 ó 3 cucharadas de vinagre balsámico. Pique 6 lonchas de jamón y espárzalo sobre las ostras. Espolvoréelas con pimienta negra machacada y áselas al grill durante 1 minuto, o hasta que el jamón quede crujiente. Para 24 unidades.

OSTRAS CON ESTRAGÓN

Extraiga 24 ostras frescas de las valvas. Lave las valvas y resérvelas. Mezcle las ostras con 1 cucharada de estragón picado, 1 cebolleta pequeña picada fina, 2 cucharaditas de vinagre de vino blanco, 1 cucharada de zumo de limón y 2 cucharadas de aceite de oliva virgen extra y refrigérelas tapadas 30 minutos. Coloque las valvas en una fuente y ponga encima las ostras. Rocíelas con la vinagreta restante. Para 24 unidades.

VIEIRAS CON SALSA HOLANDESA A LA LIMA

Con un cuchillo afilado, separe con cuidado 24 vieiras de las valvas, con un corte lo más limpio posible, y retire el hilo intestinal. Lave las valvas con agua templada y caliéntelas sobre una

bandeja en el horno a 180°C durante 5 minutos. Ase las vieiras a la parrilla o fríalas de 2 a 4 minutos, y póngalas de nuevo en las valvas. Para la salsa, mezcle 1 yema de huevo y 1 cucharada de zumo de lima en un robot de cocina 30 segundos. Con el motor en marcha, vierta 45 g de mantequilla fundida en un hilo. (Bátala en un cuenco si lo prefiere.) Pase la salsa a un cuenco, añada 1 cucharada de cebollino troceado y salpiméntela. Ponga 1 cucharadita sobre las vieiras y sírvalas. Para 24 unidades.

VIEIRAS CON SALSA CÍTRICA

Con un cuchillo afilado, separe con cuidado 24 vieiras de las valvas, con un corte lo más limpio posible, y retire el hilo intestinal. Lave las valvas con agua templada y caliéntelas sobre una bandeja en el horno a 180°C durante 5 minutos. Ase las vieiras a la parrilla o fríalas de 2 a 4 minutos, y póngalas de nuevo en las valvas. Para preparar la salsa, mezcle 3 cucharadas de zumo de lima, 1 cucharada de zumo de limón, 1 guindilla roja picada fina, 1 cucharada de salsa de pescado, 2 cucharaditas de azúcar, 3 cucharaditas de cilantro fresco picado y 2 cucharaditas de menta fresca picada. Ponga 1 cucharadita sobre las vieiras y sírvalas. Para 24 unidades.

MEJILLONES CON SALSA BLOODY MARY

Frote 24 mejillones y quíteles las barbas (deseche los abiertos o que no se cierren al darles un golpecito). Hiérvalos o cuézalos al vapor en una olla con el zumo de un limón y 1 cucharada de agua 2 ó 3 minutos. Extraiga los que se abran y deseche los que estén cerrados. Retire la valva superior. Pase un cuchillo bajo el mejillón para separarlo de la valva. Dispóngalos sobre las valvas en una bandeja de horno cubierta con una capa de sal (para nivelarlos y evitar que se vuelquen). Para la salsa, mezcle 2 cucharadas de vodka, 2 cucharadas de zumo de tomate, 1 cucharada de zumo de limón, 2 cucharaditas de salsa Perrin's, un chorro de Tabasco y 1/4 cucharadita de sal de apio. Ponga 1 cucharadita sobre los mejillones y hornéelos unos segundos, o hasta que la salsa se caliente. Sírvalos con pimienta negra. Para 24 mejillones.

DE IZQUIERDA A DERECHA: *Ostras con jamón y vinagre balsámico; Ostras con estragón; Vieiras con salsa holandesa a la lima; Vieiras con salsa cítrica; Mejillones con salsa bloody mary*

HUEVOS DE CODORNIZ A LA FLORENTINA

Tiempo de preparación: 15 minutos + refrigeración
Tiempo total de cocción: 30 minutos
Para 24 unidades

☆☆

6–8 rebanadas de pan
un chorrito de aceite
24 huevos de codorniz
250 g de espinacas sin los tallos

Salsa holandesa
3 yemas de huevo
2 cucharadas de zumo de lima o limón
125 g de mantequilla fundida

1 Precaliente el horno a 180°C. Para preparar la salsa holandesa, mezcle las yemas y el zumo en el robot de cocina 5 segundos y añada luego la mantequilla fundida. Refrigere la salsa 30 minutos, hasta que se espese.
2 Corte 24 discos de pan con un cortapastas de 4 cm. Dispóngalos sobre una bandeja de horno, rocíelos con aceite y hornéelos 10 minutos. Deles la vuelta y hornéelos 5 minutos más, o hasta que queden secos y crujientes.
3 Vierta 2,5 cm de agua en una sartén antiadherente grande y póngala a hervir. Baje el fuego para que el agua no salte. Casque con cuidado los huevos en el agua y rocíelos de vez en cuando mientras se cuecen. Una vez cuajados, escúrralos sobre papel de cocina.
4 Cueza al vapor o en el microondas las espinacas durante 2 minutos, o hasta que queden blandas, y escúrralas bien. Para presentar el plato, ponga algunas hojas de espinacas sobre cada disco de pan, cúbralas con un huevo y vierta encima la salsa holandesa. Sirva los huevos a la florentina de inmediato.
NOTA: Los huevos de codorniz se encuentran en las pollerías. Puede usar salsa holandesa de bote. Si sobra, refrigérela tapada hasta 5 días.

SALSA HOLANDESA
Si bien se desconocen los orígenes de esta deliciosa y cremosa salsa, se sabe que su tradicional nombre francés se acuñó en el siglo XVI. Esta salsa se usa para acompañar pescados, huevos y verduras, en particular espárragos.

DERECHA: Huevos de codorniz a la florentina

CALABAZA

La calabaza de invierno, de sabor dulce, es una hortaliza muy versátil. Se puede asar al horno, cocer al vapor, machacar o reducir a puré, emplear en risotto y usar como ingrediente de una deliciosa salsa. La calabaza entera se conserva en un lugar fresco y oscuro unas seis semanas. No obstante, una vez cortada se estropea con rapidez. Despepítela, envuélvala en film transparente y refrigérela. Existen numerosas variedades de calabazas de distintas clases y formas, algunas de ellas enormes, otras diminutas, unas redondas y gordas y otras alargadas, como la vinatera. Al comprarla, asegúrese de que la calabaza sea firme y pesada para su tamaño.

ARRIBA: Sandwiches de queso fritos

SANDWICHES DE QUESO FRITOS

Tiempo de preparación: 20 minutos
Tiempo total de cocción: 20 minutos
Para unas 40 unidades

☆

20 rebanadas gruesas de pan blanco
2 ó 3 cucharadas de mostaza de Dijon
12 lonchas de cheddar
aceite para freír
harina para espolvorear
3 huevos poco batidos
berros para decorar

1 Retire la corteza del pan y úntelo con mostaza; cúbralo con una loncha de queso y ponga encima otra rebanada de pan.
2 Caliente un poco de aceite en una sartén. Espolvoree los sandwiches con un poco de harina y páselos rápidamente por el huevo.
3 Fría los sandwiches por ambos lados hasta que queden dorados; déjelos escurrir sobre papel de cocina. Córtelos en cuartos y decórelos con berro. Sírvalos calientes.
CON ANTELACIÓN: Prepare los sandwiches con un máximo de 4 horas de antelación, pero no los espolvoree de harina ni los pase por huevo hasta el momento de freírlos.

BOCADOS DE QUESO RECUBIERTOS DE ALMENDRA

Tiempo de preparación: 30 minutos + refrigeración
Tiempo total de cocción: 20 minutos
Para 24 unidades

☆☆

500 g de cheddar rallado
250 g de puré de calabaza frío
1/3 taza (40 g) de harina
1 diente de ajo majado
2 cucharadas de cebollino o perejil fresco picado
2 claras de huevo
250 g de almendras en láminas machacadas
aceite para freír

1 Mezcle el queso, la calabaza, la harina, el ajo y el cebollino en un cuenco grande. Bata las claras de huevo a punto de nieve y añádalas al puré de calabaza.
2 Forme bolas con cucharaditas de la mezcla. Páselas por las almendras, dispóngalas sobre bandejas de horno y refrigérelas 1 hora.
3 Caliente abundante aceite en una sartén honda de fondo pesado a 180°C, o hasta que un dado de pan se dore en 15 segundos. Fría las bolas por tandas hasta que se doren. Déjelas escurrir sobre papel de cocina.

CREMA DE QUESO A LA ALBAHACA EN ACEITE

Tiempo de preparación: 15 minutos
Tiempo total de cocción: ninguno
Para 2 tazas

✯

250 g de queso fresco reblandecido
200 g de feta
20 g de hojas de albahaca
3 cucharadas de aceite de oliva
15 aceitunas kalamata deshuesadas y picadas

1 Mezcle el queso fresco, el feta, la albahaca, 1 cucharada del aceite y 1/4 cucharadita de pimienta negra machacada hasta ligar la mezcla.
2 Añada las aceitunas y pase la crema a un cuenco. Alise la superficie con el dorso de una cuchara. Rocíela con el resto del aceite. Decórela con un poco más de pimienta negra machacada y sírvala con tostadas calientes.

PATÉ DE SALMÓN AHUMADO CON BOCADOS DE CEBOLLINO

Tiempo de preparación: 30 minutos + reposo
Tiempo total de cocción: 40 minutos
Para unas 30 unidades

✯✯

125 g de salmón ahumado
2 cucharaditas de mantequilla reblandecida
1 cebolla pequeña picada
1 1/2 cucharaditas de crema de rábano
30 g de mantequilla reblandecida, adicional
3 cucharaditas de estragón picado
1 lima cortada en rodajas muy finas
caviar negro o rojo para decorar

Bocados de cebollino

1/2 taza (60 g) de harina de fuerza
1 cucharada de cebollino picado grueso
1 yema de huevo poco batida
1/2 taza (125 ml) de leche

1 Pique grueso el salmón. Caliente la mantequilla en una sartén pequeña y sofría la cebolla hasta que quede blanda. Triture el salmón, la cebolla, la crema y la mantequilla adicional en un robot de cocina, con sal y pimienta negra recién molida. Añada el estragón y accione el robot hasta que el paté quede fino.
2 Para preparar los bocados, tamice la harina y una pizca de sal en un cuenco. Agregue el cebollino y forme un hueco en el centro. Añada poco a poco la yema y leche suficiente para obtener una masa ligada sin grumos, con la consistencia de la nata montada. Déjela reposar 15 minutos, engrase luego una sartén antiadherente y vierta en ella cucharaditas de la masa. Cuando se formen burbujas en la superficie de los fritos, deles la vuelta y dórelos por el otro lado. Déjelos enfriar en una rejilla.
3 Extienda el paté sobre los fritos, decórelos con un rodaja de limón y un poco de caviar.
CON ANTELACIÓN: Puede preparar los bocados 3 horas antes y refrigerarlos tapados.

PALMERAS DE ACEITUNAS Y ALMENDRAS

Tiempo de preparación: 30 minutos
Tiempo total de cocción: 20 minutos
Para unas 24 unidades

✯✯

75 g de aceitunas negras deshuesadas y picadas
95 g de almendras molidas
25 g de parmesano rallado
2 cucharadas de albahaca fresca picada
3 cucharadas de aceite de oliva
2 cucharaditas de mostaza de grano entero
2 láminas de masa de hojaldre descongeladas
1/4 taza (60 ml) de leche

1 Precaliente el horno a 200°C. Forre dos bandejas de horno con papel parafinado antiadherente. En un robot de cocina, pique las aceitunas, las almendras, el parmesano, la albahaca, el aceite, la mostaza, 1/4 cucharadita de sal y 1/2 cucharadita de pimienta negra.
2 Extienda una lámina de masa y distribuya encima la mitad de la crema de aceitunas y almendras. Pliegue las puntas hacia el centro.
3 Realice de nuevo el mismo pliegue y pinte la masa con leche. Repita la operación con el resto de la masa y el relleno. Córtela en rodajas de 1,5 cm de grosor y deles forma de "V", con los lados curvos un poco hacia fuera. Hornéelas separadas entre sí en bandejas de 15 a 20 minutos, o hasta que suban y se doren. Sírvalas calientes o a temperatura ambiente.
CON ANTELACIÓN: Puede cocer las palmeras hasta 6 horas antes y guardarlas al vacío.
NOTA: Puede utilizar crema de aceitunas preparada.

PALMERAS
Las palmeras tradicionales son pequeñas galletas de masa de hojaldre con una forma similar a las mariposas. Se cree que su creador bautizó esta preparación con el nombre de "palmera" por su parecido al penacho de hojas de una palmera. En este caso, hemos roto la tradición creando una versión salada.

***PÁGINA ANTERIOR:** Crema de queso a la albahaca en aceite (superior); Paté de salmón ahumado con bocados de cebollino*

CREPES DE BONIATO RELLENAS DE PATO

Hornee las pechugas de pato sobre una rejilla en una bandeja de horno.

Vierta la masa en la sartén y extiéndala rápidamente con el dorso de una cuchara.

Pliegue las crepes en dos para encerrar el relleno y después en cuatro.

ARRIBA: Crepes de boniato rellenas de pato

CREPES DE BONIATO RELLENAS DE PATO

Tiempo de preparación: 25–30 minutos + refrigeración
Tiempo total de cocción: 55 minutos
Para 24 unidades

✯✯✯

1 taza (125 g) de harina
1/2 cucharadita de bicarbonato sódico
3 huevos poco batidos
1 1/2 tazas (375 ml) de leche
1 cucharada de aceite de oliva ligero
2 cucharaditas de comino molido
3 filetes de pechuga de pato (unos 450 g)
1/4 taza (60 ml) de aceite de oliva
2 cucharadas de zumo de naranja
1 cucharada de zumo de lima
1 cucharadita de melaza de granada
1/4 cucharadita de ralladura de naranja
1/2 cucharadita de azúcar
una pizca de comino molido
60 g de boniato naranja rallado fino
2 cucharadas de cilantro fresco picado
hojas de cilantro fresco, adicionales

1 Precaliente el horno a 200°C. Tamice la harina y el bicarbonato en un cuenco grande y forme un hueco en el centro. Añada poco a poco los huevos, la leche, el aceite de oliva y el comino, batiendo bien hasta ligar la masa. Refrigérela tapada 30 minutos.
2 Salpimiente el pato. Caliente una sartén antiadherente, dore el pato a fuego medio-fuerte y hornéelo con la piel hacia arriba sobre una rejilla en una bandeja de horno 20 minutos, o hasta que quede tierno. Deje reposar el pato en un lugar cálido al menos 5 minutos.
3 Mezcle el aceite de oliva, los zumos, la melaza, la ralladura de naranja, el azúcar y el comino en un tarro con cierre de rosca y agítelo bien hasta ligar la mezcla.
4 Retire la piel y trinche la carne de pato fina o desmenúcela. Envuélvala en papel de aluminio y manténgala caliente en el horno.
5 Presione el boniato entre láminas de papel de cocina para eliminar el agua. Añádalo a la masa con las hojas de cilantro. Vierta 1 cucharada de la masa en una sartén para crepes engrasada y extiéndala con el dorso de una cuchara hasta que mida unos 12 cm. Hágala 1 minuto por ambos lados, hasta que se dore. Prepare 24 crepes en total. Puede apilarlas y mantenerlas calientes dentro del horno envueltas en papel de aluminio.

VINAGRE BALSÁMICO
El vinagre balsámico de buena calidad es bastante caro debido a la prolongada duración del proceso al que se somete la uva Trebbiano que se utiliza en su elaboración. El auténtico vinagre balsámico, que envejece de 30 a 50 años, lo elaboran unas 40 familias en toda Italia, por lo que no se alcanzan grandes volúmenes de producción. Normalmente, el precio es un indicativo de calidad. Sin embargo, algunos de los vinagres más asequibles, aunque no hayan envejecido durante mucho tiempo, resultan bastante buenos. Se recomienda desconfiar de los baratos pues no son más que burdas imitaciones. El vinagre balsámico se emplea en aderezos de ensaladas, marinadas y salsas; también se rocía directamente sobre los alimentos antes de asarlos.

ARRIBA: Chipolatas con crema de rábano

6 Para preparar las crepes, extiéndalas y ponga montoncitos iguales de carne de pato en un cuarto de cada crepe. Rocíelas con el aderezo de granada y esparza encima las otras hojas de cilantro. Pliegue en dos las crepes para encerrar el relleno y después en cuatro. Sírvalas.
NOTA: La melaza de granada se vende en tiendas especializadas de alta gastronomía.
CON ANTELACIÓN: Puede preparar las crepes y el pato un día antes y guardarlos por separado en el frigorífico para recalentarlos después en papel de aluminio. El aderezo se puede preparar un día antes, refrigerar y dejar reposar a temperatura ambiente antes de servir.

CHIPOLATAS CON CREMA DE RÁBANO

Tiempo de preparación: 15 minutos
Tiempo total de cocción: 25 minutos
Para 12 unidades

☆

2 cucharadas de aceite de oliva virgen
2 cebollas rojas cortadas en rodajas finas
2 cucharadas de azúcar moreno
3 cucharaditas de vinagre balsámico
100 g de queso de untar
1 cucharada de crema de rábano
12 salchichas chipolatas
12 panecillos semihorneados
100 g de hojas de oruga sin tallo

1 Precaliente el horno a 220°C. Caliente $1^1/_2$ cucharadas de aceite de oliva en una sartén pequeña y sofría la cebolla tapada, con $1^1/_2$ cucharadas de agua, a fuego medio 10 minutos, removiendo de vez en cuando, hasta que esté blanda y empiece a dorarse. Añada el azúcar y el vinagre y rehóguelo todo sin tapar unos 3 minutos, o hasta que se espese. Sazónelo todo y manténgalo caliente.
2 Mientras tanto, mezcle el queso de untar y la crema en un cuenco hasta ligar la mezcla.
3 Caliente el resto del aceite en una sartén y fría las salchichas por tandas a fuego medio-fuerte de 6 a 8 minutos, o hasta que estén hechas y doradas. Déjelas escurrir.
4 Mientras tanto, caliente los panecillos según las indicaciones del fabricante y corte tres cuartas partes de su grosor en vertical. Úntelos con la crema y rellénelos con oruga, salchicha y cebolla. Sírvalos.
NOTA: Puede usar salchichas delgadas en vez de chipolatas.

GARBANZOS
El garbanzo es la semilla de una planta leguminosa originaria de Asia. Constituye una excelente fuente de proteínas así como de fibra dietética, hierro, vitamina B y potasio, por lo que se considera un alimento básico de la dieta vegetariana. Dado que la legumbre seca debe dejarse en remojo toda la noche antes de cocerse, a veces resulta más práctico emplear garbanzos cocidos en conserva, que se encuentran fácilmente en el mercado.

ARRIBA: Falafel de pollo con conos de tabulé

FALAFEL DE POLLO CON CONOS DE TABULÉ

Tiempo de preparación: 30 minutos + reposo
Tiempo total de cocción: 20 minutos
Para 24 unidades

☆☆☆

1/4 taza (45 g) de bulgur (sémola de trigo)
4 porciones de pan lavash de 30 x 23 cm
2 cebolletas troceadas finas
1 tomate grande despepitado y picado fino
1 pepino pequeño picado fino
15 g de perejil fresco picado
1 cucharada de zumo de limón
1 cucharada de aceite de oliva virgen
1 cucharada de aceite de oliva
1 cebolla picada fina
1 diente de ajo majado
2 cucharaditas de cilantro molido
1 cucharadita de semillas de comino
1/2 cucharadita de canela molida
250 g de carne picada de pollo
300 g de garbanzos en conserva aclarados, escurridos y reducidos a puré
10 g más de perejil fresco picado
10 g de hojas de menta fresca picadas
2 cucharadas de harina
aceite vegetal para freír
1/4 taza (60 g) de yogur natural griego

1 Deje en remojo la sémola de trigo en agua caliente 20 minutos. Corte el pan en tres a lo ancho, y después en dos. Cúbralo con un paño húmedo para evitar que se reseque. Corte papel parafinado del mismo tamaño que el pan, enróllelo alrededor de la parte inferior de éste en forma de cono y sujételo retorciéndolo en la base. Necesitará 24 conos de pan.
2 Escurra la sémola en un tamiz de malla fino, presionando para eliminar el agua. Pásela a un cuenco y mézclela con la cebolla, el tomate, el pepino, el perejil, el zumo de limón y el aceite de oliva virgen. Sazónelo todo.
3 Caliente el aceite de oliva en una sartén y sofría la cebolla y el ajo a fuego medio-lento durante 5 minutos, o hasta que la cebolla quede blanda. Añada las especias y sofríalas otro minuto, o hasta que desprendan olor.
4 En un cuenco, mezcle bien el sofrito de cebolla, la carne de pollo, los garbanzos, el perejil, la menta y sal y pimienta. Forme

24 hamburguesas con la masa, apretando bien. Enharínelas y sacuda el exceso de harina.
5 Caliente abundante aceite en una sartén de fondo pesado a 180°C, o hasta que un dado de pan se dore en 15 segundos. Fría los falafels por tandas 3 ó 4 minutos por cada lado, o hasta que se hagan y se doren. Déjelos escurrir sobre papel de cocina.
6 Coloque un falafel en cada cono de pan, cúbralo con tabulé y 1/2 cucharadita de yogur.
CON ANTELACIÓN: Se recomienda preparar la ensalada un día antes. Los falafels se pueden preparar un día antes y servir recién hechos.

CALAMARES A LA ROMANA CON SALSA TÁRTARA

Tiempo de preparación: 30 minutos
Tiempo total de cocción: 10 minutos
Para 8 personas

★★

1 kg de calamares limpios
4 cucharadas de fécula de maíz
4 huevos poco batidos
2 dientes de ajo majados
1 cucharada de ralladura de limón
2 tazas (200 g) de pan rallado
aceite para freír

Salsa tártara
1 taza (250 g) de mayonesa
2 cucharadas de cebollino picado
2 cebollitas en vinagre picadas finas
1 cucharada de mostaza

1 Corte en anillas los calamares, rebócelos con la fécula de maíz y sacuda el exceso. Páselos por el huevo mezclado con el ajo y la ralladura de limón. Empánelos y sacuda el exceso de pan rallado.
2 Caliente abundante aceite en una sartén honda de fondo pesado a 180°C, o hasta que un dado de pan se dore en 15 segundos. Fría los calamares en pequeñas tandas durante 1 minuto, o hasta que se hagan y queden dorados. Extráigalos con una espumadera y déjelos escurrir sobre papel de cocina mientras fríe el resto de los calamares.
3 Para preparar la salsa tártara, mezcle bien la mayonesa, el cebollino, las cebollitas y la mostaza. Acompañe los calamares con la salsa.

ARRIBA: Calamares a la romana con salsa tártara

PUERRO
Esta hortaliza tiene una larga historia que se remonta como mínimo a los tiempos del Antiguo Egipto, cuando el puerro formaba parte de la alimentación que tomaban los obreros de las pirámides. Además, el puerro es el emblema nacional de Gales. Tanto es así que en una batalla librada en el siglo XVII, los galeses portaban puerros en lo alto del casco como distintivo para no resultar muertos víctimas de la confusión. El día de San David, patrón de Gales, los hombres llevan trozos de puerro en el ojal en memoria de aquella victoria. Esta hortaliza puede hacerse al vapor, a la brasa, emplearse en sopas, pasteles y sofritos, o como ingrediente de ensaladas aliñadas.

PÁGINA SIGUIENTE: Hamburguesas de chirivía y pollo con puerro frito (izquierda); Tayín de ternera a la miel sobre papads

HAMBURGUESAS DE CHIVIRÍA Y POLLO CON PUERRO FRITO

Tiempo de preparación: 15 minutos
Tiempo total de cocción: 25 minutos
Para 24 unidades

☆☆

1 chirivía grande picada
500 g de espinacas
250 g de carne picada de pollo
4 cebolletas troceadas finas
1 yema de huevo
1/2 taza (50 g) de pan rallado
1 cucharada de zumo de limón
2 cucharaditas de tomillo fresco picado
2 cucharadas de polenta
1 puerro
1/4 taza (60 ml) de aceite de oliva claro
1/2 taza (125 g) de nata agria ligera
50 g de queso azul cremoso

1 Cueza la chirivía en una olla grande de agua hirviendo durante 10 minutos, o hasta que quede tierna. Déjela escurrir y redúzcala a un puré fino. Déjela enfriar y resérvela.
2 Recorte los tallos de las espinacas, aclárelas y hiérvalas durante 1 minuto. Escúrralas y aclárelas con agua corriente. Exprímalas con las manos para eliminar la mayor cantidad de líquido posible; píquelas finas.
3 En un cuenco, mezcle la chirivía, las espinacas, el pollo, la cebolleta, la yema de huevo, el pan rallado, el zumo de limón, el tomillo y sal y pimienta. Forme 24 hamburguesas, apretando bien para que no se deshagan. Espolvoréelas con polenta y sacuda el exceso.
4 Retire la parte verde y dura del puerro y corte la base. Córtelo a lo ancho en trozos de 6 cm, y después a lo largo en tiras finas. Caliente el aceite en una sartén grande a fuego medio-fuerte y fría el puerro hasta que se dore; déjelo escurrir sobre papel de cocina. Fría luego las hamburguesas por tandas 3 ó 4 minutos por cada lado, hasta que estén hechas y doradas. Escúrralas sobre papel de cocina.
5 Mientras tanto, mezcle la nata agria y el queso azul y salpimiéntelo todo. Cubra cada hamburguesa con 1 cucharadita de la mezcla de queso y puerro frito. Sírvalas de inmediato.
CON ANTELACIÓN: Puede preparar las hamburguesas un día antes y refrigerarlas tapadas hasta el momento de freírlas, o congelarlas hasta 2 meses. Fría el puerro poco antes de servir.

TAYÍN DE TERNERA A LA MIEL SOBRE PAPADS

Tiempo de preparación: 20 minutos
Tiempo total de cocción: 1 hora 10 minutos
Para 24 unidades

☆☆

2 cucharadas de aceite de oliva
1 pieza entera (de unos 650 g) de pierna de ternera cortada en dados pequeños
1 cebolla pequeña
2 dientes de ajo majados
1 rama de canela
2 cucharaditas de comino molido
1 cucharadita de semillas de cilantro machacadas
1/4 cucharadita de cardamomo molido
1 1/4 tazas (315 ml) de caldo de pollo
24 papads pequeños
3 dátiles deshuesados troceados finos
4 ciruelas deshuesadas picadas finas
3 cucharaditas de miel
1/2 taza (125 g) de yogur natural griego
hojas de cilantro fresco para decorar

1 Caliente 1 cucharada del aceite de oliva y dore la ternera en tandas a fuego fuerte. Pase la carne y los jugos de la cocción a un cuenco.
2 Caliente el resto del aceite en la misma sartén y sofría la cebolla y el ajo a fuego medio durante 5 minutos, removiendo hasta que la cebolla empiece a quedar blanda. Añada las especias y prosiga la cocción otro minuto, o hasta que desprendan olor. Devuelva la carne a la sartén, vierta el caldo y llévelo todo a ebullición. Reduzca el fuego y déjelo hervir tapado a fuego lento durante 30 minutos.
3 Destape la sartén y déjelo hervir todo otros 30 minutos, o hasta que el sofrito se espese y la ternera quede tierna. Mientras tanto, cueza los papads según las indicaciones del fabricante.
4 Añada a la sartén los dátiles, las ciruelas y la miel. Para presentar el plato, coloque a cucharaditas el tayín de ternera en el centro de los papads, cúbralo con 1 cucharadita de yogur y espolvoréelo con hojas de cilantro. Sirva los papads de inmediato.
CON ANTELACIÓN: Puede preparar el tayín de ternera un día antes y refrigerarlo; recaliéntelo justo antes de servir. Los papads pueden cocerse un día antes y guardarse en un recipiente hermético.

FRITTATA

La frittata es una versión italiana de la tortilla con algunas diferencias. Los ingredientes del relleno se mezclan con el huevo y éste se hace despacio hasta que cuaja. La frittata no se pliega. Se le puede dar la vuelta, pero por lo general se cuece por debajo y se gratina después la superficie.

FRITTATA DE VERDURAS CON HUMMUS Y ACEITUNAS NEGRAS

Tiempo de preparación: 30 minutos
Tiempo total de cocción: 35 minutos
Para 30 unidades

☆☆

Hummus

425 g de garbanzos en conserva escurridos
2 dientes de ajo majados
1/3 taza (80 ml) de zumo de limón
2 cucharadas de yogur natural

2 pimientos rojos grandes
600 g de boniato naranja
500 g de berenjena
3 cucharadas de aceite de oliva
2 puerros troceados finos
2 dientes de ajo majados
250 g de calabacín troceado fino
8 huevos poco batidos
2 cucharadas de albahaca fresca picada fina
125 g de parmesano rallado
60 g de aceitunas negras deshuesadas partidas

1 En un robot de cocina, haga puré los garbanzos, el ajo, el zumo, el yogur y la pimienta.
2 Cuartee los pimientos, despepítelos y áselos con la piel hacia arriba al grill hasta que ésta se ennegrezca. Déjelos enfriar dentro de una bolsa de plástico y pélelos.
3 Corte el boniato en rodajas gruesas de 1 cm. Hiérvalas hasta que estén tiernas y escúrralas.
4 Corte la berenjena en rodajas de 1 cm. Caliente 1 cucharada de aceite en una sartén honda de 23 cm de diámetro y sofría el puerro y el ajo a fuego medio 1 minuto, o hasta que esté todo tierno. Agregue el calabacín y saltéelo otros 2 minutos. Apártelo y resérvelo.
5 Caliente el aceite restante en la sartén y sofría la berenjena, por tandas, 1 minuto por cada lado o hasta que se dore. Cubra la base de la sartén con la mitad de la berenjena y distribuya el puerro encima. Tápelo con los pimientos, la berenjena restante y el boniato.
6 Rocíe las verduras con una mezcla de huevos, albahaca, parmesano y pimienta y rehóguelas a fuego lento 15 minutos hasta que se cuaje el huevo. Ponga la sartén al grill precalentado 2 ó 3 minutos, hasta que la frittata se dore por encima. Déjela enfriar 10 minutos antes de pasarla a una tabla de madera. Córtela en 30 cuadrados. Sírvala caliente o tibia, cubierta de hummus y aceitunas.

DERECHA: Frittata de verduras con hummus y aceitunas negras

MONTADITOS CON HUEVO, PESTO DE ENELDO Y JAMÓN

Tiempo de preparación: 20 minutos
Tiempo total de cocción: 25 minutos
Para 30 unidades

✯✯

- 8 lonchas finas de jamón
- 45 g de ramitas de eneldo fresco
- 75 g de piñones tostados
- 60 g de parmesano rallado fino
- 2 dientes de ajo majados
- 1/3 taza (80 ml) de aceite de oliva virgen
- 1 barra de pan cortada en rebanadas en diagonal
- 2 cucharaditas de mantequilla
- 7 huevos poco batidos
- 1/3 taza (80 ml) de leche
- 1 cucharada de nata agria ligera

1 Precaliente el horno a 200°C. Extienda el jamón en una bandeja de horno cubierta con papel parafinado. Hornéelo 5 minutos, o hasta que crepite y quede crujiente. Resérvelo.
2 Pique fino el eneldo, los piñones, el parmesano y el ajo en un robot de cocina. Con el motor en marcha, vierta el aceite en un hilo hasta ligar la mezcla. Sazónela.
3 Tueste el pan en el horno por ambos lados. Úntelo con el pesto de eneldo.
4 Caliente la mantequilla en una sartén antiadherente a fuego lento. Agregue los huevos con la leche. Cuando el huevo empiece a cuajar, rasque toda la base con una cuchara de madera para que se formen grandes grumos. Repita la operación varias veces a lo largo de 10 minutos, o hasta que la mezcla se cueza pero parezca cremosa. Retírela del fuego y añada la nata agria. Salpimiéntela.
5 Cubra las tostadas con el huevo y tiras finas de jamón. Sírvalas de inmediato.
CON ANTELACIÓN: Prepare el pesto 3 días antes y refrigere. Sirva a temperatura ambiente.

NATA AGRIA
La nata agria, empleada en numerosas preparaciones, se elaboraba en sus orígenes dejando reposar la nata a temperatura ambiente para que se agriara. Hoy en día, se obtiene añadiendo un cultivo ácido láctico a la nata, lo que le da ese toque ligeramente ácido. La nata agria se debe conservar en el frigorífico; deséchela si muestra signos de formación de moho.

ARRIBA: Montaditos con huevo, pesto de eneldo y jamón

EL MUNDO DE LOS DULCES

¿Qué mejor manera de agasajar a sus invitados que sirviéndoles un exquisito postre como colofón de un delicioso banquete? A nadie le amarga un dulce… ni dos. Para la mayoría de nosotros los dulces constituyen en el fondo uno de los grandes placeres de la vida. La sensación del chocolate fundiéndose en los labios, de la nata rebosando en una pasta, del sabor de las bayas frescas en el paladar no merece ser tomada a la ligera. Así que ponga un broche de oro a la velada con una fuente de dulces y verá cómo se les ilumina la cara a sus invitados. Los más golosos pueden olvidarse de los platos salados y organizar una fiesta sólo a base de dulces.

LÁGRIMAS DE MOUSSE DE CHOCOLATE CON CEREZAS

Justo antes de que se enfríe el chocolate, una los bordes cortos para darle forma de lágrima. Manténgalos presionados con los dedos.

Con un cuchillo afilado pequeño, recorte las lágrimas alrededor del borde externo y déjelas reposar hasta que acaben de cuajar.

ARRIBA: Lágrimas de mousse de chocolate con cerezas

LÁGRIMAS DE MOUSSE DE CHOCOLATE CON CEREZAS

Tiempo de preparación: 1 hora
Tiempo total de cocción: ninguno
Para unas 24 unidades

☆☆☆

papel de contacto satinado
200 g de chocolate negro en copos
3/4 taza (150 g) de cerezas sin hueso escurridas

Mousse de chocolate
60 g de chocolate negro para cocinar derretido
1 cucharada de nata
1 yema de huevo
1/2 cucharadita de gelatina
1/3 taza (80 ml) de nata, adicional
1 clara de huevo

1 Corte el papel en rectángulos de 4 x 11 cm. Forre una bandeja con papel parafinado.
2 Ponga el chocolate en copos en un cuenco refractario. Lleve a ebullición un cazo de agua y retírelo del fuego. Coloque el cuenco sobre el cazo, asegurándose de que no toque el agua. Remueva de vez en cuando hasta que el chocolate se haya derretido y quede homogéneo. Con una paleta o un cuchillo, extienda un poco de chocolate sobre uno de los rectángulos del papel de contacto. Antes de que el chocolate empiece a endurecerse, una los bordes cortos para moldearlo en forma de lágrima. Deje pegado el contacto o presione el chocolate con los dedos hasta que mantenga la forma y se quede de pie. Repita la operación con el resto del chocolate y los rectángulos. (El chocolate deberá volver a fundirse varias veces. Para ello, ponga de nuevo el cuenco sobre agua hirviendo.)
3 Ponga 1 1/2 cucharaditas del chocolate restante en la bandeja y extiéndalo en forma de óvalo de unos 5 cm de largo. Coloque una lágrima en el centro y presione hacia abajo con cuidado. Repita la operación con el resto de las lágrimas y deje enfriar casi por completo.
4 Con un cuchillo afilado o un escalpelo, recorte las lágrimas alrededor del borde externo. Deje que se enfríen antes de despegarlas del papel parafinado. Desprenda con cuidado el exceso de chocolate de las bases para que quede un filo limpio y retire con cuidado el contacto. Reserve las lágrimas. Cuartee las cerezas y déjelas escurrir sobre papel de cocina.
5 Para la mousse, mezcle el chocolate, la nata y la yema en un cuenco hasta ligar la mezcla. Disponga la gelatina en una capa uniforme sobre 2 cucharaditas de agua en un cuenco

refractario pequeño y déjela reposar hasta que quede esponjosa. Lleve a ebullición un cazo de agua, retírelo del fuego y ponga el cuenco en el cazo. El agua debería cubrir la mitad del cuenco. Remueva la gelatina hasta que se disuelva. Añádala a la mezcla de chocolate.
6 Trabaje con rapidez para evitar que la gelatina cuaje; bata a punto de nieve la clara y monte la nata adicional con una batidora eléctrica en un cuenco limpio y seco; mézclelas con el chocolate.
7 Deposite unos cuantos trozos de cereza en el interior de las lágrimas y cúbralos a rebosar con la mousse de chocolate. Refrigérelas hasta que cuajen.

TAZAS DE CHOCOLATE CON CARAMELO

Tiempo de preparación: 40 minutos
Tiempo total de cocción: 5–10 minutos
Para 24 unidades
☆☆☆

150 g de chocolate negro en copos
24 tazas pequeñas de pastelería
80 g de barra de Mars® picada
1/4 taza (60 ml) de nata
50 g de chocolate blanco en copos

1 Ponga el chocolate negro en un cuenco refractario pequeño. Lleve a ebullición un cazo de agua y retírelo del fuego. Coloque el cuenco sobre el cazo, asegurándose de que no toque el agua. Remueva de vez en cuando hasta que el chocolate se haya derretido y quede homogéneo.
2 Con un pincel nuevo, pinte las tazas de papel con una fina capa de chocolate y déjelas reposar volcadas sobre una rejilla hasta que se enfríen. (Devuelva el chocolate restante al cazo de agua hirviendo para usarlo más tarde.)
3 Mezcle la barra de Mars® y la nata en un cazo y remueva a fuego lento hasta que el chocolate se derrita y se ligue la mezcla. Pásela a un cuenco y déjela reposar hasta que empiece a endurecerse; repártala entonces en las tazas dejando 3 mm hasta llegar al borde.
4 Vierta el chocolate fundido reservado en las tazas y deje que se enfríe. Funda el chocolate blanco igual que el negro, páselo a una manga pastelera y decore con él las tazas. Retire el papel cuando el chocolate esté frío.
NOTA: Compruebe que el chocolate esté endurecido antes de cubrirlo con chocolate blanco.
CON ANTELACIÓN: Puede preparar las tazas hasta con 3 días de antelación.

ARRIBA: Tazas de chocolate con caramelo

ARRIBA: Tartaletas de piñones

TARTALETAS DE PIÑONES

Tiempo de preparación: 25 minutos
Tiempo total de cocción: 15 minutos
Para 24 unidades

✯✯

1/2 taza (60 g) de harina
60 g de mantequilla picada
40 g de piñones
20 g de mantequilla fundida
1/2 taza (175 g) de jarabe de caña
2 cucharadas de azúcar moreno

1 Precaliente el horno a 180°C. Engrase dos moldes para 12 tartaletas.
2 Tamice la harina en un cuenco y añada la mantequilla picada. Trabájela con los dedos mezclándola con la harina hasta ligar bien los ingredientes. Pase la mezcla a una superficie enharinada y amásela bien para unirla.
3 Extienda la masa sobre una superficie enharinada hasta que tenga un grosor de 3 mm. Córtela en discos con un cortapastas de 5 cm. Levántelos con cuidado con un cuchillo e introdúzcalos en los moldes. Esparza los piñones sobre una bandeja y hornéelos 2 ó 3 minutos, o hasta que queden dorados. Retírelos de la bandeja y déjelos enfriar; reparta los piñones entre las bases de masa.
4 Mezcle la mantequilla fundida, el jarabe y el azúcar en una jarra y remueva con un tenedor; vierta la mezcla sobre los piñones. Hornee las tartaletas durante 15 minutos, o hasta que se doren. Déjelas enfriar en las bandejas durante 5 minutos antes de volcarlas sobre una rejilla para que se enfríen del todo. Espolvoréelas con azúcar glas, si lo desea.
NOTA: Puede sustituir los piñones por nueces o pacanas picadas.
CON ANTELACIÓN: Prepare las tartaletas 8 horas antes y guárdelas en un recipiente hermético.

GULAB JAMUN

Tiempo de preparación: 20 minutos
Tiempo total de cocción: 25 minutos
Para 35 unidades

✯✯

1 taza (100 g) de leche en polvo
50 g de almendras blanqueadas molidas
150 g de harina
1 cucharadita de levadura en polvo
1/2 cucharadita de cardamomo molido
30 g de mantequilla picada
1/4 taza (60 g) de yogur natural
aceite para freír
1 taza (250 g) de azúcar
unas gotas de agua de rosas

1 Tamice los ingredientes secos en un cuenco y añada la mantequilla. Trabájela con los dedos mezclándola con la harina hasta obtener una mezcla similar a las migas de pan. Forme un hueco y vierta luego el yogur y 2 ó 3 cucharadas de agua. Mézclelo todo con un cuchillo hasta obtener una masa blanda (también puede utilizar un robot de cocina). Moldee la masa en bolas pequeñas del tamaño de huevos de codorniz; cúbralas con un paño húmedo y resérvelas.
2 Caliente abundante aceite en una sartén de fondo pesado a 180°C, o hasta que un dado de pan se dore en 15 segundos. Fría los

jamuns por tandas hasta que se doren. No los fría demasiado rápido o no se harán por dentro. Deberían hincharse un poco. Escúrralos en un colador dispuesto sobre un cuenco.
3 Ponga el azúcar y 1 1/2 tazas (375 ml) de agua en un cazo de fondo pesado hasta que el azúcar se haya disuelto. Llévelo a ebullición, reduzca el fuego y déjelo hervir 5 minutos. Agregue el agua de rosas. Pase los jamuns calientes a un cuenco y cúbralos con el jarabe para que se empapen bien; déjelos enfriar un poco. Escúrralos y sírvalos en un cuenco.

VARITAS DE BAKLAVA

Tiempo de preparación: 30 minutos
Tiempo total de cocción: 20 minutos
Para 24 unidades

☆☆

Relleno
90 g de nueces picadas finas
1 cucharada de azúcar moreno
1 cucharadita de canela molida
20 g de mantequilla fundida

8 láminas de pasta filo
50 g de mantequilla fundida

Jarabe
1 taza (250 g) de azúcar
2 cucharadas de miel
2 cucharaditas de agua de azahar (opcional)

1 Precaliente el horno a 210°C. Unte una bandeja con aceite o mantequilla fundida.
2 Para preparar el relleno, ponga las nueces, el azúcar, la canela y la mantequilla en un cuenco pequeño y remueva para mezclarlo todo.
3 Tome una lámina de pasta y tape el resto para evitar que se seque. Coloque la lámina sobre la superficie de trabajo, píntela con mantequilla fundida y dóblela por la mitad. Córtela en tres tiras y ponga una cucharadita colmada de relleno cerca del borde frontal de la pasta. Enróllela hacia dentro plegando los bordes. Deposite la pasta rellena sobre la bandeja y píntela con mantequilla fundida.
4 Repita la operación con la pasta restante. Horneéla 15 minutos, o hasta que se dore.
5 Para el jarabe, mezcle el azúcar, la miel y 1/2 taza (125 ml) de agua en un cazo. Remueva a fuego lento sin dejar que hierva, hasta que se disuelva el azúcar. Llévelo a ebullición, reduzca el fuego y déjelo hervir 5 minutos. Retírelo del fuego y añada el agua de azahar.
6 Pase las varitas a una rejilla colocada sobre una bandeja y cúbralas con el jarabe mientras las varitas y el jarabe estén aún calientes.
CON ANTELACIÓN: Guarde las varitas en un recipiente hermético un máximo de 2 días.

ARRIBA: Varitas de baklava

FRESAS AL CHOCOLATE

Limpie 250 g de fresas con un pincel de pasta seco para eliminar cualquier rastro de suciedad. Funda 150 g de chocolate negro en un cuenco refractario pequeño sobre un cuenco de agua hirviendo y moje la mitad inferior de las fresas en el chocolate. Deje que se enfríe sobre una bandeja forrada de papel. Una vez endurecido, funda 100 g de chocolate blanco en un cuenco pequeño, moje las puntas de las fresas en el chocolate y deje enfriar.

CHOCOLATE BLANCO
El chocolate blanco no es estrictamente chocolate ya que contiene licor de cacao. Se trata de una mezcla de mantequilla de cacao, azúcar, aromatizante de vainilla, sólidos lácteos y un estabilizante. Resulta más blando que el chocolate auténtico y no es tan fácil de manipular. Dado que presenta una composición química diferente, no resulta fácil sustituirlo por otros chocolates en las preparaciones culinarias.

PÁGINA SIGUIENTE: Trufas de chocolate (superior); Trufas con ron y pasas

TRUFAS DE CHOCOLATE

Tiempo de preparación: 40 minutos + refrigeración
Tiempo total de cocción: 5 minutos
Para unas 30 unidades

★★

- 3/4 taza (185 ml) de nata doble
- 400 g de chocolate negro rallado
- 70 g de mantequilla picada
- 2 cucharadas de Cointreau
- cacao negro en polvo para recubrir

1 Lleve la nata a ebullición. Retírela del fuego, agregue el chocolate y remueva hasta que se funda por completo. Incorpore la mantequilla y remueva hasta que se derrita. Añada el Cointreau. Pase la mezcla a un cuenco y refrigérela tapada durante varias horas o hasta que tenga la consistencia suficiente para poder moldearse.
2 Forme con rapidez bolas con cucharadas de la mezcla y refrigérelas hasta que se solidifiquen. Pase las bolas por el cacao, sacuda el exceso y vuelva a guardarlas en el frigorífico. Sírvalas a temperatura ambiente.
CON ANTELACIÓN: Prepare la mezcla de trufas y recúbrala de cacao hasta 2 semanas antes. Páselas por cacao de nuevo antes de servirlas.

TRUFAS CON RON Y PASAS

Tiempo de preparación: 30 minutos + remojo y refrigeración
Tiempo total de cocción: 5 minutos
Para unas 40 unidades

★★

- 60 g de pasas picadas finas
- 1/4 taza (60 ml) de ron negro
- 200 g de galletas de harina de trigo bañadas en chocolate machacadas
- 1/3 taza (60 g) de azúcar moreno
- 1 cucharadita de canela molida
- 50 g de pacanas picadas finas
- 1/4 taza (60 ml) de nata
- 250 g de chocolate negro picado
- 1/4 taza (90 g) de jarabe de caña
- 125 g de pacanas molidas finas

1 Macere las pasas en el ron en un pequeño cuenco durante 1 hora. Ponga las galletas, el azúcar, la canela y las pacanas en un cuenco grande y remueva hasta mezclarlo todo bien.
2 Caliente la nata, el chocolate y el jarabe de caña en un cazo, removiendo a fuego lento hasta que se derritan. Vierta el preparado sobre la mezcla de galleta, añada las pasas y la mezcla de ron y remueva hasta que quede todo bien mezclado. Refrigere la mezcla hasta que se solidifique lo suficiente como para poder moldearla en forma de bolas.
3 Forme bolas con cucharadas de la mezcla, páselas por las pacanas molidas y refrigérelas hasta que se solidifiquen.
CON ANTELACIÓN: Puede preparar las trufas con 2 semanas de antelación.

TRUFAS BLANCAS

Tiempo de preparación: 25 minutos
Tiempo total de cocción: ninguno
Para unas 25 unidades

★

- 2 tazas (250 g) de pastel de Madeira desmenuzado
- 2 cucharadas de corteza de naranja o albaricoque confitados
- 1 cucharada de mermelada de albaricoques
- 2 cucharadas de nata
- 100 g de chocolate blanco fundido

Cobertura de chocolate

- 150 g de chocolate blanco picado
- 20 g de grasa vegetal blanca picada

1 Forre una bandeja de horno con papel de aluminio. En un cuenco, mezcle el pastel con la fruta picada, la mermelada, la nata y el chocolate. Remueva hasta ligar la mezcla y forme bolas con 2 cucharaditas por bola.
2 Para la cobertura de chocolate, mezcle el chocolate y la grasa vegetal en un cuenco refractario. Lleve a ebullición una olla llena de agua, retírela del fuego y ponga el cuenco encima sin que llegue a tocar el agua. Remueva de vez en cuando hasta que el chocolate y la grasa se derritan. Bañe las bolas en chocolate, elimine el exceso en el borde del cuenco y déjelas en una bandeja hasta que el chocolate se enfríe. Decórelas con pan de oro, si lo desea.
NOTA: Para decorar, puede comprar pan de oro comestible en tiendas de arte especializadas o de adornos de repostería.
CON ANTELACIÓN: Puede preparar estas trufas hasta con 2 semanas de antelación.

AZÚCAR EXTRAFINO
El azúcar extrafino, empleado por lo general en el horneado de pasteles, merengues y galletas, es simplemente azúcar blanco molido fino. El azúcar extrafino permite una fácil disolución y resulta apropiado asimismo para la elaboración de cremas y salsas.

ARRIBA: Amaretti

AMARETTI

Tiempo de preparación: 15 minutos + reposo
Tiempo total de cocción: 20 minutos
Para 40 unidades

☆

1 cucharada de harina
1 cucharada de fécula de maíz
1 cucharadita de canela molida
2/3 taza (160 g) de azúcar extrafino
1 cucharadita de ralladura de limón
1 taza (185 g) de almendras molidas
2 claras de huevo
1/4 taza (30 g) de azúcar glas

1 Forre dos bandejas de horno con papel parafinado. Tamice la harina, la fécula, la canela y la mitad del azúcar extrafino en un cuenco; añada la ralladura y las almendras molidas.
2 Monte las claras de huevo a punto de nieve con una batidora eléctrica en un cuenco pequeño y seco. Añada el azúcar extrafino restante poco a poco, batiendo constantemente hasta que la mezcla quede a punto de nieve, espesa y brillante, y todo el azúcar se haya disuelto. Con una cuchara metálica, añada la clara de huevo a los ingredientes secos. Remueva hasta ligar la mezcla y formar una masa blanda.
3 Con las manos engrasadas o húmedas, haga bolas tomando 2 cucharaditas colmadas de la mezcla. Dispóngalas en la bandeja preparada, dejando espacio entre ellas para que aumenten de volumen. Deje reposar la bandeja sin tapar durante 1 hora antes de hornear.
4 Precaliente el horno a 180°C. Tamice el azúcar glas sobre las galletas. Hornéelas de 15 a 20 minutos, o hasta que queden crujientes y un poco doradas. Déjelas enfriar sobre una rejilla.
CON ANTELACIÓN: Las galletas se conservan en un recipiente hermético hasta 2 días.
NOTA: Puede sustituir la ralladura de limón por naranja. Estas galletas tienen una textura correosa y resultan ideales servidas con café.

HIGOS RELLENOS

Tiempo de preparación: 20 minutos
Tiempo total de cocción: 5 minutos
Para 30 unidades

☆

100 g de almendras blanqueadas
30 higos secos blandos
2/3 taza (125 g) de mezcla de peladuras de fruta
200 g de mazapán picado

1 Precaliente el horno a 180°C. Hornee las almendras en una bandeja de horno 5 minutos, o hasta que empiecen a dorarse. Déjelas enfriar.
2 Retire los rabitos duros de los higos. Corte una cruz desde la parte superior hacia la base hasta la mitad y ábralos en forma de pétalos.
3 Pique las peladuras y las almendras en un robot de cocina hasta obtener una mezcla fina. Añada el mazapán y accione el robot varias veces en espacios cortos hasta obtener una pasta fina y similar a las migas de pan.
4 Amase con las manos 2 cucharaditas del relleno de mazapán para formar una bola. Introduzca una bola en cada higo y ciérrelo a su alrededor dándole la forma original. Sirva los higos a temperatura ambiente.
CON ANTELACIÓN: Guarde los higos rellenos en una capa en un recipiente tapado en el frigorífico hasta un máximo de 2 días. Déjelos reposar a temperatura ambiente antes de servir.
NOTA: Como variante, puede bañar las bases de los higos con chocolate fundido.

PANFORTE

Tiempo de preparación: 15 minutos
Tiempo total de cocción: 40 minutos
Para unas 32 unidades

☆☆

115 g de almendras blanqueadas y tostadas
70 g de avellanas tostadas
60 g de nueces
90 g de pasas
180 g de albaricoques confitados, en 8 trozos
45 g de mezcla de peladuras de fruta
2/3 taza (85 g) de harina
2 cucharadas de cacao en polvo
1 cucharadita de canela molida
50 g de chocolate negro picado
1/3 taza (90 g) de azúcar extrafino
1/3 taza (115 g) de miel

1 Precaliente el horno a 160°C. Engrase ligeramente un molde redondo llano de 20 cm de diámetro y cubra la base con papel parafinado antiadherente. Mezcle las almendras, las avellanas, las nueces, las pasas, los albaricoques y las peladuras en un cuenco grande. Agregue la harina tamizada y el cacao a la mezcla de frutas y remueva bien.
2 Caliente el chocolate, el azúcar y la miel en un cazo, removiendo a fuego lento hasta que se derrita todo. Forme un hueco en el centro de los ingredientes secos y vierta la mezcla fundida. Remueva hasta que quede todo bien mezclado. Deberá trabajar la mezcla a mano tras removerla primero con una cuchara, ya que quedará muy dura.
3 Distribuya la mezcla por el molde. Mójese las manos para evitar que se le pegue la mezcla. Alise la superficie con el dorso de una cuchara. Hornee el panforte unos 35 minutos, o hasta que quede firme al tocar en el centro. Déjelo enfriar por completo en el molde.
4 Una vez frío, desmoldéelo, espolvoréelo con azúcar glas y córtelo en porciones.

ARRIBA: Higos rellenos

MINIPARÍS-BREST

Tiempo de preparación: 30 minutos
Tiempo total de cocción: 35 minutos
Para 15 unidades

✰✰✰

1/2 taza (60 g) de harina
60 g de mantequilla picada
2 huevos poco batidos

Relleno de crema

1 1/4 tazas (315 ml) de leche
3 yemas de huevo
2 cucharadas de azúcar extrafino
1 cucharada de harina
1 cucharada de preparado para natillas en polvo
unas gotas de esencia de almendra al gusto

Caramelo

1 taza (250 g) de azúcar extrafino
2/3 taza (60 g) de almendras tostadas fileteadas

1 Para preparar la pasta de lionesas, tamice la harina sobre una lámina de papel parafinado. Ponga la mantequilla en un cazo con 1/2 taza (125 ml) de agua, remueva a fuego lento hasta que se derrita y llévelo a ebullición. Retire el cazo del fuego, añada la harina de golpe y bata con rapidez para disolverla en el agua con una cuchara de madera. Devuelva el cazo al fuego y continúe batiendo hasta que la mezcla forme una bola y se separe de las paredes del cazo. Pásela a un cuenco grande y limpio y déjela enfriar un poco. Bátala con la batidora eléctrica para que desprenda más calor. Añada poco a poco el huevo batido (unas 3 cucharaditas cada vez). Bata bien después de cada adición hasta haber incorporado todo el huevo y obtener una mezcla homogénea y satinada.
2 Precaliente el horno a 190°C. Forre 3 bandejas con papel parafinado. Rellene una manga pastelera con una boquilla estrellada de 5 mm con la pasta de lionesas y forme discos de 3 cm sobre el papel. Hornee las lionesas 10 minutos; baje la temperatura a 180°C y hornéelas de 15 a 20 minutos más, o hasta que se doren y se hinchen. Pinche los lados para que salga el vapor y déjelas enfriar en una rejilla.
3 Para el relleno, caliente 1 taza (250 ml) de leche hasta que hierva. En un cuenco, mezcle la leche restante, las yemas, el azúcar, la harina y el preparado para natillas y vierta luego la leche caliente, removiendo con energía hasta ligar la mezcla. Devuélvala al cazo limpio y remueva a fuego medio hasta que hierva y espese. Agregue la esencia de almendra. Pase la mezcla a un cuenco y déjela enfriar tapada.
3 Para preparar el caramelo, mezcle el azúcar y 1/2 taza (125 ml) de agua en un cazo, removiendo a fuego lento hasta que el azúcar se disuelva. Llévelo a ebullición y dele un hervor rápido sin remover unos 10 minutos, o hasta que adquiera un tono dorado. Disponga el cazo de inmediato sobre otro de agua caliente para evitar que el caramelo se solidifique.
4 Acto seguido, bañe la parte superior de las lionesas con el caramelo, decórelas con unas cuantas almendras en láminas tostadas y deje que se enfríen sobre una rejilla. Corte las lionesas por la mitad, rellénelas con la crema y cúbralas con las tapaderas bañadas en caramelo.

PETITS PITHIVIERS

Tiempo de preparación: 40 minutos + refrigeración
Tiempo total de cocción: 15 minutos
Para 26 unidades

✰✰✰

Relleno de almendras

45 g de mantequilla
1/3 taza (40 g) de azúcar glas
1 yema de huevo
70 g de almendras molidas
1 cucharadita de ralladura de naranja
unas gotas de esencia de almendra

3 láminas de masa de hojaldre
1 huevo poco batido

1 Para preparar el relleno, bata la mantequilla y el azúcar glas con la batidora eléctrica hasta obtener una mezcla clara y cremosa. Añada la yema de huevo y bátalo todo bien. Incorpore las almendras molidas, la ralladura y la esencia.
2 Precaliente el horno a 210°C y engrase dos bandejas de horno. Extienda la masa de hojaldre en la superficie de trabajo y córtela en discos de 5 cm con un cortapastas. Reparta el relleno de almendras entre los discos, usando 1 1/2 cucharaditas para cada uno. Deje un borde de 5 mm y píntelo con huevo.
3 Coloque los discos restantes sobre el relleno y presione para sellar los bordes. Refrigérelos 30 minutos. Con un cuchillo, levante los bordes a intervalos. Trace líneas sobre la superficie de las pastas y píntelas con huevo batido. Hornéelas 10 minutos, o hasta que se doren.

PARÍS-BREST
Esta típica pasta francesa se asocia por su aspecto a una rueda de bicicleta y su nombre se tomó de una carrera de ciclismo que se celebraba a finales del siglo XIX entre las dos ciudades de París y Brest.

PÁGINA ANTERIOR: Miniparís-Brest (superior); Petits pithiviers

DULCES EN MINIATURA

¿Hay algo mejor que una gran tarta de queso? Sí, una fuente llena de tartitas de queso, pues así uno puede acercarse a ella y comerse cuantas quiera sin que se note.

TARTITAS DE QUESO CON LICOR DE CHOCOLATE

Engrase cuatro moldes hondos para 12 tartaletas y cubra las bases con una fina tira de papel parafinado, desplegando los lados hacia arriba. Machaque 250 g de galletas, mézclelas con 125 g de mantequilla fundida y rellene cada base con 1 cucharadita colmada de la mezcla. Refrigere los moldes. Disuelva 3 cucharaditas de gelatina en 1/4 taza (60 ml) de agua hirviendo. Bata 250 g de queso cremoso con 1/3 taza (90 g) de azúcar extrafino, 150 g de chocolate fundido, 2 cucharaditas de ralladura de naranja y 3 cucharadas de Tia Maria y bata bien hasta ligar la mezcla. Vierta la gelatina sobre las bases y refrigerelas 2 horas, o hasta que cuaje. Bata 300 ml de nata, cubra con ella las tartas y decórelas con virutas de chocolate. Para 48 unidades.

TARTITAS DE QUESO AL HORNO

Precaliente el horno a 160°C. Engrase tres moldes hondos para 12 tartaletas y cubra las bases con papel parafinado, con los lados hacia arriba. Machaque 250 g de galletas, agregue 125 g de mantequilla fundida y rellene cada base con 1 cucharadita colmada de la mezcla. Bata 250 g de queso cremoso, 1/2 taza (125 g) de nata agria y 1/2 taza (125 g) de azúcar extrafino, hasta ligar la mezcla. Añada 2 yemas, 1 cucharada de zumo de limón y 2 de harina. Monte 2 claras a punto de nieve y mézclelas con la masa de queso. Rellene las bases y hornéelas de 15 a 20 minutos. Déjelas enfriar. Para 36 unidades.

TARTALETAS DE CREMA Y FRUTA

Precaliente el horno a 180°C. Engrase tres moldes llanos para 12 tartaletas. Corte 4 láminas de pasta quebrada dulce en discos de 7 cm. Introdúzcalos en los moldes y pinche las bases. Hornéelos de 12 a 15 minutos, o hasta que se doren. Déjelos enfriar. Ponga a hervir a fuego lento 1 1/4 tazas (315 ml) de leche con una vaina de vainilla partida en dos. Retírela del fuego y déjela enfriar un poco. En un cuenco refractario, bata 2 yemas y 2 cucharadas de azúcar hasta obtener una mezcla espesa y clara. Añada 3 cucharadas de harina y luego poco a poco la leche con vainilla. Devuelva la crema a un cazo limpio y caliéntela despacio, removiendo de 5 a 10 minutos, o hasta que hierva y se espese. Déjela enfriar, rellene las bases y decórelas con fruta troceada. Píntelas con mermelada de albaricoques tamizada caliente. Para 36 unidades.

TARTALETAS DE MERENGUE A LA LIMA

Precaliente el horno a 180°C. Engrase tres moldes llanos para 12 tartaletas. Corte 4 láminas de pasta quebrada dulce en discos de 7 cm. Introdúzcalos en los moldes y pínchelos. Hornéelos de 12 a 15 minutos, o hasta que se doren, y déjelos enfriar. Ponga 1/2 taza (125 g) de azúcar extrafino, 1/4 taza (30 g) de fécula de maíz, 2 cucharaditas de corteza de lima, 1/3 taza (80 ml) de zumo de lima y 3/4 taza (185 ml) de agua en una olla grande a fuego medio, removiendo hasta que la crema hierva y espese. Retírela del fuego y añada 30 g de mantequilla. Añada poco a poco 2 yemas. Rellene las bases. Monte 3 claras a punto de nieve, añada poco a poco 1/2 taza (125 g) de azúcar y bata bien hasta que éste se disuelva y quede brillante. Vierta 1 cucharada sobre cada tartaleta. Hornéelas 4 ó 5 minutos, o hasta que se doren. Para 36 unidades.

STRUDELS DE MELOCOTÓN Y ALMENDRAS

Precaliente el horno a 180°C. Engrase dos moldes hondos para empanadas. Mezcle 425 g de melocotón en almíbar, 60 g de almendras fileteadas, 60 g de sultanas y 1 cucharada de azúcar moreno. Pinte una lámina de pasta filo con mantequilla fundida, y cúbrala con otra lámina. Córtela en cuatro y cada trozo en cuatro más. Repita la operación con otras 4 láminas de pasta filo. Ponga 4 cuadrados en cada base y hornéelos 10 minutos. Rellene las bases de pasta con 1 cucharada de la mezcla, espolvoréelas con canela y hornéelas de 5 a 10 minutos, hasta que la pasta se dore. Para 24 unidades.

***DE IZQUIERDA A DERECHA:** Tartitas de queso con licor de chocolate; Tartitas de queso al horno; Tartaletas de crema y fruta; Tartaletas de merengue a la lima; Strudels de melocotón y almendras*

TARTA SACHER
La tarta Sacher original era un denso pastel de chocolate de dos capas separadas por mermelada de albaricoque y cubierta con chocolate cremoso. Creadapor Franz Sacher, jefe pastelero del estadista austriaco Metternich durante el Congreso de Viena (1814–1815), esta tarta se convertiría posteriormente y durante mucho tiempo en objeto de disputa entre algunos de los descendientes de Sacher y la famosa pastelería Demel de Viena, que debatían acerca de si la forma original tenía dos capas o constaba simplemente de un pastel helado con mermelada.

ABAJO: Cuadrados de Sacher

CUADRADOS DE SACHER

Tiempo de preparación: 1 hora
Tiempo total de cocción: 40 minutos
Para 24 unidades

★★★

Base

1 taza (125 g) de harina
60 g de mantequilla picada
1/4 taza (60 g) de azúcar
2 yemas de huevo poco batidas

Pastel

1 taza (125 g) de harina
1/3 taza (40 g) de cacao en polvo
1 taza (250 g) de azúcar extrafino
100 g de mantequilla
2 cucharadas de mermelada de albaricoque
4 huevos, yema y clara por separado
1 taza (315 g) de mermelada de albaricoque, adicional

Cobertura

250 g de chocolate negro
3/4 taza (185 ml) de nata

1 Precaliente el horno a 180°C. Para la base, tamice la harina en un cuenco y añada la mantequilla. Trabájelas hasta obtener una mezcla similar a las migas de pan. Agregue el azúcar y forme un hueco en el centro. Incorpore las yemas y 1 1/2 cucharaditas de agua fría y remueva con un cuchillo hasta formar una masa firme; añada agua si es preciso. Una con cuidado la masa y pásela a una superficie enharinada. Extiéndala hasta formar un rectángulo de 18 x 28 cm. Hornéela en una bandeja con papel parafinado 10 minutos, o hasta que se dore. Déjela enfriar.
2 Para el pastel, deje el horno a 180°C. Engrase un molde de 18 x 28 cm y forre el fondo y los lados con papel parafinado, extendiéndolo por ambos lados. Tamice la harina y el cacao en un cuenco grande y forme un hueco en el centro. Caliente el azúcar, la mantequilla y la mermelada en un cazo, removiendo a fuego lento hasta que la mantequilla se haya derretido y el azúcar se haya disuelto. Retírelo del fuego. Añada la mezcla de mantequilla a los ingredientes secos y remueva bien hasta mezclarlo todo. Agregue las yemas de huevo.
3 Monte las claras a punto de nieve con una batidora eléctrica en un cuenco limpio y seco. Con una cuchara metálica, mezcle las claras

NUECES
En cocina se emplean diversas variedades de nueces desde hace miles de años. La más común se introdujo en Europa con toda probabilidad procedente de Persia. Otras variedades son originarias de Asia, América y Europa, si bien hoy en día se cultivan nueces en otros países. Estos frutos secos se pueden conservar pelados en el frigorífico o en el congelador.

con la masa del pastel. Vierta la mezcla en el molde preparado y hornéela 30 minutos o hasta que una brocheta salga limpia al pincharla en el centro del pastel. Déjelo reposar en el molde durante 15 minutos antes de volcarlo sobre una rejilla para que se enfríe.
4 Caliente la mermelada adicional en un microondas o en un cazo y pásela por un tamiz fino. Unte la base de masa con 3 cucharadas de la mermelada y coloque encima el pastel. Recorte los lados uniformemente y deseche los bordes duros del pastel y la base. Con un cuchillo de sierra, córtelo en 24 cuadrados.
5 Unte toda la superficie del pastel con mermelada de albaricoque. Ponga los cuadrados en una rejilla grande sobre un trozo de papel parafinado, dejando unos 4 cm entre ellos.
6 Para elaborar la cobertura, rompa el chocolate en trocitos y póngalos en un cuenco pequeño. Lleve a ebullición la nata en un cazo, retírela del fuego y viértala sobre el chocolate. Déjelo reposar 5 minutos y remueva hasta ligar la mezcla. Déjela enfriar un poco. Reparta la cobertura sobre los cuadrados y extiéndala con un cuchillo. Pase el exceso de cobertura a una manga pastelera pequeña. Selle el extremo abierto, recorte la punta y dibuje una 'S' en cada cuadrado.
CON ANTELACIÓN: Guarde el pastel hasta 5 días en un recipiente hermético.

BOMBONES DE NUEZ

Tiempo de preparación: 30 minutos + refrigeración
Tiempo total de cocción: 2 ó 3 minutos
Para 30 unidades

☆

100 g de nueces troceadas
1/2 taza (60 g) de azúcar glas
2 cucharaditas de clara de huevo
200 g de chocolate negro
30 mitades de nuez

1 Pique los trozos de nueces en un robot de cocina. Tamice el azúcar glas y píquelo junto con las nueces y la clara hasta que se forme una pasta húmeda. Refrigérela tapada 20 minutos.
2 Forme bolas tomando cucharaditas de la pasta de nueces y aplánelas ligeramente. Ponga el chocolate en un cuenco refractario. Lleve a ebullición una olla de agua y retírela del fuego. Coloque el cuenco sobre la olla, sin que llegue a tocar el agua. Remueva de vez en cuando hasta que el chocolate se derrita.
3 Moje los discos de nueces en el chocolate y páselos a un trozo de papel encerado o de aluminio. Deposite las mitades de nuez en la superficie de los discos y déjelos enfriar.
CON ANTELACIÓN: Prepárelos 4 días antes.

ARRIBA: Bombones de nuez

ARRIBA: Espirales dulces

ESPIRALES DULCES

Tiempo de preparación: 40 minutos
Tiempo total de cocción: 10 minutos
Para 45 unidades

✯✯

1 huevo
1 1/2 cucharadas de azúcar
1/2 taza (125 ml) de leche
2 tazas (250 g) de harina
aceite para freír
1 3/4 tazas (215 g) de azúcar glas

1 Bata el huevo con el azúcar en un cuenco y añada luego la leche. Tamice la harina con 1/2 cucharadita de sal y añádala a la mezcla, removiendo hasta obtener una masa consistente; agregue más leche si es preciso. Pase la masa a una superficie enharinada y córtela en tiras de unos 10 cm de largo y 3 cm de ancho. Practique un corte longitudinal a lo largo de las tiras, a modo de ojal. Pase un extremo por la ranura y estírelo para darle forma de espiral.

2 Caliente abundante aceite en una sartén honda de fondo pesado a 180°C, o hasta que un dado de pan se dore en 15 segundos. Fría 3 ó 4 espirales por tanda, hasta que se doren por ambos lados. Escúrralas sobre papel de cocina. Tamice el azúcar glas sobre las espirales una vez fritas pero antes de que se enfríen.
CON ANTELACIÓN: Las espirales se conservan hasta 2 semanas en un recipiente hermético.

MINIFLORENTINAS

Tiempo de preparación: 20 minutos
Tiempo total de cocción: unos 50 minutos
Para unas 50 unidades

✯✯

90 g de mantequilla
1/2 taza (125 g) de azúcar extrafino
1 cucharada de miel
45 g de almendras fileteadas picadas
55 g de orejones picados finos
2 cucharadas de guindas picadas
45 g de mezcla de peladuras
1/2 taza (60 g) de harina
150 g de chocolate negro

1 Precaliente el horno a 180°C. Forre dos bandejas de horno con papel parafinado antiadherente. Funda la mantequilla, el azúcar y la miel en un cazo. Retírelo del fuego y añada las almendras, los orejones, las guindas, las peladuras y la harina. Remuévalo todo para mezclarlo (la mezcla debería quedar untuosa).
2 Forme bolas con cucharaditas de la mezcla y dispóngalas sobre las bandejas preparadas, dejando bastante espacio entre ellas para que aumenten de volumen. Moldéelas ligeramente con los dedos para formar discos de 3 cm.
3 Hornéelas de 8 a 10 minutos, o hasta que se doren. Déjelas enfriar sobre las bandejas hasta que tomen un poco de consistencia. Despréndalas luego con cuidado mediante una espátula para dejarlas enfriar sobre una rejilla. Repita la operación con el resto de la mezcla.
4 Lleve a ebullición una olla de agua y retírela del fuego. Coloque encima un cuenco refractario con el chocolate, sin que llegue a tocar el agua. Remueva de vez en cuando hasta que se derrita el chocolate. Distribúyalo en una capa fina sobre el dorso de las florentinas. Deje que se enfríen con el chocolate hacia arriba. Una vez frías, guárdelas en un recipiente hermético hasta 2 semanas.

PETITS FOURS

Tiempo de preparación: 45 minutos
Tiempo total de cocción: 20 minutos
Para 32 unidades

☆☆

2 huevos
1/4 taza (60 g) de azúcar extrafino
2/3 taza (85 g) de harina
30 g de mantequilla fundida

Cobertura
1 taza (315 g) de mermelada de albaricoque, caliente y escurrida
2 cucharaditas de licor
200 g de mazapán
400 g de glaseado blando preparado picado

1 Precaliente el horno a 180°C. Unte dos moldes rectangulares de 26 x 8 x 4,5 cm con mantequilla fundida o aceite. Forre el fondo y las paredes con papel parafinado.
2 Con una batidora eléctrica, bata los huevos y el azúcar en un cuenco 5 minutos, hasta obtener una mezcla espesa y clara. Incorpore la harina tamizada y la mantequilla fundida con rapidez y agilidad empleando una cuchara de metal. Reparta la mezcla en los moldes y hornéela 15 minutos, hasta que se dore y quede elástica al tacto. Resérvela en los moldes 3 minutos antes de dejarla enfriar en una rejilla.
3 Con un cortapastas redondo de 3 cm, corte los pasteles con formas diversas. Unte la superficie con la mermelada mezclada con el licor. Extienda el mazapán hasta que tenga un grosor de 2 mm y córtelo en discos y tiras para cubrir la superficie de los pasteles.
4 Ponga el glaseado y 2 cucharadas de agua en un cuenco refractario sobre una olla de agua hirviendo. Remueva hasta que se haya derretido; déjelo enfriar un poco.
5 Deposite los pasteles con mazapán en una rejilla sobre una bandeja. Reparta el glaseado sobre los pasteles y extiéndalo con un cuchillo por toda la superficie. Recaliente el glaseado si empieza a espesar. Cuando los pasteles se enfríen, despéguelos de la rejilla para ponerlos en los envoltorios. Decórelos con flores de fondant de colores, si lo desea.
NOTA: Las flores de fondant se pueden comprar en supermercados y tiendas especializadas.
CON ANTELACIÓN: Los petits fours se conservan hasta 2 días sin apilarlos en un recipiente hermético en un lugar oscuro y fresco.

MANZANAS AL CARAMELO

Pele 2 manzanas grandes y obtenga bolas con un vaciador, o córtelas en dados. Pinche las bolas o los dados con un palillo. Esparza 200 g de azúcar en una capa fina en el fondo de un cazo y derrítalo a fuego lento, agitando la olla con suavidad para repartir el azúcar mientras se derrite. No deje de moverlo para que no cambie de color por un lado antes de que se haya derretido por el otro. Cuando se empiece a oscurecer siga dando vueltas para que tome un color uniforme. Retírelo del fuego y detenga la cocción sumergiendo el fondo en agua fría. Recaliente el caramelo hasta que quede semilíquido. Bañe los trozos de fruta en el caramelo y déjelos secar de pie sobre un trozo de papel parafinado. Recaliente el caramelo si es preciso.

PETITS FOURS
Un petit four es una pequeña y delicada galleta, pastel o dulce, que suele presentarse decorada o helada. Por lo general, se sirve al final de la comida. El significado literal en francés del término *petit four* es "horno pequeño" y probablemente hace referencia al hecho de que las pequeñas piezas dulces se cocían antiguamente con el horno a temperatura suave.

ARRIBA: Petits fours

TARTALETAS DE HUEVO

Coloque la masa interna en el centro de la masa externa y doble los extremos hacia dentro para envolverla.

Cuando se enfríe un poco, pase un cuchillo por debajo de las paredes de las tartaletas para despegarlas y depositelas sobre una rejilla.

TARTALETAS DE HUEVO

Tiempo de preparación: 10 minutos + reposo
Tiempo total de cocción: 20 minutos
Para 18 unidades

☆☆☆

Masa externa

1 1/3 tazas (165 g) de harina
2 cucharadas de azúcar glas
2 cucharadas de aceite

Masa interna

1 taza (125 g) de harina
100 g de manteca de cerdo picada

Crema

1/4 taza (60 g) de azúcar extrafino
2 huevos poco batidos

1 Precaliente el horno a 210°C. Engrase 18 huecos de moldes llanos para 12 tartaletas.
2 Para la masa externa, tamice la harina y el azúcar en un cuenco. Forme un hueco y agregue el aceite y 1/3 taza (80 ml) de agua. Remueva con rapidez y trabaje la mezcla hasta obtener una masa blanda. (Añada agua si es preciso.) Déjela reposar tapada 15 minutos.
3 Para la masa interna, tamice la harina en un cuenco y trabájela con la manteca hasta obtener una mezcla similar a las migas de pan. Amásela hasta que adquiera la textura de la pasta quebrada. Déjela reposar tapada 15 minutos.
4 En una superficie enharinada, extienda la masa externa hasta formar un rectángulo de 20 x 10 cm. Extienda la masa interna sobre una superficie enharinada hasta obtener un rectángulo de un tercio del tamaño del otro. Coloque la masa interna en el centro de la externa, pliegue los bordes hacia dentro para envolverla por completo y selle los extremos.
5 Extienda la masa sobre una superficie enharinada en un rectángulo largo, la mitad de grueso que antes. Doble el extremo de la izquierda hacia el centro y luego el de la derecha. Envuelva la masa en film transparente y déjela reposar en un lugar fresco 30 minutos.
6 Para la crema, lleve a ebullición el azúcar y 1/3 taza (80 ml) de agua en un cazo. Reduzca el fuego y déjelo hervir, tapado, hasta que el azúcar se disuelva. Déjelo enfriar 5 minutos, agregue después los huevos y remueva bien. Pase la mezcla a una jarra.
7 Gire la masa de modo que el pliegue quede a la izquierda. Extiéndala sobre una superficie enharinada hasta obtener un rectángulo de

DERECHA: Tartaletas de huevo

unos 3 mm. Córtela en discos de 7 cm con un cortapastas acanalado y páselos a los moldes.
8 Rellene dos tercios de las bases con la crema y hornéelas de 15 a 18 minutos. No las cueza en exceso; el relleno debería quedar cuajado. Déjelas reposar 3 minutos; pase un cuchillo por debajo de las paredes para pasarlas a una rejilla. Sírvalas calientes o frías.
NOTA: Utilice 3 láminas de pasta quebrada.
CON ANTELACIÓN: Hornee las tartaletas 2 días antes y guárdelas en un recipiente hermético.

ROMBOS DE ARROZ TAILANDÉS

Tiempo de preparación: 15 minutos + toda la noche en remojo
Tiempo total de cocción: 1 hora
Para 25–30 unidades

☆☆

2 1/2 tazas (500 g) de arroz glutinoso
2 1/2 tazas (600 ml) de leche de coco
1/2 taza (125 g) de azúcar extrafino

Cobertura
1 taza (90 g) de coco desecado
1/4 taza (60 ml) de leche de coco caliente
90 g de azúcar de palma rallado

1 Deje en remojo el arroz en un cuenco grande de cristal con agua 8 horas o toda la noche; escúrralo. Forre un molde llano de 30 x 20 cm con papel parafinado, superponiendo los dos extremos largos. Cubra una vaporera de bambú grande con papel parafinado.
2 Esparza el arroz sobre la base de la vaporera, tápela y apóyela sobre un wok. Llénelo de agua hirviendo hasta la mitad y cueza el arroz de 45 a 50 minutos, o hasta que los granos se ablanden. Añada más agua si es preciso.
3 Ponga el arroz, la leche y el azúcar en una olla de fondo pesado y remueva a fuego lento 10 minutos, o hasta que se evapore la leche. Pase el arroz al molde y alise la superficie. Déjelo reposar hasta que quede frío y consistente.
4 Para la cobertura, mezcle el coco y la leche en un cuenco. Caliente el azúcar y 3 cucharadas de agua en un cazo, removiendo a fuego lento 3 minutos, o hasta que el azúcar se haya disuelto y el jarabe se espese un poco. Añada el coco y siga removiendo hasta que la mezcla tome cuerpo. Déjela enfriar tapada. Extienda la cobertura sobre la base de arroz. Sírvalo cortado en rombos a temperatura ambiente.
NOTA: Se recomienda consumir este dulce el mismo día. Al refrigerarlo se endurece y pierde sabor. El arroz glutinoso y el azúcar de palma se venden en tiendas de comida asiática. Puede machacar el azúcar de palma con un rodillo.

ARROZ GLUTINOSO
Este nombre resulta un tanto inapropiado, ya que ningún tipo de arroz contiene gluten. La cualidad que permite que los granos queden pegados se debe a su gran contenido en un tipo concreto de almidón. Esta clase de arroz se usa principalmente en la preparación de dulces, si bien en ciertos lugares de Laos, Camboya y Vietnam constituye el ingrediente básico de todos los platos. La mayoría de los arroces glutinosos son de grano corto.

ARRIBA: Rombos de arroz tailandés

BOLAS DE SORBETE

Obtenga bolas de sorbete, páselas a una bandeja y pínchelas con un palillo.

Bañe las bolas de sorbete heladas en el chocolate fundido hasta que queden bien cubiertas.

PÁGINA SIGUIENTE: Bolas de sorbete (superior); Minipavlovas

BOLAS DE SORBETE

Tiempo de preparación: 15 minutos + toda la noche en el congelador
Tiempo total de cocción: 35 minutos
Para 24 unidades

☆☆☆

400 g de sorbete
250 g de chocolate negro en copos

1 Ablande un poco el sorbete y extiéndalo sobre un recipiente poco profundo en una capa de unos 2,5 cm de grosor. Congélelo hasta que se endurezca de nuevo.
2 Cubra una bandeja de horno con papel parafinado e introdúzcala en el congelador. Con un vaciador, obtenga bolitas de sorbete y dispóngalas sobre la bandeja preparada. Pínchelas con un palillo. Cubra la bandeja con film transparente, comprobando que quede bien tapada (vea nota), y congélela de nuevo toda la noche para que las bolas se solidifiquen.
3 Ponga el chocolate en un cuenco refractario. Lleve una olla de agua a ebullición y retírela después del fuego. Coloque encima el cuenco sin que llegue a tocar el agua. Remueva de vez en cuando hasta que se funda el chocolate. Retire el cuenco y déjelo enfriar un poco.
4 La siguiente parte entraña cierta complicación, por lo que requiere especial atención. Vierta parte del chocolate en otro cuenco para no desperdiciar una tanda entera si algo no sale bien. Trabaje con pocas bolas por tanda para que no se fundan. Bañe bien las bolas en el chocolate y vuelva a ponerlas en la bandeja. Congélelas de nuevo. Recaliente el chocolate si es preciso. Debe estar lo bastante líquido como para que no quede demasiado espeso al bañar las bolas. Añada más chocolate fundido al cuenco si es preciso, pero si se agarra empiece de nuevo con otro cuenco y otra tanda. Congele las bolas hasta la hora de servir.

NOTA: En un congelador sin escarcha, el sorbete se secará si no se tapa debidamente.

Sirva las bolas sobre un lecho de hielo seco o en un cuenco hecho de hielo. Para ello, llene un bol de agua hasta la mitad con pétalos u hojas; coloque dentro otro cuenco y déjelo flotar sin que toque el fondo. El agua debería formar una capa en forma de bol entre los dos cuencos. Congélelos toda la noche. Sepárelos frotándolos con un paño empapado en agua caliente.

MINIPAVLOVAS

Tiempo de preparación: 50 minutos
Tiempo total de cocción: 50 minutos
Para 35–40 unidades

☆

3 claras de huevo
1 taza (125 g) de azúcar glas
150 g de chocolate negro fundido
1 taza (250 ml) de nata doble
1 cucharada de azúcar glas, adicional
1 cucharadita de ralladura de naranja
surtido de frutas frescas para decorar, como fresas cortadas en rodajas, papaya y kiwi en trozos y pulpa de maracuyá

1 Precaliente el horno a 150°C. Monte las claras de huevo a punto de nieve en un cuenco grande. Coloque el cuenco sobre una olla con agua hirviendo y añada el azúcar glas a las claras montadas mientras sigue batiendo. Añádalo con cuidado o se saldrá. Llegado este punto se aconseja el uso de batidora eléctrica para batir el merengue hasta que quede espeso y muy sólido.
2 Sírvase de un cortapastas como guía para trazar discos de 4 cm sobre dos láminas de papel parafinado. Vuelque después las láminas sobre bandejas de horno (para que la marca del lápiz no se desprenda por la base de los pavlovas). Reparta el merengue entre los discos (éstos serán las bases de los pavlovas). Pase el merengue restante a una manga pastelera con una boquilla lisa de 5 mm.
3 Dibuje con la manga tres círculos uno encima del otro sobre el borde externo de las bases, dejando un pequeño hueco en el centro. Hornee las bases de merengue 30 minutos, o hasta que queden firmes al tacto. Déjelas enfriar en el horno con la puerta entreabierta.
4 Una vez frías, bañe las bases en el chocolate fundido hasta cubrir 2 mm por los lados, dispóngalas después sobre las bandejas cubiertas de papel parafinado y déjelas enfriar.
5 Mezcle la nata, el azúcar glas adicional y la ralladura, removiendo hasta que se espese. Si es preciso, bata un poco. Pase la mezcla a una manga pastelera con boquilla lisa y rellene los merengues. Cúbralos con fruta y maracuyá.

CON ANTELACIÓN: Puede preparar los merengues bañados en chocolate sin el relleno una semana antes y guardarlos en un recipiente hermético. Rellénelos poco antes de servir, de lo contrario se reblandecerán.

TRIÁNGULOS DE PRALINÉ

Una vez fría y solidificada, rompa la mezcla de praliné en trozos, introdúzcalos en una bolsa de plástico y tritúrelos con un rodillo.

Extienda el praliné de chocolate sobre el molde preparado y alise la superficie. Dele un golpecito para nivelarlo.

Introduzca una almendra tostada entera en cada triángulo. Sujete los triángulos con dos tenedores para bañarlos en el chocolate fundido.

ARRIBA: Triángulos de praliné

TRIÁNGULOS DE PRALINÉ

Tiempo de preparación: 40 minutos + refrigeración
Tiempo total de cocción: 3 minutos
Para 36 unidades

☆☆

60 g de almendras fileteadas
1/2 taza (125 g) de azúcar extrafino
150 g de chocolate negro picado
40 g de mantequilla
1/4 taza (60 ml) de nata
80 g de almendras blanqueadas tostadas
200 g de chocolate compuesto negro fundido
50 g de chocolate compuesto blanco (opcional)

1 Forre una bandeja de horno con papel de aluminio y úntela con aceite. Cubra un molde de 20 x 10 cm con papel de aluminio.

2 Caliente las almendras y el azúcar en un cazo a fuego lento sin remover, vigilándolas de vez en cuando, entre 3 y 5 minutos, o hasta que el azúcar se derrita y tome color. (Gire con suavidad el cazo para disolver el azúcar.) Vierta las almendras caramelizadas sobre una bandeja y deje que se solidifiquen y se enfríen por completo. Trocéelas, introdúzcalas en una bolsa de plástico y pase por encima un rodillo o píquelas con un robot de cocina hasta que se desmenucen.

3 Ponga el chocolate picado en un cuenco refractario. Caliente la mantequilla y la nata en un cazo, removiendo a fuego lento hasta que se derrita la mantequilla. Lleve la mezcla a ebullición; retírela del fuego. Viértala sobre el chocolate. Déjelo reposar 2 minutos, y remuévalo hasta ligar la mezcla. Déjela enfriar un poco e incorpore luego el praliné triturado.

4 Pase la mezcla al molde y alise la superficie. Tápela con film transparente y refrigérela 1 hora, o hasta que se enfríe. Desmoldéela, retire el plástico y córtela en 36 triángulos.

5 Cubra una bandeja con papel de aluminio. Introduzca una almendra tostada en cada triángulo. Sujete los triángulos con dos tenedores para bañarlo en chocolate. Escurra el exceso y déjelos enfriar en la bandeja. Decórelos con tiras de chocolate blanco, si lo desea.

NOTA: En días calurosos conviene refrigerarlos.

HUEVOS
Muchas recetas requieren únicamente el uso de yemas de huevo pero no es preciso que desperdicie la clara, ya que puede convertirla con facilidad en deliciosos merengues en miniatura. Para que le salgan a pedir de boca, asegúrese de que las claras de huevo están a temperatura ambiente, que el cuenco y los utensilios están limpios, y tenga cuidado al separar el huevo para que no quede ningún rastro de yema en la clara.

BESOS DE MERENGUE CON CHOCOLATE

Tiempo de preparación: 20 minutos
Tiempo total de cocción: 40 minutos
Para 25 unidades

☆☆

2 claras de huevo a temperatura ambiente
1/2 taza (125 g) de azúcar extrafino
1/4 cucharadita de canela molida

Relleno
125 g de chocolate negro en copos
1/3 taza (90 g) de nata agria

1 Precaliente el horno a 150°C. Forre dos bandejas de horno con papel parafinado.
2 Con una batidora eléctrica, monte las claras a punto de nieve en un cuenco pequeño limpio y seco. Añada el azúcar poco a poco, batiendo bien después de cada adición hasta que las claras montadas queden brillantes. Agregue la canela y mézclelo todo bien.
3 Pase la mezcla a una manga pastelera con una boquilla acanalada de 1 cm. Deposite pequeñas rosas de 1,5 cm de diámetro sobre las bandejas, dejando 3 cm entre ellas. Hornéelas durante 30 minutos, o hasta que queden claras y crujientes. Apague el horno y deje enfriar los merengues dentro con la puerta entreabierta.
4 Para preparar el relleno, ponga el chocolate y la nata agria en un cuenco refractario. Lleve una olla con agua a ebullición, retírela del fuego y coloque encima el cuenco, sin que el fondo llegue a tocar el agua. Remueva de vez en cuando hasta que se haya derretido el chocolate. Retírelo del fuego y déjelo enfriar un poco. Una los merengues por pares con el relleno de chocolate en el centro.
NOTA: Puede sustituir el chocolate negro por blanco y la canela por otras especias molidas como clavos, pimienta de Jamaica y nuez moscada. Los merengues deberían cocerse lentamente. Alcanzan la textura ideal cuando quedan crujientes por fuera y blandos por dentro.
CON ANTELACIÓN: Prepare los merengues sin rellenar varios días antes y guárdelos en un recipiente hermético entre papel encerado.

ARRIBA: Besos de merengue con chocolate

BOMBONES DE CAFÉ

Tiempo de preparación: 40 minutos
Tiempo total de cocción: 10 minutos
Para 20 unidades

☆☆

200 g de chocolate en copos
20 tazas de papel de aluminio
1 cucharada de nata
50 g de chocolate blanco picado
1 cucharada de Tia Maria
10 granos de café partidos por la mitad

1 Ponga el chocolate en un cuenco refractario. Lleve una olla de agua a ebullición, retírela del fuego y coloque encima el cuenco, sin que toque el agua. Remueva hasta que se haya derretido el chocolate. Déjelo enfriar un poco.
2 Rellene las tazas con 1 cucharadita de chocolate por cada una. Con un pincel, bañe el interior con chocolate, asegurándose de que queda una capa espesa. Vuelque las tazas sobre una rejilla y déjelas reposar hasta que se enfríen. Reserve el resto del chocolate.
3 Mezcle la nata, el chocolate blanco y el Tia Maria en un cuenco refractario, removiendo sobre una olla de agua hirviendo hasta ligar la mezcla. Déjela enfriar un poco y repártala entre las tazas. Introduzca la mitad de un grano de café en cada taza y deje enfriar.
4 Vuelva a fundir el chocolate reservado. Viértalo sobre el relleno y dele un golpecito para que quede uniforme; deje que se enfríe.

ARRIBA: Terrones de chocolate (superior); Bombones de café

TERRONES DE CHOCOLATE

Tiempo de preparación: 35 minutos
Tiempo total de cocción: ninguno
Para unas 40 unidades

☆

125 g de chocolate negro en copos
125 g de chocolate blanco en copos
2/3 taza (125 g) de fruta variada seca
125 g de jengibre confitado picado
30 g de chocolate negro y de chocolate blanco en copos fundidos, adicionales

1 Ponga el chocolate negro en un cuenco refractario. Lleve la olla de agua a ebullición y retírela del fuego. Coloque encima el cuenco, sin que toque el agua. Remueva de vez en cuando hasta que se derrita el chocolate. Repita la operación con el chocolate blanco.
2 Mezcle la fruta variada con el chocolate negro y el jengibre con el chocolate blanco.
3 Vierta cucharadas de las mezclas en bandejas forradas con papel de aluminio, y déjelas reposar a temperatura ambiente. Rocíelas con el chocolate fundido adicional.

BOCADOS DE FRUTA CON SALSA DE CHOCOLATE

Ensarte dos o tres trozos de fruta fresca picada en brochetas pequeñas y sírvalas con salsa de chocolate. En un cazo, mezcle 250 g de chocolate negro de calidad, 3/4 taza (185 ml) de nata, 50 g de mantequilla, 1 cucharada de jarabe de caña y 2 cucharadas de licor de café. Remueva a fuego lento hasta que se derrita la salsa y sírvala junto con la fruta.

TARTALETAS DE CHOCOLATE

Tiempo de preparación: 40 minutos + refrigeración
Tiempo total de cocción: 30 minutos
Para unas 45 unidades

✯✯

1 1/4 tazas (155 g) de harina
75 g de mantequilla picada
1/4 taza (60 g) de azúcar extrafino
2 yemas de huevo
250 g de chocolate negro picado fino
1 taza (250 ml) de nata
1 cucharada de licor de naranja
1 naranja
1/2 taza (125 g) de azúcar extrafino, adicional

1 Engrase dos moldes para 12 tartaletas. Tamice la harina en un cuenco y añada la mantequilla. Trabájelas hasta obtener una mezcla similar a las migas de pan. Agregue el azúcar. Forme un hueco y vierta las yemas y hasta 2 cucharadas de agua. Remueva con un cuchillo, realizando un movimiento cortante hasta que la mezcla forme grumos. Amontone la masa y pásela a una superficie enharinada. Forme una bola y aplánela un poco en forma de disco. Envuélvalo en film transparente y déjelo reposar 20 minutos.

2 Precaliente el horno a 180°C. Extienda la masa entre láminas de papel parafinado y córtela en discos de 5 cm. Métalos en los moldes.

3 Hornéelos 10 minutos, o hasta que se doren. Desmoldéelos y déjelos enfriar. Repita la operación con el resto de la masa.

4 Hierva la nata en un cazo y viértala sobre el chocolate en un cuenco refractario. Déjelo reposar 1 minuto, hasta que se funda el chocolate. Agregue el licor y déjelo enfriar, removiendo de vez en cuando hasta que espese.

5 Mientras tanto, pele la naranja, desechando la parte blanca amarga, y córtela en tiras finas y cortas. Caliente el azúcar adicional, la corteza y 1/2 taza (125 ml) de agua en un cazo hasta que el azúcar se disuelva. Déjelo hervir de 5 a 10 minutos, o hasta que quede espeso y almibarado. Retire la corteza con unas pinzas y escúrrala sobre papel parafinado; déjela enfriar.

6 Pase la mezcla de chocolate a una manga pastelera con una boquilla lisa de 1 cm y deposite tres montoncitos sobre las bases de las tartaletas, estirando de la manga para que acaben en punta. Decórelas con cacao y corteza de naranja y refrigérelas hasta la hora de servir.

NARANJAS

Las naranjas se encuentran en abundancia durante casi todo el año, con diferentes variedades en las distintas épocas. En verano y primavera se encuentra la naranja valenciana o común, mientras que a partir de otoño y hasta primavera se recoge la naranja Navel sin semillas. La naranja sanguina, con pulpa de color rojo, y la sevillana, una naranja amarga empleada para elaborar mermeladas, se cosechan en invierno. La naranja Navel tiene una piel gruesa y fácil de pelar, mientras que la piel de la común es lisa y fina. Esta última resulta ideal para zumos y se produce en grandes cantidades. Las naranjas se conservan en el frigorífico o en un lugar fresco y seco.

IZQUIERDA: Tartaletas de chocolate

BARQUILLOS RELLENOS CON CREMA DE LICOR DE CAFÉ

Vierta cucharaditas rasas de la mezcla en la bandeja forrada y extiéndalas en forma de discos utilizando la parte ancha de un cuchillo.

Mientras las galletas permanezcan calientes, enróllelas en torno al mango de una cuchara de madera.

Llene una manga pastelera pequeña con la crema y decore los barquillos fríos.

ARRIBA: Barquillos rellenos con crema de licor de café

BARQUILLOS RELLENOS CON CREMA DE LICOR DE CAFÉ

Tiempo de preparación: 12 minutos + refrigeración
Tiempo total de cocción: 20 minutos
Para 25 unidades

☆☆☆

60 g de mantequilla
2 cucharadas de jarabe de caña
1/3 taza (60 g) de azúcar moreno
1/4 taza (30 g) de harina
1 1/2 cucharaditas de jengibre molido
80 g de chocolate negro fundido

Crema de licor de café
2/3 taza (170 ml) de nata
1 cucharada de azúcar glas tamizado
1 cucharadita de café soluble
1 cucharada de licor de café

1 Precaliente el horno a 180°C. Forre dos bandejas de horno con papel parafinado. Caliente la mantequilla, el jarabe y el azúcar en un cazo, removiendo a fuego lento hasta que el azúcar se haya disuelto; retire el cazo del fuego. Añada la harina tamizada y el jengibre y, con una cuchara de madera, remueva hasta ligar la mezcla; no remueva en exceso.
2 Vierta cucharaditas rasas de la mezcla en las bandejas una por una, dejando 12 cm entre ellas. (Prepare sólo tres o cuatro galletas por tanda.) Con una espátula de repostería, extienda la mezcla en discos de 8 cm. Hornéelas 6 minutos, o hasta que empiecen a dorarse. Déjelas reposar unos 30 segundos, despéguelas de la bandeja y enróllelas alrededor del mango de una cuchara de madera mientras aún estén calientes. Si las galletas se endurecen en la bandeja, devuélvalas al horno para ablandarlas de nuevo y luego enróllelas. Déjelas enfriar. Repita la operación con el resto de la mezcla.
3 Para preparar la crema, deposite todos los ingredientes en un cuenco y remueva hasta ligar la mezcla. Cúbrala con film transparente y refrigérela 1 hora. Con una batidora eléctrica, monte la crema. Rellene los barquillos. (Introduzca la crema en una manga pastelera, cierre el extremo abierto y recorte la punta para rellenar los barquillos.) Decórelos con chocolate fundido antes de servir.
CON ANTELACIÓN: Guárdelos en un recipiente hermético un máximo de 2 días o congele los barquillos sin rellenar hasta 1 mes.

GALLETAS DE LA FORTUNA CHINAS

Tiempo de preparación: 15 minutos
Tiempo total de cocción: 5 minutos por bandeja
Para unas 30 unidades

☆☆

3 claras de huevo
1/2 taza (60 g) de azúcar glas tamizado
45 g de mantequilla fundida
1/2 taza (60 g) de harina

1 Precaliente el horno a 180°C. Forre una bandeja de horno con papel parafinado. Trace tres discos de 8 cm sobre el papel y dele la vuelta.
2 Bata las claras de huevo en un cuenco hasta que formen espuma. Añada el azúcar glas y la mantequilla y remueva hasta ligar la mezcla. Incorpore la harina y remueva hasta obtener una mezcla homogénea. Déjela reposar durante 15 minutos. Con un cuchillo, extienda 1 1/2 cucharaditas rasas de la mezcla sobre cada disco. Hornéelos durante 5 minutos, o hasta que empiecen a dorarse por los bordes.
3 Trabaje con rapidez al despegarlos de las bandejas pasando un cuchillo por debajo de los discos. Introduzca un papel con un mensaje de la fortuna escrito dentro de cada galleta.
4 Dóblelas por la mitad y pliéguelas después de nuevo sobre un objeto de punta roma. Déjelas enfriar sobre una rejilla. Cueza el resto de la mezcla del mismo modo.
NOTA: Prepare sólo dos o tres galletas de la fortuna por tanda, de lo contrario se endurecerán demasiado rápido y se romperán al doblarlas. Si ocurre esto, devuelva la bandeja al horno para calentarlas de nuevo.
CON ANTELACIÓN: Puede hornear las galletas de la fortuna hasta 2 días antes y guardarlas en un recipiente hermético.

GALLETA DE LA FORTUNA CHINA
Consiste en una pequeña galleta o pasta que contiene un papelito con un texto correspondiente a un horóscopo, una broma o un proverbio. La idea surgió de los chinos residentes en Estados Unidos a principios del siglo XX.

ARRIBA: Galletas de la fortuna chinas

ÍNDICE

Los números de página en *cursiva* remiten a las ilustraciones. Los números de página en **negrita** remiten a notas al margen.

C

Q

R

Ilustraciones de la cubierta (de arriba abajo): Barquitas de espárrago (página 72); Solomillo de buey en croûte con bearnesa (página 79); Bocados de pepino (página 235); Huevos con caviar (página 230); Bocados de salmón ahumado (página 47); Tartaletas de trucha marinada y pepino (página 80)

AGRADECIMIENTOS

COLABORADORES: Miles Beaufort, Anna Beaumont, Anna Boyd, Wendy Brodhurst, Kerrie Carr, Rebecca Clancy, Bronwyn Clark, Michelle Earl, Maria Gargas, Wendy Goggin, Kathy Knudsen, Michelle Lawton, Melanie McDermott, Beth Mitchell, Kerrie Mullins, Justine Poole, Tracey Port, Kerrie Ray, Jo Richardson, Maria Sampsonis, Christine Sheppard, Dimitra Stais, Alison Turner, Jody Vassallo

REALIZACIÓN DE LAS RECETAS: Roslyn Anderson, Anna Beaumont, Wendy Berecry, Janelle Bloom, Wendy Brodhurst, Janene Brooks, Rosey Bryan, Rebecca Clancy, Amanda Cooper, Anne Creber, Michelle Earl, Jenny Grainger, Lulu Grimes, Eva Katz, Coral Kingston, Kathy Knudsen, Barbara Lowery, Rachel Mackey, Voula Mantzouridis, Rosemary Mellish, Kerrie Mullins, Sally Parker, Jacki Passmore, Rosemary Penman, Tracey Port, Jennene Plummer, Justine Poole, Kerrie Ray, Jo Richardson, Tracy Rutherford, Stephanie Souvilis, Dimitra Stais, Beverly Sutherland Smith, Alison Turner, Jody Vassallo

FOTOGRAFÍA: Jon Bader, Paul Clarke, Joe Filshie, Andrew Furlong, Chris Jones, Andre Martin, Luis Martin, Andy Payne, Hans Sclupp, Peter Scott

ESTILISTAS: Marie-Helene Clauzon, Georgina Dolling, Kay Francis, Mary Harris, Donna Hay, Vicki Liley, Rosemary Mellish, Lucy Mortensen, Sylvia Seiff, Suzi Smith

La editorial quiere agradecer a las siguientes organizaciones su colaboración por las fotografías que se incluyen en este libro:
The Bay Tree Kitchen Shop, NSW;
Made in Japan, NSW;
MEC-Kambrook Pty Ltd, NSW;
Orson & Blake Collectables, NSW;
Royal Doulton Australia Pty Ltd, NSW;
Ruby Star Traders Pty Ltd, NSW;
Sunbeam Corporation Ltd, NSW;
Villery & Boch Australia Pty Ltd, NSW;
Waterford Wedgwood Australia Ltd, NSW.